印 顺 法 师 佛 学 著 作 系 列

# 中国禅宗史

**释印顺** 著

中华书局

**图书在版编目(CIP)数据**

中国禅宗史/释印顺著. —北京:中华书局,2010.6
(2025.4 重印)
(印顺法师佛学著作系列)
ISBN 978-7-101-07482-6

Ⅰ.中…　Ⅱ.释…　Ⅲ.禅宗-佛教史-中国　Ⅳ.B946.5

中国版本图书馆 CIP 数据核字(2010)第 130446 号

经台湾财团法人印顺文教基金会授权出版

---

| | | |
|---|---|---|
| 书　　名 | 中国禅宗史 | |
| 著　　者 | 释印顺 | |
| 丛 书 名 | 印顺法师佛学著作系列 | |
| 责任编辑 | 朱立峰 | |
| 封面设计 | 毛　淳 | |
| 责任印制 | 韩馨雨 | |
| 出版发行 | 中华书局 | |

　　　　　　(北京市丰台区太平桥西里 38 号　100073)
　　　　　　http://www.zhbc.com.cn
　　　　　　E-mail:zhbc@zhbc.com.cn

| | | |
|---|---|---|
| 印　　刷 | 三河市鑫金马印装有限公司 | |
| 版　　次 | 2010 年 6 月第 1 版 | |
| | 2025 年 4 月第 11 次印刷 | |
| 规　　格 | 开本/880×1230 毫米　1/32 | |
| | 印张 13¼　插页 2　字数 268 千字 | |
| 印　　数 | 22501-23500 册 | |
| 国际书号 | ISBN 978-7-101-07482-6 | |
| 定　　价 | 48.00 元 | |

# "印顺法师佛学著作系列"出版说明

释印顺（1906—2005），当代佛学泰斗，博通三藏，著述宏富，对印度佛教、中国佛教的经典、制度、历史和思想作了全面深入的梳理、辨析与阐释，取得了一系列重要学术成果，成为汉语佛学研究的杰出典范。同时，他继承和发展了太虚法师的人生佛教思想，建立起自成一家之言的人间佛教思想体系，对二十世纪中叶以来汉传佛教的走向产生了深刻影响，受到佛教界和学术界的的高度重视。

经台湾印顺文教基金会授权，我局于 2009 年出版《印顺法师佛学著作全集》（23 卷），系统、全面地介绍了印顺法师的佛学研究成果和思想，受到学术界、佛教界的广泛欢迎。应读者要求，我局今推出"印顺法师佛学著作系列"，将印顺法师的佛学著作以单行本的形式逐一出版，以满足不同领域读者的研究和阅读需要。为方便学界引用，《全集》和"系列"所收各书页码完全一致。

"印顺法师佛学著作系列"的编辑出版以印顺文教基金会提供的台湾正闻出版社出版的印顺法师著作为底本，改繁体竖排为简体横排。以下就编辑原则、修订内容，以及与正闻版的区别等问题，略作说明。

**编辑原则**

编辑工作以尊重原著为第一原则，在此基础上作必要的编辑加工，以符合大陆的出版规范。

**修订内容**

由于原作是历年陆续出版的，各书编辑体例、编辑规范不一。我们对此作了适度统一，并订正了原版存在的一些疏漏讹误，主要包括以下几项：

1. 原书讹误的订正：

正闻版的一些疏漏之处，如引文、纪年换算、人名、书名等，本版经仔细核查后予以改正。

2. 标点符号的订正：

正闻版的标点符号使用不合大陆出版规范处甚多，本版作了较大幅度的订正。特别是正闻版对于各书中出现的经名、品名、书名、篇名，或以书名号标注，或以引号标注，或未加标注；本版则对书中出现的经名（有的书包括品名）、书名、篇名均以书名号标示，以方便读者。

3. 梵巴文词汇的删削订正：

正闻版各册（特别是专书部分）大都在人名、地名、名相术语后一再重复标出梵文或巴利文原文，不合同类学术著作惯例，且影响流畅阅读。本版对梵巴文标注作了适度删削，同时根据《望月佛教大辞典》、平川彰《佛教汉梵大辞典》、荻原云来《梵和大辞典》等工具书，订正了原版的某些拼写错误。

4. 原书注释中参见作者其他相关著作之处颇多,为方便读者查找核对,本版各书所有互相参见之处,均分别标出正闻版和本版两种页码。

5. 原书中有极少数文字不符合大陆通行的表述方式,征得著作权人同意,在不改变文义的前提下,略作删改。

印顺法师佛学著作对汉语佛学研究有极为深广的影响,同时在国际佛学界的影响也日益突出。我们希望"印顺法师佛学著作系列"的出版,有助于推进我国的佛教学以及相关学科的研究。

中华书局编辑部
二〇一一年三月

# 目　　录

# 序

  菩提达摩传来而发展成的禅宗,在中国佛教史、中国文化史上,占有重要的光辉的一页。然有关达摩禅的原义、发展经过,也就是从印度禅而成为中国禅的演化历程,过去禅者的传述,显得疏略而不够充分。一般所知道的禅宗,现在仅有临济宗与曹洞宗(闽南偶有云门宗的名目)。临济义玄(西元八六六年卒),洞山本寂(八六九年卒),是九世纪的大禅师。一般所知的禅宗史籍,主要是依据《宝林传》(撰于八〇一年)而成的《景德传灯录》(一〇〇四年上呈)、《传法正宗记》(一〇六一年上呈)等。一般传说的禅史与禅宗,都是会昌法难(八四五年)前后形成的中国禅宗。然从印度来的初祖达摩(五〇〇年顷在北魏传禅),到被推尊为六祖的曹溪慧能(七一三年卒),到慧能下第三传的百丈怀海(八一四年卒)、药山惟俨(八二八年卒)、天皇道悟(八〇七年卒),约有三百五十年,正是达摩禅的不断发展、逐渐适应而成为中国禅的时代。这是中印文化融合的禅,或者称誉为东方文化的精髓,是值得大家来重视与研究的。

  达摩到会昌法难(三百五十年)的禅宗实况,一向依据洪州道一门下的传说。荷泽神会门下的传说,如《圆觉经大疏钞》

等,虽多少保存,而没有受到重视。传说久了,也就成为唯一的信史。到近代,禅宗史的研究进入一新的阶段,主要是由于新资料的发现。一九一二年,日本《卍字续藏》出版,刊布了《中华传心地师资承袭图》(甲编十五套)、《曹溪大师别传》(乙编十九套),这是曹溪门下荷泽宗的传说。同时,敦煌石窟所藏的唐代写本,也大量被发现了。一九〇七年,斯坦因取去的,大部分藏于伦敦大英博物馆。一九〇八年伯希和所取去的,藏于巴黎国民图书馆。一九一四年,我国政府也搜集剩余,藏于北平图书馆。日本人也有少数的收藏。在这些写本中,存有不少的会昌法难以前的禅门文献,因而引入禅史新的研究阶段。

敦煌写本中有关禅史(历祖传记)的,属于(五祖)弘忍门下北宗的,如《传法宝纪》,这是北宗(大致为法如)弟子杜朏于七一三年顷所撰的。又有净觉(约七二〇年顷)撰的《楞伽师资记》,净觉为弘忍再传,玄赜的弟子。属于荷泽宗的,如《菩提达摩南宗定是非论》,独孤沛撰,现存本为神会晚年(七六〇年顷)的改定本。又,《敦煌出土神会录》,日本石井光雄藏本(一九三二年影印公布),实为《南阳和尚问答杂征义》的不同传本。石井本末后有六代祖师的传记,为荷泽神会所传。属于保唐宗的,有《历代法宝记》,约撰于七七五年顷。这部书,记述了弘忍门下资州智诜系的传承。保唐宗的创立者无住,自承为曹溪慧能的再传。这些北宗、荷泽宗、保唐宗的灯史,如加上荷泽宗所传的《曹溪大师别传》、《禅门师资承袭图》、《圆觉经大疏钞》(卷三)等,参考《全唐文》所有有关的碑记与洪州宗所传的《宝林传》(《碛沙藏》,民国十二年影印),作综合的比较研究,那么从达摩到慧能门下分弘的情况，相信可得到更符合事实的禅史。

有关禅者法语的，主要有：代表北宗神秀的，有《大乘无生方便门》的各种本子，传说为神秀所造的《观心论》。代表荷泽宗的，有刘澄所集的《南阳和尚问答杂征义》（胡适校对各本刊行，题为《神会和尚语录》）；《南阳和上顿教解脱禅门直了性坛语》。代表保唐宗的，有《历代法宝记》。这是一部灯史，保留了智诜下净众宗的法语、保唐无住的众多开示。而《传法宝纪》、《楞伽师资记》、《六祖慧能大师于韶州大梵寺施法坛经》三书，提供了最可宝贵的资料。《传法宝纪》与《楞伽师资记》，都是早期的北宗灯史，却发现了南宗顿禅的根据。《楞伽师资记》的慧可传下，保存了《略说修道明心要法直登佛果》，是传说为弘忍所说的《修心要论》（或题作《最上乘论》）的蓝本。这是达摩"二入"说中"理入"的阐明，代表了楞伽禅的宗要。在道信传下，保存了《大乘入道安心要方便》，对于道信的禅风，及东山门下（南宗、北宗等）的不同传布，提供了同源异流的最好参考。研究《施法坛经》，可以肯定荷泽门下的"坛经传宗"本，是根据"南方宗旨"本的；而"南方宗旨"本，已对"曹溪原本"有过多少添糅。从荷泽禅学（如《坛语》及《神会语录》等所说）与南方宗旨的不同，可以推见曹溪禅的"直显心性"所以分化为荷泽系的"寂知指体，无念为宗"及洪州系的"触类是道而任心"的意义。此外，代表江东牛头宗的，有《绝观论》与《无心论》。敦煌新发现的，与旧来（洪州、石头门下）所传的怀让、行思、道一、希迁的语录，百丈怀海的《广语》，越州慧海的《顿悟入道要门论》，黄檗希运的《传心法要》等早期禅书，作综合的研究，那对禅门的方便施化,因时因地而演化的趋势,就有相当的线索可以探求。从印度禅到中华禅的演化历程,这些八九世纪的禅书,为我们提供了充分的研究资料。

·　　·　　·　　·

依据八九世纪的禅门文献从事禅史的研究,中国与日本学者都已有了不少的贡献。我不是达摩、曹溪儿孙,也素无揣摩公案、空谈禅理的兴趣。前年《中央日报》有《坛经》为神会所造,或代表慧能的争辩,才引起我对禅史的注意。读了胡适的《神会和尚遗集》及《胡适文存》、《胡适手稿》中有关禅宗史的部分。日本学者的作品,仅见到宇井伯寿的《中国禅宗史研究》三卷,关口真大的《达摩大师之研究》、《达摩论之研究》、《中国禅学思想史》,柳田圣山的《中国初期禅宗史书之研究》。新资料的搜集、处理,对我的研究帮助很大! 但觉得,有关达摩到会昌年间,也就是从印度禅到中华禅的演化历程(也许我的所见不多),似乎还需要好好地研究!

禅史应包含两大部分:禅者的事迹与传承,禅法的方便施化与演变。关于前一部分,首先应该承认,禅者是重视师承的。古代禅者的共同信念,自己的体悟(禅)是从佛传来的。重视传承的法脉不绝,所以除中国的递代相承,从佛到达摩的传承,也受到重视。达摩禅越发达,传承法统的序列也越迫切。印度方面的传承,达摩门下早已忘了。那时,大抵引用《禅经序》、《付法藏因缘传》、《萨婆多部记》,而提出印度时代的法统。本来,只要的确是达摩传来的,的确是佛法就得了,如我父亲的名字,祖父、曾祖、高祖……我都知道了,但以上可忘了,要考据也无从考起,这有什么关系呢？我还不是列祖列宗延续下来的。但禅者不能这样做，为了适应时代的要求，非要列举祖统不可。那只有参考古典——引用上列三书的传承，或不免误会（如以达摩多罗为菩提达摩）；或者发现有问题，就不得不凭借想像，编造法统。祖统，或者看作禅宗的重要部分，似乎祖统一有问题，禅宗就有被推翻的可能。其实禅宗的存在与发展，不是凭这些祖统说而发扬起来的。如《宝林传》的撰造，当然曾给洪州门下以有力的支持，然《宝林传》还没有编成，西天二十八祖说还没有成为定论（如道一门下，还有引用五十余祖说的），江西禅法的盛行，已跃居禅法的主流了。祖统说的逐渐形成，是由于达摩禅的盛行，为了满足一般要求及禅者传承的确实性而成的。正如为了族谱世系的光荣，帝王总是要上承古代帝王或圣贤的。有突厥血统的唐代皇室，也要仰攀李老子为他们的祖宗。祖统的传说，可能与事实有距离，但与禅法传承的实际无关。

中国方面，达摩传慧可，见于《续高僧传》，是没有问题的。慧可到弘忍的传承，现存的最早记录——《唐中岳沙门释法如行状》，已是七世纪末的作品。弘忍以下，付法是"密付"，受法是"密受"，当时是没有第三人知道的。优越的禅者，谁都会流露出独得心法的自信，禅门的不同传承，由此而传说开来。到底谁是主流，谁是旁流，要由禅者及其门下的努力（不是专凭宣传，而是凭禅者的自行化他），众望所归而被公认出来的。这就是历史的事实。

达摩以来禅师们的事迹，起初都是传说，由弟子或后人记录出来。传说是不免异说的：传说者的意境（或派别）不同，传说时就有所补充,或有所修正与减削。传说的多样性,加上传说者联想而来的附会,或为了宗教目的而成立新说(也大抵是逐渐形成的),传说更复杂了。从传说到记录,古代的抄写不易,流传不易,后作者不一定抄录前人,或故意改变前人的传说。古代禅者的传记,是通过了传说的。部分学者忽视传说(记录)的多样性,所以或将现有的作品作直线的叙述,虽作者的区域远隔或先后相近,仍假定后作者是参考前人的;或过分重视《高僧传》的价值。古代禅者事迹的研究,应该是求得一项更近于事实的传说而已。

·　　　·　　　·　　　·

禅法的方便施设与演变,这应该是禅史的重要部分。佛法(禅)是什么? 经中曾有一比喻:有人在旷野中,发现了“古道”,依古道行去,发现了城邑、古王宫殿。于是回来劝国王迁都古王宫殿,在那里,“丰乐安隐,人民炽盛”。这是说:佛法是自觉体验的那个事实。佛发现了,体悟了,到达了究竟的解脱自在。为了普利大众,所以方便摄化,使别人也能到达解脱的境地。从佛(祖)的自觉境地来说,是一切知识、语言文字所无能为力的。正如发现的古王宫殿,怎么向人去说,即使别人承认那是事实,也并不等于亲身经历的古王宫观。要证实,还得自己去一趟。在这点上,佛法(禅)不但不是考据所能考据的,也不是理论所能说明的。说禅理,谈禅味,都一样的不相干。然佛法不止是自心体验(宗),怎么说也说不了的,还是说了,表示了(教),佛法已成为现实(时空中)人间的佛法。指虽不是月亮,但确能引人去注意月亮、发现月亮。所以自心体验的内容,尽管“说似一物即不中"，却不妨表示出来。语言文字(正说的，反诘的，无义味话)也好，默不作声也好，比手画脚也好，都是用为引人入胜的敲门砖。体悟是属于自证的，是"不由它教"、"不立文字"与"心传"的。从引导的方便来说("不立宗主，不开户牖"，"一法不立"，也还是接引学人的方便)，存在于人间，成为一时代、一地区、一宗一派的禅风，这是可寻可考，可以看出禅在发展中的历史事实。

引人入胜的不同方便，其实是有一定原则的，所以经中形容为"古仙人道"、"一乘道"、"一门"、"不二门"。如想从屋里出去，从门、从窗都可以，打破墙壁、揭开瓦面、挖通地道也可以，而要透过空隙才能出去，却是一条不可逾越的法则。方便的多样性，并不表示自心体验内容的不同。如不理解自觉与方便的相对性，就有以今疑古的：如禅者发展到"不立文字"、"单传心印"阶段，达观颖竟设想为达摩禅(的方便)就是这样，因而不顾史实，否认了四卷《楞伽》的传授。也有以古疑今的：如重视达摩的《楞伽经》、二入四行，听说慧能劝人持《金刚经》，就以为有了革命，或以为慧能顿禅是别有来源的。禅宗史的研究，必须弄清楚超时空的自心体验，现实时空(历史)中的方便演化，才能恰当处理禅宗的历史事实。

从达摩"理入"的体悟同一"真性"，到慧能的"自性"(原本应为"法性"、"佛性")，南方宗旨的"性在作用"，达摩门下是一贯的"如来(藏)禅"。如来藏，是说来浅易，意在深彻。所以如来藏的体验者，浅深不一。浅些的类似外道的神我见(慧忠国师评南方宗旨的话)，深彻的是无分别智证的"绝诸戏论"(经说"无分别无影像处")。从前黄檗希运说："马大师下有八十八人坐道场,得马师正眼者,止三二人。"(《传灯录》卷九)曹溪禅的究竟深处,得者实在并不太多。慧能引向简易直捷,简易直捷是容易通俗普及的,南方宗旨也就这样地兴盛起来了。禅者重自心体验,凭一句"教外别传"、"师心不师古",对如来经教的本义、自己体验的内容,也就越来越晦昧不明了!

·　　　·　　　·　　　·

会昌以下的中国禅宗,是达摩禅的中国化,主要是老庄化、玄学化。慧能的简易,直指当前一念本来解脱自在("无住"),为达摩禅的中国化开辟了通路。完成这一倾向的,是洪州,特别是石头门下。达摩门下的不重律制,不重经教,(不重他力,)是禅者的一般倾向。"即心即佛","无修无证",是大乘经的常谈。荷泽下的"无住之知",洪州下的"作用见性",也还是印度禅者的方便。达摩禅一直保持其印度禅的特性,而终于中国化,主要是通过了、融摄了牛头禅学。

老庄的"道以虚无为本"(玄学者如此说),魏晋以来深入人心。晋室南移,玄学也就以江东为重心。中国佛教的勃兴,得力于《般若》空义与当时的玄学早已保持某种关系。佛法流行于中国,多少适应中国文化,原是应该的,也是免不了的。所以中国佛教,除印度传来有严密的理论与制度的,如戒律、毗昙、(真谛与玄奘的)唯识,都或多或少受到影响。不过禅在中国,中国化得最彻底而已。牛头禅的标帜,是"道本虚空"、"无心为道"。被称为"东夏之达摩"的牛头初祖法融,为江东的般若传统——"本来无",从摄山而茅山,从茅山而牛头山,日渐光大的禅门。牛头禅与江东玄学非常的接近。牛头宗的兴起,是与"即心是佛"、"心净成佛",印度传来(达摩下)的东山宗相对抗的。曹溪慧能门下,就有受其影响而唱出"即心是佛"、"无心为道"的折中论调。"无情成佛"与"无情说法",也逐渐侵入曹溪门下。曹溪下的(青原)石头一系与牛头的关系最深,当初是被看作同一(泯绝无寄)宗风的。曹溪禅在江南(会昌以后,江南几乎全属石头法系)融摄了牛头,牛头禅不见了。曹溪禅融摄了牛头,也就融摄老庄而成为——绝对诃毁(分别)知识、不用造作,也就是专重自利、轻视利他事行的中国禅宗。

· · · ·

达摩禅到(四祖)道信而隆盛起来。经道信、弘忍、慧能的先后弘扬,禅宗成为中国佛教的主流。道信、弘忍、慧能,都有卓越的方便,但这是继往开来、递嬗演化而来的。禅门的隆盛,引起了对立与分化,如牛头与东山的对立,南宗与北宗的对立,洪州与荷泽的对立。在发展与分化的过程中,又统一于江南的曹溪流派,这就是"天下凡言禅,皆本曹溪"。

本书所着眼的,是从印度禅演化为中华禅。印度传来的达摩禅,从达摩到慧能,方便虽不断演化,而实质为一贯的如来(藏)禅。慧能门下,发展在江南的,逐渐地面目一新,成为中国禅,那是受到牛头禅(也就是老庄化)的影响。在中国禅宗史中,牛头禅有其不容忽视的特殊意义。我不是禅史或佛教与中国文化关系的专究者,不想作充分具体的阐明。本书仅揭出其重要关键,奉献于研究禅宗史的学者!

一九七一年二月十八日

印顺序于嘉义之妙云兰若

# 第一章　菩提达摩之禅

## 第一节　《达摩传》与《达摩论》

菩提达摩为中国禅宗公认的东土初祖。达摩到中国来,对当时的中国佛教,并没有立即引起大影响,然正像播下一颗种子一样,一天天茁壮繁衍起来,终于荫蔽了一切。我们不能用后代禅者的眼光去想像达摩,却决不能轻视达摩。达摩禅所代表的真正意义,以及对中国佛教的深远影响,应该是研究中国佛教、理解中国禅宗的重大课题!

### 达摩及其传说

菩提达摩的传记,随禅法的发展而先后(及派别)的传说不同。这是宗教界常见的现象,不足为奇。有关菩提达摩的早期传记,有杨衒之(西元五四七年顷作)的《洛阳伽蓝记》(简称《伽蓝记》)卷一(大正五一·一○○○中)、昙林(约五八五年卒)的《略辨大乘入道四行及序》(大正八五·一二八四下——一二八五中)、道宣(六六七年卒)《续高僧传》(此下或简称《续僧传》）卷十六《菩提达摩传》（大正五〇·五五一中——下）。
《续僧传》的《达摩传》，主要是根据前二书的，略增加一些其他
的传说而成。

　　菩提达摩，简称达摩。在后代禅者的传说中，也有不同的名
字。神会（七六二年卒）的《菩提达摩南宗定是非论》（此下简称
《南宗定是非论》），也是称为菩提达摩的。神会引《禅经序》来
证明菩提达摩的传承，如《神会和尚遗集》（以下简称《神会集》，
依一九六八年新印本）（二九四——二九五）所说，神会是以《禅
经序》的达摩多罗为菩提达摩的。因为这样，在传说中，或称为
菩提达摩，或称为达摩多罗。七七四年顷作的《历代法宝记》，
就综合而称为菩提达摩多罗。这是传说中的混乱糅合，并非到
中国来传禅的菩提达摩有这些不同的名字。菩提达摩与达摩多
罗，被传说为同一人。达摩多罗或译为达磨多罗，菩提达摩也就
被写为菩提达磨了。Dharma，古来音译为达摩（或昙摩）。译为
达磨，是始于宋元嘉（四三〇年前后）年间译出的《杂阿毗昙心
论》。《杂阿毗昙心论》是达磨（即昙摩）多罗——法救论师造
的。昙磨多罗论师与达摩多罗禅师，也有被误作同一人的。如
梁僧祐（五一八年卒）《出三藏记集》卷一二《萨婆多部记目录
序》，所载（北方）长安齐公寺所传，仍作昙摩多罗（禅师），而僧
祐（南方）《旧记》所传五十三人中，就写作达磨多罗了（大正五
五·八九上——九〇上）。神会（在北方）还写作达摩多罗与
菩提达摩，而神会下别系，与东方有关的（七八一年撰）《曹溪别
传》，就写作达磨多罗。洪州（马大师）门下（八〇一年）所撰，与
江东有关的《双峰山曹侯溪宝林传》（以下简称《宝林传》），就

写为菩提达磨了。从此,菩提达摩被改写为菩提达磨,成为后代禅门的定论。达摩而改写为达磨,可说是以新译来改正旧译。然从传写的变化来看,表示了南方禅的兴盛,胜过了北方,南方传说的成为禅门定论。

达摩的故乡,《伽蓝记》作:“西域沙门菩提达摩者,波斯国胡人也。”昙林序作:“西域南天竺国人,是大婆罗门国王第三子。”胡与婆罗门——梵,在隋唐的佛教内部有严格的区别。但在一般人,每习惯地称天竺为胡。所以“西域胡人”,“西域天竺婆罗门种”,不一定是不同的。在中国史书中,地名相近而被译为波斯的,不止一处。波斯——古代安息国地方,这是一般最熟悉的。《伽蓝记》卷五,呋哒与赊弥间,有名为波斯的小国(大正五一·一〇一九下)。在南海中,也有译为波斯的国家。费琅《南海中之波斯》,考定南海中而名为波斯的有二:一为今缅甸的 Pathin;一为今苏门答腊东北岸的 Pasé(见冯承钧译《西域南海史地考证译丛续编》)。译为波斯的地方,是不止一处的,我们也不知南天竺有没有与波斯音相当的。据常情而论,昙林为达摩弟子,比杨衒之的传闻得来应该要正确些。《续僧传》以来,都是以达摩为南天竺人。从达摩所传的禅法来说,南天竺也是更适合的。

达摩的生卒年代,传记不明。《续僧传》有不同的传说,如《达摩传》说:“游化为务,不测所终。”而《慧可传》却说:“达摩灭化洛滨。”《慧可传》所说,应是道宣所得的新资料。《续僧传》卷一六《慧可传》(大正五〇·五五二上)说:

“达摩灭化洛滨,可亦埋形河涘。而昔怀嘉誉,传檄邦

籤,使其道俗来仪,请从师范。……*后以天平之初,北就新*
*邺,盛开秘苑。*"

慧可是达摩弟子,在达摩入灭后,曾在河淯(黄河边)弘化,
天平年间才到新邺去。当时迁都邺城(故城在今河南临漳县
西),是天平元年(五三四)。所以从达摩入灭到慧可去邺都,应
有数年的距离。达摩入灭,大约在五三〇年顷。达摩曾赞叹永
宁大寺,大寺是建于熙平元年(五一六),永熙三年(五三四)为
雷火所毁的。当时达摩"自云一百五十岁",如传说属实,那达
摩可能达一百五十多岁的高寿。

达摩从海道来中国,自南而北,这是一致的传说。昙林序泛
说:"远涉山海,游化汉魏。"汉与魏,就是当时的南方与北魏。
《续僧传》却说得更具体:"初达宋境南越,末又北度至魏。随其
所止,诲以禅教。"最初到达中国,时代还是刘宋(四二〇——四
七八年),登陆的地方——南越,为今海南岛的对岸地方。达摩
在四七八年以前早就到了中国,末了才过江到北魏。那在江南
一带,达摩应有一长期的逗留。

达摩在北魏,"游化嵩洛"。嵩山少林寺,是孝文帝(四九六
年)为佛陀禅师造的。传说达摩也曾在少林寺住。达摩在北魏
传禅的情形,如昙林序说:"亡心(寂默)之士,莫不归心;(取相)
存见之流,乃生讥谤。"一开始,达摩禅就显得不平凡! 能深得
达摩宗旨的,当时"唯有道育、慧可"二沙门。道育与慧可,亲近
达摩的时间不会太久。如序说:"幸逢法师,事之数载……法师
感其精诚,诲以真道。"《续僧传》作:"寻亲事之,经四五
载。……感其精诚,诲以真法。"然《慧可传》说:"奉以为师,毕

命承旨。从学六载,精究一乘。"大抵经过了五六年,才得达摩真法的传授,这主要是达摩弟子昙林的传说。北宗杜朏(七一三年顷作)《传法宝纪》说:

> "师事六年,志取通悟。……密以方便开发,顿令其心直入法界。然四五年间,研寻文照,以《楞伽经》授可曰:吾观汉地化道者,唯与此经相应。"

杜朏依旧有的资料,而解说为:慧可亲近达摩六年,然后得法悟入。未悟以前,达摩就以《楞伽经》来化道。所以说"四五年间研寻文照","四五年精究明彻"。杜朏是这样的会通了四五载与六年的异说,也会通了传授《楞伽》与离言顿入的传说。早期的传说,就是这样;面壁九年之类,那是后起的传说了!

菩提达摩的传说,因达摩禅的发达而增多起来。有的是传说,有的是附会,也有的是任意的编造。这里,只略述以说明传说的意义。可看作源于黄梅(可能更早些)的传说,有三:1.《传法宝纪》说:达摩六度被毒,最后是受毒而示现入灭的。2.《传法宝纪》说:宋云从西域回来,在葱岭见到了达摩。达摩的门人开棺一看,原来是空的。3.《南宗顿教最上大乘摩诃般若波罗蜜经六祖慧能大师于韶州大梵寺施法坛经》(此下简称《坛经》),说梁武帝见达摩,问造寺度僧有无功德。这三项传说中,前后二项,可能有多少事实依据的。宋云去西域,是神龟元年(五一八),正光元年(五二○)回来。那时达摩正在北魏传禅,所以宋云在葱岭见到达摩,是不符事实的。这只是《续僧传》"游化为务,莫测所终"的新构想。达摩死了(其实是回去了),

又在别处见到,这是中国道教化了的神话。

荷泽宗所传的:1.六度被毒,指明是菩提留支与光统三藏的陷害。2.宋云见达摩手里提一只鞋子。开棺只见一只鞋,于是有"只履西归"的动听故事。《历代法宝记》(七七五年顷作)等传说(依神会门下所说),是依《传法宝纪》而有进一步的传说。3.见梁武帝,问答有没有功德。4.达摩示灭,葬在熊耳山,梁武帝造碑。5.《历代法宝记》说:达摩在来中国之前,先派了二位弟子——佛陀、耶舍来秦地,但受到摈逐。佛陀等到庐山,见到远公,译了一部《禅门经》。这是影射佛陀跋陀罗的事。神会以为:菩提达摩就是《禅经序》中的达摩多罗。达摩多罗与佛大先同门,佛陀跋陀罗是佛大先弟子,这才有达摩派佛陀来的传说。然佛陀跋陀罗(四〇九——四二九年)来中国,在四一〇年顷,约五十岁。那时达摩即使以一百五十岁高寿来计算,也不过三十岁,佛陀跋陀罗怎么会是达摩的弟子呢!这只是为了证明禅法的传承而附会的故事!

洪州宗的《宝林传》(八〇一年作),对上面的传说,除佛陀、耶舍来化外,一概都继承下来。《宝林传》以为:达摩是梁大同二年(五三六),也就是魏太和十九年示寂的。当时梁昭明太子作祭文,遥祭达摩。太和十九年(四九五),根本不是大同二年。而昭明太子早在中大通三年(五三一)四月去世了,祭文当然是伪造的。又说:过了三年,梁武帝听说宋云回来,见到了达摩,这才为达摩造碑。不知宋云回国,早在正光元年(五二〇)。这些,不是传说,不是附会,而是任意的伪造。到了《祖堂集》(九五二年),又增多了梁武帝与达摩——"廓然无圣"的问答。对当时(十世纪)的禅师来说,这是一则好公案。然将这则公案作为达摩与武帝的问答,那又不免是托古造新了!

## 《达摩论》

杜胐《传法宝纪》说:

"今人间或有文字称《达摩论》者,盖是当时学人,随自得语以为真论,书而宝之,亦多谬也。若夫超悟相承者,既得之于心,则无所容声矣,何言语文字措其间哉!"

杜胐,大概是法如的弟子。他虽不是曹溪门下,却是一位"离其经论"、"息其言语"、"密传心印"、"顿令其心直入法界"的禅者。当时流行的《达摩论》,杜胐以为这是达摩的学人凭自己所能理解而写下来的,不能代表达摩的心传。这是不错的,古人的记录,总是凭自己所能理解的记录下来,多少会有出入的。然达摩禅"藉教悟宗"(杜胐是离教明宗的),是不能不以语言来教导的。学者多少记录下来,到底也知道当时所说的部分与大概,比之晚唐禅者的任意创作——"廓然无圣"之类,还是确实得多。

道宣已见到昙林所记的"二入四行"。《达摩传》引述了以后,又说:"达摩以此法开化魏土,识心之士,崇奉归悟。录其言诰,卷流于世。"与杜胐同时的净觉(七二○年顷作)《楞伽师资记》,也引述了"大乘入道四行",然后说(大正八五·一二八五中):

"此四行,是达摩禅师亲说。余则弟子昙林记师言行,集成一卷,名曰《达摩论》也。菩提师又为坐禅众,释《楞伽》要义一卷,亦名《达摩论》也。此两本论文,文理圆净,天下流通。自外更有人伪造《达摩论》三卷,文繁理散,不堪行用。"

净觉所说的(大乘入道)四行,是达摩亲说的。昙林记达摩的言行,就是二入四行前的那段叙述。这部《达摩论》,即使不能代表达摩的"心传",也还是有事实根据的。《楞伽师资记》、《续僧传》(简略些)、《景德传灯录》(此下简称《传灯录》)等都有引述。如《楞伽师资记》所引说(大正八五·一二八四下——一二八五中):

"略辨大乘入道四行　　　弟子昙林序"

"法师者,西域南天竺国,是大婆罗门国王第三(之)子。神慧疏朗,闻皆晓悟(原作'晤')。志存摩诃衍道,故舍素从缁,绍隆圣种。冥心虚寂,通鉴世事,内外俱明,德超世表。悲悔边国正教陵替,遂能远涉山海,游化汉魏。亡心寂默之士,莫不归信,取相存见之流,乃生讥谤。于是唯有道育、慧可,此二沙门年虽后生,儁(原作'携')志高远。幸逢法师,事之数载,虔恭谘启,善蒙师意。法师感其精诚,诲以真道:如是安心,如是发行,如是顺物,如是方便。此是大乘安心之法,令无错谬。如是安心者,壁观。如是发行者,四行。如是顺物者,防护讥嫌。如是方便者,遣其(《续僧传》作'教令')不著。此略(叙)所由,意在后文。"

"夫入道多途,要而言之,不出二种:一是理入,二是行入。"

"理入者,谓藉教悟宗。深信凡圣(此二字,准别本应删)含生同一真性,但为客尘妄覆,不能显了。若也舍忘归真,凝住壁观:无自(无)他,凡圣第一,坚住不移,更不随于言(《续僧传》作'他')教。此即与真理冥符(原作'状',误),无有分别,寂然无(为),名之理入。"

"行入者,所谓四行;其余诸行,悉入此行中。何等为四行? 一者报怨行,二者随缘行,三者无所求行,四者称法行。"

"云何报怨行? 修道行人,若受苦时,当自念言:我从往昔无数劫中,弃本逐末,流浪诸有,多起怨憎,违害无限。今虽无犯,是我宿殃恶业果熟,非天非人所能见与。甘心忍受,都无怨诉。经云:逢苦不忧。何以故? 识达本故。此心生时,与理相应。体怨进道,是故说言报怨行。"

"第二随缘行者,众生无我,并缘业所转。苦乐齐受,皆从缘生。若得胜报荣誉等事,是我过去宿因所感。今方得之。缘尽还无,何喜之有? 得失从缘,心无增减,喜风不动,冥顺于道,是故说言随缘行。"

"第三无所求行者,世人长迷,处处贪著,名之为求。智者悟真,理将俗反(原作'及')。安心无为,形随运转,万有斯空,无所愿乐。功德黑暗,常相随逐。三界久居,犹如火宅。有身皆苦,谁得而安? 了达此处,故于诸有息想无求。经云:有求皆苦,无求乃乐。判如无求真为道行。"

"第四称法行者,性净之理,目(原作'因')之为法。此

理众相斯空，无染无著，无此无彼。经云：法无众生，离众生
垢故。法无有我，离我垢故。智者若能信解此理，应当称法
而行。法体无悭，于身命财（原误作'则'）行檀舍施，心无
吝惜，达解三空，不倚不著，但为去垢。摄化众生而不取相，
此为自利，复能利他，亦能庄严菩提之道。檀度既尔，余度
亦然。为除妄想，修行六度而无所行，是为称法行。"

　　昙林是达摩弟子，但不是专心禅慧的禅师。依"经录"所
说，从北魏正光六年（五二五）起，到东魏武定元年（五四三）止，
昙林一直在参与佛陀扇多、菩提流支、瞿昙般若流支的译场，担
任"笔受"的工作。他是重视经教的法师，据《续僧传》卷一六
《慧可传》说：在周武毁佛法时（五七四——五七七年），昙林与
慧可"共护经像"。昙林为贼斫去了一臂（人称"无臂林"），慧
可曾护侍他。慧可与昙林是同学，有深厚友谊。昙林在邺都
"讲《胜鬘经》，并制文义"（以上见大正五〇·五五二中）。嘉
祥的《胜鬘经宝窟》，也曾引用林公说。《胜鬘经》与《楞伽经》，
法义相近，也是四卷《楞伽经》的译者——求那跋陀罗所译的。
昙林与慧可的年龄相近；达摩为道育、慧可传授"大乘安心之
法"，由昙林记述下来，是非常适合的。

　　达摩所传授的，具体而明确。"入道"，是趣入菩提道；道是
道路、方法。大乘道不外乎二入：理入是悟理，行入是修行。入
道，先要"见道"——悟入谛理。佛法不只是悟了，悟是属于见
（理）的，还要本着悟入的见地，从实际生活中、实际事行上去融
冶，消除无始来的积习，这叫"修道"。修到究竟圆满，名为"无
学道"。《楞伽经》说"顿现无所有清净境界"，是顿入的见道。

"净除一切众生自心现流"，"是渐非顿"，是修道。经说与"理入"、"行入"的意趣相合。理入，是"藉教悟宗"。宗是《楞伽经》说的"自宗通"，是自觉圣智的自证，但这要依"教"去悟入的。什么是"藉教"？"深信含生同一真性，但为客尘妄覆，不能显了"：这是如来藏（性）说。依此如来藏教说的深切信解，发起"舍妄归真"的意乐，从"凝住壁观"去下手。"壁观"，从来异说纷纭，《传灯录》卷三附注说："为二祖说法，只教曰：外息诸缘，内心无喘，心如墙壁，可以入道。"（大正五一·二一九下）"壁观"可能就是"心如墙壁"的意思。《黄檗禅师宛陵录》（大正四八·三八六下）说：

"心如顽石头，都无缝罅，一切法透汝心不入，兀然无著，如此始有少分相应。"

百丈也说："心如木石，无所辨别，……兀兀如愚如聋相似，稍有亲分。"（大正五一·二五〇上——中）这都是"壁观"的意义，是凝心、安心、住心的譬喻。从依言教的闻而思，到不依言教的思而修。"与真理冥符，无有分别，寂然无为"，就是如智不二的般若现证。理入是见道，是成圣；依大乘法说，就是（分证）成佛。然而，悟了还要行入——发行。前三行是"顺物"，称法行是"方便"，这都是从实际的事行去进修，而不是从心性去解说的。前三行是对"怨憎会"、"爱别离"、"求不得"苦的进修。修道者是人，是生活在人间的。无论是个人，是佛教，都要着重人与人的和谐，所以佛的律制，特别重视"息世讥嫌"。悟道者不是处身旷野，"静观万物皆自得"——自得其乐就好了。人是生活在人间的,要本着自悟的境地,无怨憎、不骄侈、不贪著,而做到自他无碍,皆大欢喜。这是"防护讥嫌"的"顺物",也就是不违世俗,恒顺众生,从克己中去利他的。称法行是"方便"——以"无所得为方便"而行六度。行菩萨大行而无所行,摄化众生而不取众生相,"三轮体空",从利他中销融自己的妄想习气。这样的处世修行,才能真正地自利、利他,才能庄严无上菩提。达摩从印度来,所传的教授精要简明,充分显出了印度大乘法门的真面目。中国的禅者,虽禀承达摩的禅法,而专重"理入",终于形成了偏重理悟的中国禅宗。据昙林说,这一教授,达摩是以此开示道育、慧可的。这一教授,宗与教,"深信含生同一真性",是《楞伽经》所说的。前三行所引的经文,都出于《阿含经》及《法句》。称法行所引的"经云",是《维摩诘经》。"三空"是三轮体空,是《般若经》义。《维摩诘经》及《般若经》,都是江南佛教所特别重视的。达摩传《楞伽经》的如来(藏)禅,而引用《般若经》与《维摩诘经》,可能与达摩曾在江南留住有关。

　　《楞伽师资记》说:还有一部十二三帋的《释楞伽要义》,现已佚失。从前传入日本的,有《大乘楞伽正宗决》一卷,也许就是这一部。当时,还有被认为伪造的三卷本《达摩论》,内容不明。现在,被传说为达摩造而流传下来的,也还不少。其中,如《破相论》(一名《观心论》)、《绝观论》、《信心铭》,这都可证明为别人造的。现存的《悟性论》、《血脉论》等,为后代禅者所造。没有标明造论者的名字,这才被误传为《达摩论》了。达摩在中国的名望越大,附会为达摩造的越多。道藏有《达摩大师住世留形内心妙用诀》一卷,达摩被传说为长生不死的仙人了。世俗流传有《达磨易筋经》、《达磨一掌金》，达摩竟被传说为武侠、占卜之流了！这真是盛名之累！

# 第二节　达摩与《楞伽经》

## 楞伽禅的传承

达摩来中国传法，开示道育与慧可的教授，如昙林所记。在达摩传法中，附有《楞伽经》的传授，如《续僧传》卷一六《慧可传》（大正五〇·五五二中）说：

> "初，达摩禅师以四卷《楞伽》授可曰：我观汉地，惟有此经，仁者依行，自得度世。"

达摩传授四卷《楞伽》的意义，也许学者们看法不同，而当时有四卷《楞伽》的传授，是不容怀疑的事实。如《达摩论》的"藉教悟宗"，宗与教对举，就是出于《楞伽经》的。《慧可传》又说："那、满等师，常赍四卷《楞伽》以为心要，随说随行。"那是慧可的弟子，满是那师的弟子（达摩第三传，与道宣同时）。这一传承，都是依《楞伽》而随说随行的。

再依后代禅者所熟知的禅师来说：达摩禅到了（四祖）道信，开始一新的机运。然道信所传的禅法，还是依《楞伽经》的，如所制《入道安心要方便》说："我此法要，依《楞伽经》诸佛心第一。"（大正八五·一二八六下）（五祖）弘忍在廊壁上，想"画楞伽变"（《坛经》）。《楞伽师资记》说：弘忍有十大弟子，其中，

"神秀论《楞伽经》,玄理通快"(大正八五·一二八九下)。张说所作《荆州玉泉寺大通禅师碑铭并序》,也说神秀"持奉《楞伽》,递为心要"(《全唐文》卷二三一)。弘忍的另一弟子玄赜,叙述达摩以来的师承法要,作《楞伽人法志》。玄赜弟子净觉,依《楞伽人法志》而作《楞伽师资记》。达摩禅的传承,是被看作楞伽禅之传承的。所以早期的灯史,如《传法宝纪》、《楞伽师资记》,在序言中,都引证了《楞伽经》文。弘忍弟子曹溪慧能的法门,实际上也还是《楞伽》的如来禅。慧能的再传弟子道一,更明白地说(大正五一·二四六上):

> "达摩大师从南天竺国来,躬至中华,传上乘一心之法,令汝等开悟。又引《楞伽经》文,以印众生心地。恐汝颠倒,不自信此心之法各各有之。故《楞伽经》云:佛语心为宗,无门为法门。"

不"自信此心之法各各有之",就是《达摩论》所说"深信含生同一真性"。而"佛语心为宗",也是继承道信的"诸佛心第一"。所以达摩禅的师资相承,要确认这一《楞伽》禅的传统,然后对时地推移,不同适应而展开的新姿态,才能有一完整的、通贯的认识。

## 达摩与求那跋陀

《楞伽经》共有三译:一、宋元嘉二十年(四四三)求那跋陀罗译,名《楞伽阿跋多罗宝经》,四卷。二、魏延昌二年(五一三)菩提留支译,名《入楞伽经》,十卷。三、唐久视元年(七〇〇)实叉难陀译,名《大乘入楞伽经》,七卷。达摩到北魏传禅时,十卷本《楞伽》已经译出。达摩不用当时当地译出的十卷《楞伽》,而用江南译出的四卷本,这当然由于达摩从南方来,与江南的四卷《楞伽》有关系了。从西天竺来的大德,起初都是不通华文华语的。如要弘传经法,由自己传译出来,否则只能泛传大要了。达摩从天竺来,却传授译为华文的四卷《楞伽》,这是非长期在中国,通晓华文不可的。这应该引起我们的注意!《续僧传》说:达摩"初达宋境南越"。达摩早在宋代已到了中国,那么四卷《楞伽》的传授,也就不觉得奇突了!

求那跋陀罗,意译为功德贤。《高僧传》卷三有传(大正五〇·三四四上——三四五上),传中每简称为"跋陀"。跋陀是中天竺人,也是从南方海道来的。元嘉十二年(四三五)来中国,泰始四年(四六八)去世,春秋七十五。在僧传中,跋陀是一位译经三藏。西来的大德,都是以传法为重的;为了传法,所以要传译。也有适应时众的需要而传译的,如佛陀跋陀罗本是禅师,但到了江南,成为《华严经》等大量经律的传译者。一般来说,所传译的与自己所宗的,是有关系的。跋陀三藏所译的,依《出三藏记集》卷二,共十三部、七十三卷(《开元释教录》作五十二部,一百三十四卷)。重要的有:

《胜鬘师子吼一乘大方便方广经》　　一卷

《楞伽阿跋多罗宝经》　　　　　　　四卷

《央掘魔罗经》　　　　　　　　　　四卷

《大法鼓经》　　　　　　　　　　　二卷

《相续解脱地波罗蜜了义经》　　　　一卷

| 《第一义五相略集》 | 一卷 |
| 《杂阿含经》 | 五十卷 |
| 《众事分阿毗昙论》 | 十二卷 |

前四部,是如来藏法门。《相续解脱地波罗蜜了义经》、《第一义五相略集》,是《解深密经》的初译。后二部,是声闻经论中最根本的。从所译的教典而说,跋陀是以如来藏唯心大乘为主,以声闻经论为助的。这一风格,与流支、真谛、玄奘相同。但跋陀的时代早些,跋陀是南天竺的如来藏说,而流支、真谛、玄奘,重于北方的阿赖耶说。在佛教思想史上,这是大有区别的。

跋陀三藏在中国三十多年(四三五——四六八年)。如果达摩五三○年顷去世,而寿长一百五十多岁的话,那跋陀在华的时代,达摩为五十五岁到八十八岁。达摩"初达宋境",以四卷《楞伽》印心,达摩是有晤见跋陀并承受《楞伽》法门之可能的。在达摩禅的传承中,弘忍门下就有这一传说,如《楞伽师资记》(大正八五・一二八四下)说:

> "魏朝三藏法师菩提达摩,承求那跋陀罗三藏后。"

达摩继承跋陀,是本于《古禅训》的:"求那跋陀罗禅师,以《楞伽》传灯,起自南天竺国,名曰南宗,次传菩提达摩禅师。"道宣的达摩"初达宋境",也暗示了这一消息。但在中国禅宗的传承中,跋陀三藏的地位被遗忘了。这因为传说达摩禅是"以心印心","不立文字"。如杜胐《传法宝纪》说:

> "达摩之后,师资开道,皆善以方便,取证于心。……密以方便开发,顿令其心直入法界。"

杜胐以为:达摩门下的师资开道,是"方便开发"、不用文字的。对传说中的《楞伽》传授,解说为:"以《楞伽》授可曰:吾观汉地化道者,唯以此经相应。学徒有未了者,乃手传数遍,云作未来因也。"《楞伽经》在达摩禅中,只是初方便,不是所传的法门。《楞伽经》不受重视,《楞伽经》译主——跋陀的地位,当然被忽略了。就现有资料来说,杜胐没有说达摩是继承谁的,却开始引用了《禅经序》的传承说。高唱顿禅的神会,进一步以菩提达摩与《禅经序》的达摩多罗相结合。到了《宝林传》,才修正编定为西天二十八祖说。达摩是直承天竺的,跋陀的地位完全被遗忘了。

直到宋初,法眼宗的永明延寿(九〇四——九七五年),对求那跋陀与达摩,还承认其关系。如《宗镜录》卷一〇〇(大正四八·九五三上)说:

> "跋陀三藏云:理心者,心非理外,理非心外,心即是理,理即是心。心理平等,名之为理;理照能明,名之为心。觉心理平等,名之为佛心。"

跋陀,就是《楞伽》译主。"理心"说,与《楞伽师资记》求那跋陀罗三藏说相合(大正八五·一二八四中)。又《宗镜录》卷九八(大正四八·九四二上——中)说:

> "伏陀禅师云:藉教明宗,深信含生同一真性。凡圣一路,坚住不移,不随他教,与道冥符,寂然无为,名为理入。"

这是昙林所记的达摩为道育、慧可开示的教授,但《宗镜录》作"伏陀禅师"说。伏,古读重唇音,伏陀与跋陀相同。据延寿所传(应古有此说):达摩所说,原是出于伏陀禅师的教诲。这是古代的传说,达摩与跋陀三藏有传授的关系。四卷《楞伽》印心,是跋陀三藏的传授。

### 《楞伽》与如来藏说

《楞伽》法门的传弘,禅师们重在"自觉圣智"与"宗通",如《传法宝纪》说:

> "修多罗说:菩萨摩诃萨独一静处,自觉观察,不由于他,离见妄想,上上升进,入如来地,是名自觉圣智。"

> "修多罗所谓宗通者,谓缘自得胜进,远离言说文字妄想,趣无漏界自觉地自相,远离一切虚妄觉相,降伏一切外道众魔,缘自觉趣光明晖发,是名宗通相。"

依《楞伽经》,法身与化身说不同:法佛是"自觉圣所缘境界建立施作";化佛是"说施戒忍……分别观察建立"(大正一六·四八六上)。这二类,就是宗通与说通。宗通是自证的,说通是言说的。这本是"教法"与"证法"———一切佛法的通义,而《楞伽经》着重于二类的区别,对机的差别,而重视宗通的自证。如《楞伽经》说:

> "言说别施行,真实离名字。分别应初业,修行示真实。真实自悟处,觉想所觉离,此为佛子说;愚者广分别(大正一六·四八四下———四八五上)。"

> "我谓二种通,宗通及言通。说者授童蒙,宗为修行者

（大正一六・五〇三上——中）。"

教说——名相安立是初学的、启蒙的；自证离文字的宗通，是真实的、为修行者的。禅者着重于宗的趣入，为后代"宗门"、"教下"说所本。《楞伽经》的宗与教，本有二类不同：一是三乘共的，一是大乘不共的。所以"宗通"与"自觉圣智"是二乘所共的，不能证明为大乘（不要说最上乘）的。不过中国禅者是从来不注意这些的。修证，有小乘与大乘，或三乘与一乘的区别，区别在哪里？就大乘法说，如宗密所举的"息妄修心"、"泯绝无寄"、"直显心性"，区别都在见地上。依印度上乘法说，有"唯识见"（依他起"非实有全无，许灭解脱故"，近于"息妄修心"）、"中观见"（主要为"极无所住"，近于"泯绝无寄"。也有说"理成如幻"的），还有"藏性见"，即"究竟显实"或"直显心性"宗。以"《楞伽》印心"，达摩所传的禅法，本质是如来藏法门，"如来禅"就是"如来藏禅"。

如来藏法门，弘通于（由）东（而）南印度；阿赖耶缘起说，弘通于（由）西（而）北印度。各别的发展，而又结合起来的，是（《胜鬘经》开端）《楞伽经》的"如来藏藏识心"。但中国禅者，并不注意《楞伽经》的赖耶缘起说，而重视圣智自觉的如来藏性。《楞伽经》卷一，有关于如来藏的问题，如说（大正一六・四八九上——中）：

> "大慧菩萨摩诃萨白佛言：世尊！世尊修多罗说：如来藏自性清净，转三十二相入于一切众生身中。如大价宝，垢衣所缠。如来藏常住不变，亦复如是，而阴界入垢衣所缠，

贪欲恚痴不实妄想尘劳所污。一切诸佛之所演说。云何世
尊同外道说我,言有如来藏耶?世尊!外道亦说有常作者,
离于求那,周遍不灭。世尊!彼说有我。"

"佛告大慧:我说如来藏,不同外道所说之我。……开
引计我诸外道故,说如来藏。……大慧!为离外道见故,当
依无我如来之藏。"

又《楞伽经》卷四(大正一六·五一〇中——下)说:

"大慧菩萨摩诃萨复白佛言:世尊!惟愿世尊更为我
说。阴界入生灭,彼无有我,谁生谁灭?愚夫者依于生灭,
不觉苦尽,不识涅槃。"

"佛告大慧:如来之藏是善不善因,能遍兴造一切趣
生,譬如伎儿;变现诸趣,离我我所。不觉彼故,三缘和合方
便而生。外道不觉,计著作者。为无始虚伪恶习所熏,名为
识藏,生无明住地,与七识俱。如海浪身常生不断,离无常
过,离于我论,自性无垢,毕竟清净。"

"此如来藏藏识,一切声闻缘觉心想所见,虽自性净,
客尘覆故,犹见不净,非诸如来。大慧!如来者现前境界,
犹如掌中视阿摩勒果。"

《楞伽经》的性质,是对佛法的各种问题给予明确的抉择。
如上所说第一则:"如来之藏",过去已在经中说过了。听起来,
与外道(《奥义书》等)所说的"我"差不多。外道的"我",也是
常住的、周遍的、离相("求那"是德相)的,是作者——生死流转
中的造作者。如来藏的藏,是胎藏。自性清净,具足(三十二)

相好的如来,在一切众生身中本来具足,如胎藏一样。为妄想客尘所覆,而本性清净,如摩尼珠在秽处一样。众生身中的如来藏,岂非与外道的"我"一样吗? 佛的意思是:方便的说为如来藏,那是为了要摄化执我的外道。如不这么说而说无我,就不能诱导他来归向佛法。其实,如来藏是约"离妄想无所有境界"而方便说的。所以,应知是"无我"的"如来之藏"。

第二则:大慧的(为众生起)疑问是:众生是(五)阴(六)界(六)入的和合,这一切是无我的、生灭无常的,《阿含经》(中观者,唯识者)以来,都这样说。如一切是无常的、无我的,那怎么能成立生死相续? 一切是无常无我,那也不可能有苦尽而证得涅槃的常乐? 对诸行无常、诸法无我所引起的疑难,在佛教小乘、大乘中,极为普遍。对听闻"无常、无我"而不能成立流转与还灭的根机,佛就说如来藏。如来藏"能遍兴造一切趣生",就依之而有生死。"离无常过(如来藏是常住的),离于我论(如来藏是无我的),自性无垢,毕竟清净",所以离却妄想尘劳,就能解脱常乐,这就是依之而有涅槃。如来藏是二乘智慧所不能见(十住菩萨,也还见而不能了了),而唯是如来所圆证的。

如来藏,或名如来界(或译为如来性),或名佛性、自性清净心等。此"界",为生死流转与涅槃还灭的根本依。古人的解说,不必相同,然如来藏说的特征是明白可见的,兹略引数经如下:

《大方等如来藏经》:

"一切众生,贪欲恚痴诸烦恼中,有如来智、如来眼、如来身,结跏趺坐,俨然不动。善男子! 一切众生虽在诸趣烦

恼身中,有如来藏,常无染污,德相备足,如我无异。"(大正
一六·四五七中——下)

《无上依经》卷上:

"一切众生,有阴界入胜相种类内外所现,无始时节相
续流来,法尔所得至明妙善。……是如来界,无量无边诸烦
恼縠之所隐蔽,随生死流,漂没六道,无始轮转,我说名众生
界。"(大正一六·四六九中——下)

《大法鼓经》卷下:

"一切众生悉有佛性,无量相好庄严照明。以彼性故,
一切众生得般涅槃。……诸烦恼藏覆如来性,性不明净。
若离一切烦恼云覆,如来之性净如满月。"(大正九·二九
七中)

《不增不减经》:

"即此法身(如来藏别名),过于恒沙无边烦恼所缠,从
无始世来,随顺世间,波浪漂流,往来生死,名为众生。"(大
正一六·四六七中)

《大般涅槃经》卷七:

"我者,即是如来藏义。一切众生悉有佛性,即是我
义。如是我义,从本已来,常为无量烦恼所覆,是故众生不
能得见。"(大正一二·四〇七中)

《大方广佛华严经》卷三五《宝王如来性起品》：

> "如来智慧，无相智慧，无碍智慧，具足在于众生身中。但愚痴众生颠倒想覆，不知不见。"（大正九·六二四上）

达摩开示道育、慧可说："深信一切含生同一真性，但由客尘妄覆，不能显了。"确为如来藏的教授。如来藏说在经中，浅深不一。通俗些的，如如来相好庄严，在众生身中本来具足，与神我说是非常近似的。这比之无著系的唯识所现说、龙树系的一切皆空说，确是容易为一般人（特别是有神我信仰的）所信受的。从前，南印度毗地耶奈伽罗地方，《如来藏经》的偈颂，连童女们都会讽咏呢（寺本婉雅译《印度佛教史》一三九页）！

## 第三节　达摩门下的传弘

### 达摩禅的传承者

昙林所记，道育、慧可二沙门，受达摩真法的教诲。昙林也是达摩弟子，但他是一位讲师，所以一向没有列入达摩禅的系统。道育的传记不明。慧可（一作僧可）的事迹，《续僧传》卷一六《慧可传》（大正五〇·五五一下——五五二下）有初录与补充的二部分。初传说：慧可是虎牢（今河南成皋县西北）人。"外览坟索，内通藏典"，是一位博通世学及佛法的学者。到了"年登四十"，在嵩洛会到了达摩（一般传说在嵩山少林寺）。于是"奉以为师，毕命承旨，从学六年，精究一乘"。慧可是名学者,去从不谈学问的达摩学,所以"一时令望,咸共非之"。等到达摩入灭,慧可开始弘法。五三四年,国家迁都邺城,慧可也到邺都去。那里有一位道恒禅师,"徒侣千计",大抵是佛陀或勒那摩提的门下。道恒对慧可所传的"情事无寄"的达摩禅,指为"魔语",与官府勾结,迫害慧可,几乎死去。从此,慧可的风格变了,如说:

> "可乃从容顺俗,时惠清猷,乍托吟谣。或因情事,澄汰(或作'伏')恒抱,写割(或作'剖')烦芜。"

文义隐约不明,也许传说中的慧可,道宣"为贤者讳",而不便明说。大概是:慧可经这一番波折,知道大法不易弘通,所以改取"顺俗"和光的态度。有时以吟谣(似诗非诗,似偈非偈而可吟唱的)来表达清新的禅境;或者"因情事"而汰除旧有的怀抱——"写割"或"写剖"的意义,不是写得烦芜,就是写得简略而不易明白。道宣对慧可的境遇非常同情,特别是"卒无荣嗣",没有光大法门的传承者。慧可晚年的"顺俗"生活,《历代法宝记》说他"佯狂"。《宝林传》说:"后而变行,复异寻常……或为人所(役)使。"(《中华大藏经》一辑·三二八四三下)

道宣得到了新资料,补充说:一、慧可与向居士的书偈问答。二、在武周灭法时,慧可与(昙)林法师"共护经像"。三、昙林失臂,说到慧可也失一臂(为贼所斫),但慧可能"以法御心,不觉痛苦"。四、慧可有弟子那禅师,那有弟子慧满,满与道宣同时。那师与满师,都是以《楞伽经》为心要的,这是修正了"末绪卒无荣嗣"的前说。道宣到末后,又得到可师门下的资料,载于卷二五(附编)《法冲传》。有关达摩门下的事情,道宣也知道得不多,一而再地补充,并不等于完全了。论理,道宣所传,不能看作唯一的资料。

慧可的年龄,《历代法宝记》说一百零七岁。《宝林传》也说一百零七岁,而计算不同,错误百出。如依《续僧传》,四十岁遇见达摩,六年精究。达摩入灭后数年,慧可才去邺城。迁都邺城为五三四年,那时慧可应在五十岁以上。周武灭法,为五七四——五七七年,慧可与昙林护持经像,那时年在九十以上了。禅者,多数是长寿的。

慧可与达摩一样,在禅法的开展中,传说也发达起来。《传法宝纪》说:慧可为了求法,不惜身命,自"断其左臂,颜色无异",达摩这才方便开示,当下直入法界。与《传法宝纪》同时的《楞伽师资记》说:"吾本发心时,截一臂。从初夜雪中立,不觉雪过于膝,以求无上道。"(大正八五·一二八六上)这是从昙林序的"感其精诚",及慧可失臂而来的不同传说,表现了求法不惜身命的大乘精神。神会的《南宗定是非论》,更说慧可本名神光,因受达摩的赞可而改名(《神会集》一六一),这可能与佛陀三藏弟子慧光相糅合了。本名神光,立雪,断臂求法,为后代禅者所信用。又《传法宝纪》说:慧可在邺都时,受人毒害,但毒不能害。有关慧可被迫害及"顺俗"事件,《历代法宝记》说:流支与光统的徒党要陷害慧可,于是"入司空山隐,后可大师佯狂"。最后还是被诬告,说慧可是"妖",才为城(应作"成")安县令所杀害(大正五一·一八一中)。《宝林传》也大致相同。

达摩的弟子,《续僧传》依昙林所记,仅道育与慧可二人。

到（七七四年顷作）《历代法宝记》，多了一位"尼总持"，并有"得我髓者慧可，得我骨者道育，得我肉者尼总持"的传说（大正五一・一八一上）。尼总持的传说，不知有什么根据？三弟子的传说，（八一七年）传入日本的《内证佛法血脉谱》、（八四一年前）宗密《中华传心地禅门师资承袭图》（此下简称《师资承袭图》）、（九五二年）《祖堂集》，都承袭《历代法宝记》的传说。惟（八〇一年）《宝林传》在三人外，加"得吾血者偏头副"，而成四弟子说。"偏头副"，大概是引用《续僧传》卷一六《僧副传》的。僧副在北方，从达摩禅师出家。建武年间（四九四——四九七年）来江南，普通五年（五二四）就死了。僧副那时在北方所见的达摩禅师，是否就是菩提达摩？这不过是《宝林传》编者的意见而已。关于弟子们悟入的内容，宗密《师资承袭图》作：尼总持"断烦恼，得菩提"——"得肉"；道育"迷即烦恼，悟即菩提"——"得骨"；慧可"本无烦恼，元是菩提"——"得髓"（续一〇・四三四。"续"是《卍字续藏》。但本文所依为最近"中国佛教会"影印本）。到了《传灯录》（一〇〇四年），才有四人得法的内容，除了改"得血"为"得皮"外，慧可以"礼拜后依位而立"为"得髓"（大正五一・二一九下）。宋代天台学者，引用宗密的"本无烦恼，元是菩提"——慧可的得髓说，几乎被天童寺禅师所控告，那是传说者所意想不到的事了！

## 慧可门下的分化

"持奉《楞伽》，将为决妙"的慧可，弟子并不太多。《宝林传》卷八（《中华大藏经》一辑・三二八四四下）说：

"可大师下,除第三祖自有一支,而有七人:第一者峣
山神定,第二者宝月禅师,第三者花闲居士,第四者大士化
公,第五者向居士,第六者弟子和公,第七者廖居士。"

七弟子的根源,四人出于《续僧传·慧可传》;神定与宝月,
见于《神会语录》:"(三祖)璨大师与宝月禅师及定公,同往罗浮
山。"定公,就是峣(应是"皖"字误写)山神定。《历代法宝记》
说:"有峣禅师,月禅师,定禅师,严禅师,来璨大师所。"峣禅师
与定禅师,似乎是"峣山神定"的一传为二。严,是宝月禅师弟
子。神定与宝月,与僧璨同住皖公山,同往罗浮山,就此而传说
为慧可弟子,其实是无可证实的。《慧可传》有五人:慧可弟子
那禅师,《宝林传》却遗忘了。向居士与慧可是"道味相师,致书
通好。……未及造谈,聊伸此意,想为答之"。这是仰慕慧可,
特表示自己的见地来请益,也没有一般师资的直接关系。其他
三人,如《续僧传》(大正五〇·五五二中)说:

"时复有化公,彦(或作'廖')公,和禅师等,各通冠玄
奥,吐言清逈,托事寄怀,闻诸口实。而人世非远,碑记罕
闻,微言不传,清德谁序,深可痛矣!"

在《慧可传》中,附带地说到了当时的三位。本传与附见
的,同时而没有一定的关系,这是高僧传的一般体例。化公、彦
公、和禅师,都是出家大德,虽有传说而没有碑记可考,也没有言
句流传下来。道宣附载于《慧可传》,哪里可以说是慧可的弟
子?彦公而传为廖居士,那是更错误了。近人因栖霞慧布曾与
慧可晤谈,也列入慧可门下,更不合理!《宝林传》的花闲居士,

也是无可稽考的。所以依《续僧传·慧可传》而论,慧可的弟
子,是那禅师。最多,加上向居士。

道宣晚年,从法冲得来的资料,慧可门下的法系,如卷二五
(附编)《法冲传》(大正五〇·六六六中)说:

> "达摩禅师后,有慧可、慧育二人。育师受道心行,口
> 未曾说。可禅师后,粲禅师,慧禅师,盛禅师,那老师,端禅
> 师,长藏师,真法师,玉法师——已上并口说玄理,不出
> 文记。"

> "可师后,善老师(出抄四卷),丰禅师(出疏五卷),明
> 禅师(出疏五卷),胡明师(出疏五卷)。"

> "远承可师后,大聪师(出疏五卷),道荫师(抄四卷),
> 冲法师(疏五卷),岸法师(疏五卷),宠法师(疏八卷),大
> 明师(疏十卷)。"

> "那老师后,实禅师,慧禅师,旷法师,弘智师(名住京
> 师西明寺,身亡法绝)。明禅师后,伽法师,宝瑜师,宝迎
> 师,道莹师——并次第传灯,于今扬化。"

道宣晚年,达摩门下已三、四传了。"可禅师后",是慧可的
弟子,共十二人。"远承可师后",是慧可的再传或传承不明。
"那老师"的弟子中,遗忘了慧满禅师。"旷法师"就是慧满在会
善寺遇到的"法友"——昙旷。

慧可是以《楞伽》为心要的、"藉教悟宗"的。在门下的弘传
中,现出了不同的倾向:"口说玄理,不出文记"的禅师,著作疏
释的经师。这二流的分化,是极明显的事实。《续僧传》说慧可

"专附玄理"，什么是玄理？从魏晋以来，易、老、庄学盛行，称为玄学；而玄理、玄风等名词，也成为一般用语。佛教中也有玄章、玄义、玄论、玄谈等著作。这里的玄理，当然不是老庄之学，而是"钩玄发微"、直示大义的、简明深奥的玄理，不是经师那样的依文作注，或广辨事相。佛法中，如空有，真妄，性相（中国人每称之为"事理"），迷悟；生死与涅槃，烦恼与菩提，众生与如来；法性、心性等深义，着重这些的，就是玄理。《续僧传》称慧可"专附玄理"，并举偈为例，如说（大正五〇·五五二中）：

> "说此真法皆如实，与真幽理竟不殊。本迷摩尼谓瓦砾，豁然自觉是真珠。无明智慧等无异，当知万法即皆如。愍此二见之徒辈，申词措笔作斯书。观身与佛不差别，何须更觅彼无余。"

慧可承达摩的《楞伽》法门，"专附玄理"，而展开楞伽禅的化导。道宣从法冲所得来的消息，虽是"藉教悟宗"的，却已表现了禅宗的特色，如《法冲传》（大正五〇·六六六中）说：

> "其经本，是宋求那跋陀罗三藏翻，慧观法师笔受。故其文理克谐，行质相贯，专唯念慧，不在话言。于后达摩禅师传之南北，忘言忘念无得正观为宗。后行中原，慧可禅师创得纲纽。魏境文学，多不齿之。领宗得意者，时能启悟。"

慧可的宗风如此，那专重讲说、广作文疏的楞伽师，无论是否为慧可门下，精神上早已漂流于达摩禅的门外了。传"每可说法竟曰:此(楞伽)经四世之后,变成名相,一何可悲",该就是广造文疏的一流了!

早期的达摩禅风,对于经教的态度,是"藉教悟宗"。"藉教悟宗",要对经教有超脱的手眼。宋译《楞伽经》卷一说:"一切修多罗所说诸法,为令愚夫发欢喜故,非实圣智在于言说。是故当依于义,莫著言说。"(大正一六·四八九上)这是"依义不依语",原是大乘经的共说,但学者每为名相所拘缚。达摩禅是灵活地应用了教法,如:

> "慧可:'可乃奋其奇辩,呈其心要。故得言满天下,意非建立。玄籍遐览,未始经心。'"(大正五〇·五五二上)

> "慧满:'诸佛说心,令知心相是虚妄法,今乃重加心相,深违佛意。又增论议,殊乖大理。'"(大正五〇·五五二下)

> "慧冲:'义者,道理也。言说已粗,况舒之在纸,粗中之粗矣。'"(大正五〇·六六六中)

不著文字,不在话言,活用教法以诱导学者,"领宗得意"。对于经教,显有重宗略教的倾向。

还有,达摩禅对于生活的态度,是着重精苦的头陀行,如说:

> "那(禅师)自出俗,手不执笔及俗书,惟一衣、一钵、一坐、一食。以可常行兼奉头陀,故其所住,不参邑落。"(大正五〇·五五二下)

> "慧满……专务无着,一衣一食,……住无再宿。到寺则破柴造履,常行乞食。"(大正五〇·五五二下)

　　"法冲……一生游道为务，曾无栖泊。仆射于志宁曰：
此法师乃法界头陀僧也。"（大正五〇·六六六下）"

　　慧可的"兼奉头陀"，应该是达摩的遗风吧！头陀行，是出
家人中生活最精苦的一流。住在阿兰若（无着、无事）处，所以
不住聚落（佛教有无事比丘、聚落比丘二类）。在印度出家人中
（外道中有，佛教中也有），有称为"遍行"的。他们经常地往来
游化，没有定住的地方。对自行来说，当然专精极了。但没有定
期安住，对摄化学众来说，是不方便的。这也许是早期的达摩禅
不容易发扬的原因之一（摄受学众，印度都属于集团生活的律
行比丘）！

## 道宣所见的达摩禅

　　道宣是《续僧传》的作者，著名的律师。《续僧传》在贞观十
九年（六四五）为止，所以从道宣的论述中，多少可以窥见唐初
达摩禅的实况。道宣在"习禅"篇末，曾对禅有所"论"列（大正
五〇·五九五下——五九七中）。大概地说：道宣以佛陀的再
传弟子僧稠，勒那摩提的弟子僧实为一流，菩提达摩又为一流，
而说"观彼二宗，即乘之二轨也"，道宣是以达摩禅为空宗的。
在比较批判中，认为："如斯习定，非智不禅，则衡岭台崖扇其风
矣。"道宣是推崇天台教观的。就一般定学来说："（慧）思（智）
远振于清风，（僧）稠（僧）实标于华望。贻厥后寄，其源可寻。"
竟没有说到达摩，这是道宣的立场。道宣怎样理解达摩禅呢？
如说：

"有菩提达摩者,神化居宗,阐导江洛。大乘壁观,功业最高;在世学流,归仰如市。然而诵语难穷,厉精盖少。审其慕(应脱一字),则遣荡之志存焉。观其立言,则罪福之宗两舍。"

"稠怀念处,清范可崇。摩法虚宗,玄旨幽赜。可崇则情事易显,幽赜则理性难通。"

唐初,达摩禅就有了崇高的声望。"归仰如市",显然已非常发达的了。现有《金刚三昧经》一卷,北凉失译,《出三藏记集》卷三《新集安公凉土失译异经录》,有这一部经名。但现存经本的内容,说到"本觉"、"如来藏"、"庵摩罗"、"如来禅"、"九识",所以一般都论断为后代的伪作(道信已引此经)。经中说到:"二人者,一谓理入,二谓行入。理入者,深信众生不异真性,不一不共,但以客尘所翳障"等(大正九·三六九下),完全从达摩的"二入"脱化出来。这可见达摩禅对当时佛教的影响!后代禅门的某些特质,都在形成的过程中。

学达摩禅的那么多,而"诵语难穷,厉精盖少",这是道宣的批评。"诵语难穷",是说禅者的语句,说来说去,都得不到头绪、究竟。禅者的语句,就是那样的,正如《禅源诸诠集都序》所说:"览诸家禅述,多是随问反质,旋立旋破,无斯纶绪,不见始终。"(大正四八·三九九下)语句是这样的莫测高深,而真正专精励行的并不多,该多数是口头禅吧!据道宣的了解,达摩禅的意旨是:志在遣荡,罪福两舍,与一切法不立的虚(空)宗相近。这是表面的看法,而其实不是的。如宗密说:"一类道士、儒生、闲僧、泛参禅理者,皆说此('泯绝无寄')言便为宗极。不知此

宗,不但以此言为法。"(大正四八·四〇二下)

道宣又将僧稠与达摩——二宗比较一下:僧稠以"四念处"教人,行为是"清范可崇"的。达摩是"虚宗",理旨是极深玄的。然而,"清范可崇",也许浅些,但情事都显了可见。而理致深奥的,却难以通达。道宣承认"摩法虚宗"是深彻的,但幽深而不易通达,学者难以专精,大有深不如浅的意思。

道宣所叙论的当时禅者的现象,不完全是但主要是达摩门下的禅者。他曾批评说:

> "世有定学,妄传风教。同缠俗染,混轻仪迹。即色明空,既谈之于心口。体乱为静,固形之于有累。神用没于词令,定相腐于唇吻。"
>
> "排小舍大,独建一家。摄济住持,居然乖僻!"
>
> "复有相迷同好,聚结山门。持犯蒙然,动挂刑网。运斤运刃,无避种生。炊爨饮啖,宁惭宿触。"

这是不重僧伽律仪而形同世俗的现象。"即色明空"、"体乱为静",只在词令口舌上说得动听,而在实际生活中,完全不合律制。"排小舍大,独建一家",这是既非小乘,又不是大乘,而是自立规矩。这对于住持佛法、摄济学众,当然要流于乖僻了。这些人不明"持犯",所以到处都违犯律制,如用刀用斧,坏生掘地。又对于炊煮饮食,犯宿食,犯触(龌龊),都不知惭愧!律宗大师的道宣,对这些实在感慨已极。但是,这正是中国禅宗丛林制度的雏形。有的重视百丈制丛林清规,有的重视弘忍时代的团体生活,不知这类适应中国山林的新制度早已开始尝试。

百丈清规，只是比较成功的一派而已。

还有不重经教、自称顿悟的现象，如说：

> "顷世定士，多削义门，随闻道听，即而依学。未曾思择，扈背了经。每缘极旨，多亏时望。"

> "或有立性刚猛，志尚下流，善友莫寻，正经罕读。瞥闻一句，即谓司南。昌言：五住久倾，十地已满，法性早见，佛智已明。"

不读了义经，不思择法义，只是道听途说的自以为高妙。禅者如不重教，那惟有依人修学。如遇到的似是而非，那又凭什么去决定呢！"五住久倾"等四句，就是顿悟。"五住烦恼"，出于《楞伽经》及《胜鬘经》。智者《妙法莲华经玄义》卷十之上（大正三三·八〇一中）说：

> "北地禅师，明二种大乘教：一有相大乘，二无相大乘。有相者，如《华严》、《璎珞》、《大品》等，说阶级十地功德行相也。无相者，如《楞伽》、《思益》，真法无诠次，一切众生即涅槃相。"

北地禅师以《楞伽经》、《思益经》为无相大乘。禅师依《楞伽》、《思益》，立"真法无诠次"的顿入。"众生即涅槃"，是合于达摩门下之禅法的。禅师们不重律制，不重经教，不重法义，在道宣看来，这是极不理想的，所以慨叹地说：

> "相命禅宗，未闲禅字，如斯般辈，其量甚多。致使讲徒，例轻此类。故世谚曰：无知之叟，义指禅师。"

　　禅师们（不重经法，自然）不懂禅字是什么意思，由来已久。宗密还在批评说："今时有但目真性为禅者，是不达理行之旨，又不辨华竺之音也。"（大正四八·三九九上）这里，不是引用道宣的话来讥刺禅师，是从道宣的论述中，窥见当时禅者的实际形态，与后来发扬光大的禅宗，有着共同的倾向。道宣是以印度佛法为本的，重经、重律，自然不满于这种禅风，但禅宗却在这种倾向下发展起来。

　　达摩禅"藉教悟宗"。重教的，流衍为名相分别的楞伽经师。重宗的，又形成不重律制、不重经教的禅者。护持达摩深旨的慧可门下，那禅师、粲禅师等，以《楞伽经》为心要，随说随行，而助以严格的、精苦的头陀行。道宣时，一颗光芒四射的彗星在黄梅升起，达摩禅开始了新的一页。

# 第二章 双峰与东山法门

## 第一节 达摩禅的新时代

西元三一七年以来,中国的政局经二百七十多年的南北对立,才为隋文帝于五八九年所统一。炀帝末年,天下重陷于分崩离析,但迅速为李唐所统一。大唐的大统一,出现了中国史上的黄金时代。禅宗也在这个时代里,呈现了异样的光辉。

达摩禅在北朝,只是禅的一流,不太重要的一流。但一到唐初,达摩禅进入一崭新的时代。(四祖)道信住在蕲州黄梅(今湖北黄梅县)西北三十多里的破头山(也名双峰山),会下有五百多人。《续僧传》卷二〇(附编)说:"自入山来三十余载,诸州学道,无远不至。"(大正五〇·六〇六中)接着,(五祖)弘忍住黄梅县北二十五里的凭墓山;凭墓山在破头山东,所以也叫东山,受学的多到七百多人,盛况空前。如《传法宝纪》说:弘忍"既受付嘱,令望所归,裾屦凑门,日增其倍。十(此上疑脱一字)余年间,道俗受学者,天下十八九。自东夏禅匠传化,乃莫之过!"达摩禅在黄梅的勃兴,五十多年来(六二〇顷—— 六七四年），成为当时中国的禅法中心，这当然应归功于道信、弘忍的深悟，而环境与门庭施设，也有不容忽视的重要性。

## 时地适宜于达摩禅的开展

禅，本来是不限于达摩所传的。重于内心的持行，为修道主要内容的，就是禅（慧）。从事禅的修持，而求有所体验，无论进修的程度如何，总是受到尊崇的。在南北对立的时代，梁武帝也有一番提倡，但江东佛法为清谈玄学的风尚所熏染，一时还扭不过来，如《续僧传》卷二〇末（大正五〇·五九六上）说：

> "梁祖广辟定门，搜提寓内有心学者，统集杨都，校量深浅，自为部类。又于钟阳上下双建定林，使夫息心之侣，栖闲综业。于时佛化虽隆，多游辩慧……徒有扬举之名，终亏直心之实。"

重于务实笃行的北方，禅法受到重视，受到王室的崇敬。文成帝复兴佛法（四五二年），匡赞复兴的昙曜，是禅师。昙曜建议于京（平城）西武州塞，开辟石窟五所（即今大同云冈），为了建福，也是为了禅居。献文帝（四六六——四七〇年）对禅的崇敬更深，竟放弃帝位（禅位）而专心于禅。孝文帝太和十九年（四九五），为佛陀三藏造少林寺。嵩洛一带，成为北方禅学的重镇。佛陀的再传弟子僧稠、勒那摩提的弟子僧实，都受到帝王的征召与供养。北朝重视禅师，上有王室的崇敬，下有民间的仰信，传说为佛教僧众的典范。如《续僧传》卷一六《僧稠传》（大正五〇·五五四中）说：

"北齐文宣帝曰:'佛法大宗,静心为本。诸法师等徒传法化,犹接嚻烦,未曰阐扬,可并除废。稠谏曰:诸法师……皆禅业之初宗,趣理之弘教,归信之渐,发蒙斯人。'"

《伽蓝记》卷二(大正五一·一〇〇五中——下)说:

"崇真寺比丘惠凝,死一七日还活。经阎罗王检阅,以错名放免。惠凝具说过去之时,有五比丘同阅。"

"一比丘,云是宝明寺智圣,坐禅苦行,得升天堂。"

"有一比丘,云是般若寺道品,以诵四(十卷)《涅槃》,亦升天堂。"

"有一比丘,云是融觉寺昙谟最,讲《涅槃》、《华严》,领众千人。阎罗王云:讲经者心怀彼我,以骄凌物,比丘中第一粗行。今唯试坐禅诵经,不问讲经。……阎罗王敕付司,即有青衣十人,送昙谟最向西北门,屋舍皆黑,似非好处。"

"有一比丘,云是禅林寺道弘。自云教化四辈檀越,造一切经,人中象十躯。阎罗王曰:沙门之体,必须摄心守道,志在禅诵。……三毒不除,具足烦恼,亦付司,仍与昙谟最同入黑门。"

"有一比丘,云是灵觉寺宝明。自云出家前尝作陇西太守,造灵觉寺,成即弃官入道,虽不禅诵,礼拜不缺。……亦付司,青衣送入黑门。"

"太后闻之,遣……访……,皆实有之。……自此以后,京邑比丘悉皆禅诵,不复以讲经为意。"

从上两则,可看出北朝王室与民间传说——重禅轻教(宣讲经论)的情形。隋唐统一,奠都在长安(洛阳为东都),军政大抵是继承北朝的传统;皇室对佛教的观念,也大致相近。复兴佛教的隋文帝,对禅师特别尊重,如《续僧传》卷二〇末(大正五〇·五九七上)说:

> "隋祖创业,偏重定门,下诏述之,具广如传。京邑西南置禅定寺,四海征引,百司供给。来仪名德,咸悉暮年,有终世者,无非坐化。具以闻奏,帝倍归依。"

被推为华严宗初祖的杜顺(法顺),唐太宗曾引入内禁,为王族懿戚所归敬。到则天与中宗、睿宗,对弘忍门下大弟子,多数礼召入京。王室崇敬,宰官与民间也当然崇敬。这样的佛教环境,禅法是最适宜于开展的了。

达摩禅在北朝重禅的环境中,障碍重重,并不容易开展,到唐代却勃然而兴,这应该重视"禅法南行"的事实。北方是重于事相、重于实行的。然北方的实行,重于有相的,即使是禅观,也都系心为止,托境成观。所以达摩禅在北方,"取相存见之流,乃生讥谤";听说"情事无寄,谓是魔语"。"得意"的领会,原是南方所长的。但南朝佛教受魏晋以来的清谈影响,只会娓娓谈玄,而笃行的精神不足。这是达摩初来在南方没有法缘的原因了。隋唐结束了南北对立的局面,南北文化特性也在大统一下调和起来。虚玄而缺乏笃行精神的南方,因政局的变化,都市的"义学"衰落,而山林重行的佛教兴起(参看下一章)。在这一情况下,达摩禅由北而南,也就时地相宜而获得了有利的开展。说到南方北方,就是长江流域与黄河流域(当时是中原)。南方佛教,以江东为重心。江东,为今江苏、安徽的江南,及浙江的大部分。江东的核心,是杨都——当时的政治中心(今南京)。南方佛教与政治一样,以江东为重心(这里的南朝传统最强),沿长江而上,上游的重心是荆州。达摩禅向南移动,传说因周武帝灭法(五七四年),慧可到了舒州的皖公山(今安徽潜山西北,离湖北的黄梅不远)。道信的禅法,就是从这里学来的。道信到长江以南,在今江西省,住了近二十年,然后渡江,在黄梅的破头山住下来。这里是长江中游,离江不远。顺流东下,是江东;上行到荆州。从这里渡江而南,是庐山,再向南是衡岳、岭南。向北上,到襄阳、南阳、洛阳,进入北方的中枢。在这时地相宜的环境下,道信与弘忍,五十多年的弘法努力,达摩禅终于一跃而成为中国禅法的主流!

## 黄梅的门庭施设

世界是名相的世界,人类是共住的人间。在现实人间来弘阐禅法,是不能忽视于此的。道信的"营宇立象",弘忍的"念佛净心",黄梅树立起新的家风,对达摩禅的兴盛,是大有关系的。如《传法宝纪》说:

> "天竺达摩,褰裳导迷。息其言语,离其经论。……是故慧可、僧璨,(疑脱一字)理得真。行无轨迹,动无彰记。法匠潜运,学徒默修。"

> "至夫道信,虽择地开居,营宇立(原误作'玄')象。存没有迹,旌榜有闻。"

达摩以来,慧可、那禅师、满禅师等,都是随缘而住,独往独来的头陀行,近于云水的生活。自己既来去不定,学者也就不容易摄受。道信到了双峰,就改变了从上以来的旧传统。"择地开居,营宇立象",就是选择地方,开创道场,造寺院,立佛像。后来,弘忍也在凭墓山立寺。道信与弘忍,安定地在黄梅五十多年,接受天下学众。这更符合了释迦佛正法住世的大原则,从团体生活轨范中,陶贤铸圣。"择地开居,营宇立象",对黄梅禅法的隆昌是有重要意义的。禅者开始独立地发展,为未来创立禅寺(丛林)的先声。

还有弘忍的"念佛净心",如《传法宝纪》说:

> "及忍、如、大通之世,则法门大启,根机不择,齐速念佛名,令净心。密来自呈,当理与法。犹递为秘重,曾不昌言。"

忍是五祖弘忍,如是弘忍弟子潞州法如,大通是玉泉神秀。在弘忍以前,禅法是"法匠默运,学徒潜修"的。这是审察来人的根性,决不轻易地传授。这是禅者,尤其是高深禅门的风格。即使聚众数百,在深山潜修,或在都市里掩室潜修,一般佛弟子、社会人士,始终是隔着一层,不知底细,只能投以景慕的、神奇的眼光。但到了弘忍,在西元七世纪的下半个世纪,将禅的初方便开放了。不问根机怎么样,本着"有教无类"的精神,一齐都教他修习——念佛、净心的禅门。禅法的普遍而公开的传授,引起"东山法门"的兴盛。弘忍的东山法门,被称誉为"道俗受学者,天下十八九。自东夏禅匠传化,乃莫之过"。"法门大启,根机不择",正是东山法门大盛的重要因素。

"念佛净心",是本于道信的。道信是"心心念佛",弘忍才以"念佛名"为方便,成为公开的、普遍的禅门新方便。从"念佛名"以引入"净心",终于念佛成佛。这对弘忍门下,以及未来"南能北秀"的禅风对立,都有重大的意义。"念佛名"为"令净心"的新方便,虽引起了部分禅者的形式化,然对促成东山法门的隆盛来说,到底是重要的一着。

道信"营宇立象",弘忍"念佛名,令净心":黄梅树立了新的禅风,达摩禅也就进入了新的时代,大放光芒!

## 第二节　道信与入道方便

禅宗四祖道信,在中国禅宗史上,是值得重视的承先启后的关键人物。达摩禅进入南方,而推向一新境界的,正是道信。他的事迹,禅学应给以特别的注意。

### 《道信传》

道信一生的事迹,最早见于道宣《续僧传》卷二〇(附编)《道信传》(大正五〇·六〇六中);其次为《传法宝纪》、《历代法宝记》(大正五一·一八一下——一八二上),《神会语录》(石井本)大同,《传灯录》卷三(大正五一·二二二中——下)等。道信卒于永徽二年(六五一)闰九月,"春秋七十二",所以他是生于陈太建十二年(五八〇)的。他的事迹,可分为三阶段。

一、道信俗姓司马,原籍是河内(今河南沁阳),后迁移到蕲州的广济县来。七岁(五八六年)就出了家。师长的戒行不净,道信没有随师长而放逸,反而"密怀斋检"——秘密地(不为师长所知)受持斋戒,真是一位器识不凡的沙弥!五年(或说六年)后,到舒州皖公山(今安徽潜山西北),从三祖僧璨(古每写为"粲")学禅法十年(或说"九年",六年与九年,或说五年与十年,都共经十五年)。在道信二十一岁顷(六〇〇年),僧璨去了罗浮山,道信就过着独自的修学生活。道信在皖公山学禅,《续僧传》这样说:

> "又有二僧,莫知何来,入舒州皖公山,静修禅业。(道信)闻而往赴,便蒙授法。"

据《传法宝纪》,皖公山的"二僧",就是僧璨与"同学定禅师"(皖山神定)。道宣泛说"二僧",没有明说,所以近代学者,有人怀疑僧璨传道信——这一事实。僧璨传道信,为弘忍门下所公认的。弘忍(六〇二——六七五年)在世时,一定已有所传,这才能成立历代相承的法统。道宣没有明说,那只是传述者(道宣从传说得来,不是从道信得来)的不详细。禅法是不可能没有传受的。道宣可以不知道,传述者可以不知道,道信可不会也不知道。道信的弟子弘忍,知道了而传说为僧璨,这有什么可怀疑的!弘忍与道宣(五九六——六六七年)是同时人;弘忍的传说,不是一百年后、数百年后起的新说。如没有反证以证明他的错误,是没有理由怀疑的!

道宣《续僧传》卷二五《法冲传》,提到了"可禅师后粲禅

师"。卷一一《辩义传》(大正五〇·五一〇中)又说到:

> "(仁寿)四年春末,(辩义)又奉敕于庐州独山梁静寺
> 起塔。……处既高敞,而恨水少,僧众汲难。本有一泉,乃
> 是僧粲禅师烧香求水,因即奔注。至粲亡后,泉涸积年。及
> 将拟置,一夜之间,枯泉还涌。"

庐州独山,在皖公山东,与皖公山相连。所以论地点,这位独山僧粲禅师,与传说的皖公山粲禅师,显然是同一人。《辩义传》说:仁寿四年(六〇四)时,粲禅师已经死了。道信与僧璨分离,在六〇〇年顷,传说僧璨去罗浮三年(可能为一、二年),回来就死了。所以论时代,也是相近而没有矛盾的。皖公山的粲禅师,在道宣的《续僧传》中,虽《道信传》没有明文,却存在于不同传说的《辩义传》中。所以弘忍门下所传,道信从僧璨得法,应该是可信的。

二、大业(六〇五——六一七)年间,道信才为政府所允许出家,"配住吉州(今江西省吉安县)寺"。逢盗贼围城七十余日,道信劝大家念摩诃般若,这才贼众退散。道信想到衡岳去,路过江州(今江西省九江县),就在庐山大林寺住下来,一住十年。道信在黄梅双峰山"三十余年"(《续僧传》、《历代法宝记》),大约是四十岁时去黄梅的。所以从二十一岁(六〇〇年)到四十岁(六一九年)——二十年间,为道信到南方游学的阶段。

《续僧传》说:"国访贤良,许度出家,因此附名住吉州寺。"《传法宝纪》说:"至大业度人,配住吉州寺。"隋代,出家要得国

家的准许。每年定期举行考选(一般是试经得度,或由僧众推
举),有一定的限额;合格的准予出家,配住寺院(僧籍),得到出
家者应有的优待——免税、免役。否则,称为私度,政府是可以
勒令返俗的。道信许度,配住吉州寺,在六〇一——六〇九年
间。这一定是僧璨去后,道信就离开皖公山,渡过长江,在吉州
一带游学,这才会"许度出家"而配住在吉州寺。

　　道信在吉州,有教大众念摩诃般若波罗蜜而退贼的传说。
这一传说,暗示了一项重要的史实,那就是道信在江南游学,受
到了"摩诃般若波罗蜜"法门的深切影响。"摩诃般若波罗蜜"
法门,与两晋的玄学相表里,流通极盛。经典的译出,以鸠摩罗
什所译的《摩诃般若波罗蜜经》(简称《大品般若》)二十七卷、
《小品般若波罗蜜经》十卷最为流行。经梁武帝的提倡,陈代
(五五七——五八八年)三论宗盛行,般若法门风行于长江上下
游。(天台宗祖)南岳慧思四十岁(五五八年)时,在光州(今河
南省潢川县)发愿造"金字《摩诃般若波罗蜜经》"全部,并作
《立誓愿文》(大正四六·七六六中——七九二中)。弟子天台
智颛,也重视般若经、论,及《中论》(般若的观法)。说到"般若
波罗蜜"法门,不但着重"一切法无自性空,空故不生不灭,本来
寂静,自性涅槃"的悟证,更着重听闻、受持、读、诵、书写、供养、
为他演说,是以闻思为方便而趣入修证的。般若波罗蜜的读诵
受持,引入修证,更有现生的种种功德,如《摩诃般若波罗蜜经》
卷八(大正八·二八〇上——下)说:

　　　　"于是般若波罗蜜,若听、受持、亲近、读、诵、为他说、
　　　正忆念,不离萨婆若心,诸天子!是人魔若魔民不能得其

便。……人非人不能得其便。……终不横死。……若在空舍，若在旷野，若人住处，终不怖畏。……我等（诸天）常当守护。……得如是今世功德。"

"摩诃般若波罗蜜"，有共世间的今世后世功德。所以《般若经》在印度，有最深彻而又最普及的特色，成为大乘佛教勃兴中的主要圣典。《摩诃般若波罗蜜经》卷九，载有"外道异学梵志"及"恶魔化作四种兵"来娆乱的事实，因"诵念般若波罗蜜"而外道与魔军退散（大正八·二八七上——下）。道信劝吉州城大众"诵念般若"而得"群贼退散"的效果，正说明了道信游学南方，而对"摩诃般若波罗蜜"法门有了深切的信解尊重。

吉州城平定后，道信想到南岳去，经过江州，"为江州道俗留止庐山大林寺，……又经十年"。在道信三十岁左右，已受到佛教界的尊敬了。大林寺是智锴创建的，《续僧传》卷一七有《智锴传》（大正五〇·五七〇中）。智锴本是三论宗兴皇朗的门人；开皇十五年（五九五），又从天台智顗修习禅法。智锴"守志大林，二十余载，足不下山"，大业六年（六一〇）卒。道信来住大林寺（六一〇年顷），在智锴将死或去世不久。智锴"修习禅法，特有念力"，为智顗所器重。智锴创建与领导的大林寺，当然有天台禅观的学风。道信住大林寺十年，对该寺的天台禅观，是不会没有影响的。总之，从六〇〇到六一九年顷，道信游学南方近二十年，与南朝佛教——三论宗、天台宗的法门相关涉，这对道信所传禅门的理解来说，是极其重要的！

三、《续僧传》说：

　　"蕲州道俗请度江北黄梅县，众造寺（似为大众愿为造寺的意思）。依然（？）山行，遂见双峰有好泉石，即住终志。……自入山来三十余载，诸州学者，无远不至。"

　　道信住黄梅双峰山三十余年，约为六二○——六五一年，为道信弘宣禅法的阶段。《传法宝纪》说："武德七年，住蕲州双峰山。……居三十年，宣明大法。"武德七年说，为《传灯录》等所信用。然从武德七年（六二四）到永徽二年（六五一）去世，仅二十八年，与"居三十年"说不合，所以今取"三十余年说"为正。道信在双峰定住下来，于是"择地开居，营宇立象"，接引四方的学众，弘宣禅法，道俗五百多人，显然已成为当代的禅学大宗。弟子可考见的，弘忍而外，《续僧传》载有荆州法显、荆州玄爽、衡岳善伏。《历代法宝记》说到"命弟子元一造塔"。又传说：唐太宗曾四次敕召道信入京，道信都辞老不去。如确有其事的话，那道信的三十余年不下山及不奉敕召，可能为受到智𫖮（二十余年不下山，不受隋帝的敕召）风格所影响了！

　　道信临去世时，有两件事值得一提：一、预先嘱弟子造塔，等到塔造成了，就去世；全身不散，供养在塔中，一直传到近代。预先造塔与色身不散，也是后来的传承者——弘忍与慧能所共同的，形成一宗特有的家风。二、《续僧传》说："众人曰：和尚可不付嘱耶？曰：生来付嘱不少。"《传法宝纪》说："门人知将化毕，遂谈究锋起，争希法嗣。及问将传付？信喟然久之，曰：弘忍差可耳。"一说付嘱不少，一说付嘱弘忍。这一传说的歧异，存有对"付嘱"的不同意见，留到第五章——曹溪慧能的付法传衣中去说明。

## 道信禅门的纲领

达摩以来的诸大禅师,大都"不出文记"。留传下来的,或是门人的记录或集录,也有别人所作而误传的。道信在双峰弘禅,也传有这样的作品,如《楞伽师资记》(大正八五·一二八六下)说:

> "信禅师再敞禅门,宇内流布,有《菩萨戒法》一本,及制《入道安心要方便门》,为有缘根熟者说。我此法要,依《楞伽经》诸佛心第一;又依《文殊说般若经》一行三昧,即念佛心是佛,妄念是凡夫。"

净觉撰《楞伽师资记》,约为七二○年顷,离道信的去世(六五一年),不过七十年。净觉的《楞伽师资记》,是根据玄赜的《楞伽人法志》的。玄赜是道信的再传、弘忍的弟子。在传承的关系上、时间上,都相当亲切,不可与晚唐以来的新传说并论。道宣(六六七年去世,为道信去世后十六年)所作《续僧传》卷二○(附编)说:"善伏……又上荆襄,蕲部见信禅师,示以入道方便。"(大正五一·六○三上)道信以"入道方便"——"入道安心要方便"教人,道宣已经知道了。天台学者荆溪湛然(七一一——七八二年)在《止观辅行传弘决》卷二之下(大正四六·一八四下)也说:

> "信禅师元用此(文殊说般若)经以为心要。后人承用,情见不同,致使江表京河禅宗乖互。"

道信以《文殊说般若经》为心要,也与神秀所说相合,如《楞伽师资记》(大正八五·一二九〇上——中)说:

> "则天大圣皇后问神秀禅师曰:所传之法,谁家宗旨?答曰:禀蕲州东山法门。问:依何典诰?答曰:依《文殊说般若经》一行三昧。"

《楞伽师资记》所传的《入道安心要方便门》,代表了道信的禅门,是确实的、难得的珍贵资料!道信当时弘开的禅门,在上面所引的文句中,就显出了道信禅法的三大特色:

一、戒与禅合一:弘忍门下的开法传禅,都与戒有关(第四章再详为论列)。慧能"说摩诃般若波罗蜜"、"兼授无相戒",是戒禅一致的。如敦煌本《坛经》(大正四八·三四〇下)说:

> "《菩萨戒经》云:戒(原误作'我',依经文校正)本源(原误作'愿')自性清净。识心见性,自成佛道。即时豁然还得本心。"

神秀"五方便"的"离相门",在正授禅法以前,先发愿、请师、受三归、问五能、忏悔、受菩萨戒,完全是受菩萨戒的次第。正授菩萨戒,如《大乘无生方便门》(大正八五·一二七三中)说:

> "菩萨戒是持心戒,以佛性为戒。性(?)心瞥起,即违佛性,是破菩萨戒。护持心不起,即顺佛性,是菩萨戒。"

神秀所传的"以佛性为戒",与"一念净心,顿超佛地"的禅门,也达到一致的境地。开法传禅而与戒相关,不只是南能北秀,弘忍门下的宣什宗、净众宗,也是如此。尤其是宣什的"传香"(《坛经》的惠昕本等,也有传"五分法身香"的开示),显然是菩萨戒的内容。依《楞伽师资记》所说,道信有《菩萨戒法》,又有《入道安心要方便门》。道信的《菩萨戒法》虽没有传下来,内容不明,但道信的禅门有戒有禅,是确实的。弘忍门下的禅风,禅与菩萨戒相合,原来是禀承道信(七世纪前半)的门风。这点极关重要!不明白这一点,柳田圣山(撰《初期禅宗史书之研究》)才重视八世纪的"江阳禅律互传",而想像《坛经》的"无相戒"为牛头六祖所说,不知道这正是道信以来的禅风。

达摩禅与头陀行相结合。头陀行本为辟支佛行,是出家人的,而且是人间比丘——过着集体生活者所不取的。头陀行的禅,不容易广大的弘通。道信使禅与菩萨戒行相联合,才能为道俗所共修。说到菩萨戒,南朝非常地流行。梁武帝与隋炀帝(那时是晋王),都曾受菩萨戒。智颛作《菩萨戒义疏》,说传戒仪式,当时有六本:"一、梵网本,二、地持本,三、高昌本,四、璎珞本,五、新撰本,六、制旨本。"(大正四〇·五六八上)地持本、高昌本、璎珞本流传于北地。新撰本(南方新撰,也用梵网十重戒)及(梁武帝审定的)制旨本,是南朝所通行的。智颛取传为鸠摩罗什所译的梵网本。道信的《菩萨戒法》,虽没有明文可考,然从南能北秀的戒法,以自性清净佛性为菩萨戒体而论,可以想见为梵网戒本。道信的戒禅合一,是受到了南方,极可能是天台学的影响。

二、《楞伽》与《般若》合一。近代学者每以为:达摩以四卷《楞伽经》印心,慧能改以《金刚经》印心。因而有人说:禅有古禅与今禅的分别、楞伽禅与般若禅的分别。达摩与慧能的对立看法,是不对的。依道信的《入道安心要方便门》,可以彻底消除这一类误会。达摩以四卷《楞伽经》印心,当然是确实的,达摩门下曾有"楞伽师"(胡适称之为"楞伽宗")的系统。然据《续僧传》所说:"摩法虚宗,玄旨幽赜。"(大正五〇·五九六下)"达摩禅师传之南北,忘言忘念,无得正观为宗。"(大正五〇·六六六中)达摩禅从南朝而到北方,与般若法门原有风格上的共同。到了道信,游学南方,更深受南方般若学的影响。在吉州时,早已教人诵念"摩诃般若波罗蜜"了。等到在双峰开法,就将《楞伽经》的"诸佛心第一"与《文殊说般若经》的"一行三昧"融合起来,制为《入道安心要方便门》,而成为《楞伽》与《般若》统一了的禅门。

般若法门的"一切皆空",天台学者说得好:或见其为空,或即空而见不空,或见即空即不空、非空非不空。换言之,《般若经》所说的空,有一类根性,是于空而悟解为不空的;这就是在一切不可得的寂灭中,直觉为不可思议的真性(或心性)。大乘佛教从性空而移入真常妙有,就是在这一意趣下演进的。达摩以《楞伽》印心,而有《般若》虚宗的风格;道信的《楞伽》与《般若》相融合,都是悟解般若为即空的妙有,而不觉得与《楞伽》如来藏性有任何差别的。

道信游学南方,深受"摩诃般若波罗蜜"法门的熏陶,终于引用《文殊说般若经》为"安心方便"。《文殊说般若经》,共有三译,道信所用的,是梁曼陀罗仙(五〇三——?)所译的,名《文殊师利所说摩诃般若波罗蜜经》,二卷。这部属于般若部的经

典,含有明显的如来藏说,如说(大正八·七二六、七二九下):

> "文殊师利言:众生界相,如诸佛界。又问:众生界者,
> 是有量耶? 答曰:众生界量,如佛界量。"
>
> "如来界及我界,即不二相。"

"如来界"、"佛界"是"如来藏"、"佛性"的别名。"众生界"(菩萨界)、"如来界",平等不二,为《无上依经》《法界无差别论》等如来藏说经论的主题。《文殊说般若经》已从如来性空、众生性空(般若本义)而进入"法界不二"说,与《楞伽经》的如来藏说一致。《楞伽》与《文殊般若》的关系,还有两点可说:一、《文殊说般若经》译出以后,传为真谛所译的《大乘起信论》,已引用了"一行三昧"。《大乘起信论》,一向被认为与《楞伽经》有关,是依《楞伽经》而造的。《起信论》的引用"一行三昧"就是《楞伽经》与《文殊说般若经》的融合。二、在达摩系统中,慧可弟子和禅师,和禅师弟子玄景,玄景弟子玄觉;玄觉与道宣、道信同时。《续僧传》卷一七说:"玄觉……纯讲大乘,于《文殊般若》偏为意得(得意?)。"(大正五○·五六九下)玄觉为达摩门下重视《文殊般若》的又一人。道信的时代,《楞伽》与《文殊般若》早有融合的倾向。道信这才依《楞伽经》及《文殊说般若经》,成立"入道安心要方便"的禅门。可以说:"《楞伽经》诸佛心第一",是达摩禅的旧传承;"《文殊说般若经》一行三昧",为适应时机的新综合。在禅者的悟境,这两部经是没有不同的(方便不同),但"摩诃般若波罗蜜",在达摩禅的传承中,越来越重要了。

三、念佛与成佛合一。"念佛"是大乘经的重要法门。在中国,自庐山慧远结社念佛以来,称念阿弥陀佛,成为最平易通俗的佛教。达摩禅凝住壁观,圣凡一如,原与念佛的方便不同。道信引用了一行三昧,一行三昧是念佛三昧之一。"念佛心是佛,妄念是凡夫":息一切妄念而专于念佛,心心相续,念佛心就是佛。道信的"入道安心要方便",是这样的方便。依念佛而成佛,双峰禅门才能极深而又能普及。从弘忍门下的念佛禅中,可以充分地明白出来。

## 一行三昧

梁曼陀罗仙所译的《文殊师利所说摩诃般若波罗蜜经》卷下,有"一行三昧"。道信引入"楞伽禅"制立卓越的安心方便。这对于"东山法门"的大发展,及将来南能与北秀的对立,都有深远而重要的关系。经上所说的——《入道安心要方便门》所引的,是这样(大正八·七三一上——下):

"复有一行三昧,若善男子善女人修是三昧者,亦速得阿耨多罗三藐三菩提。"

"文殊师利言:世尊!云何名一行三昧?佛言:法界一相,系缘法界,是名一行三昧。"

"(若善男子善女人欲入一行三昧,当先闻般若波罗蜜,如说修学,然后能入一行三昧)——如法界缘不退、不坏、不思议、无碍、无相。"

"善男子善女人欲入一行三昧,应处空闲,舍诸乱意;不取相貌,系心一佛,专称名字。随佛方所,端身正向,能于一佛念念相续,即是念中能见过去现在未来诸佛。何以故?
念一佛功德无量无边,亦与无量诸佛功德无二。不思议佛
法等无分别,皆乘一如成最正觉,悉具无量功德、无量辩才。
如是入一行三昧者,尽知恒沙诸佛法界无差别相。”

“如般若波罗蜜所说行,能速得阿耨多罗三藐三菩提”(成
佛),是《般若经》的根本法门。此外,佛又提出能速成佛道的
“一行三昧”。“一行三昧”的实质,是“法界一相,系缘法界”;
以“法界无差别相”为系念而成就的三昧。想成就“一行三昧”,
经中举二类方便:一、先要听闻——听闻、受持、读、诵,如说修行
般若波罗蜜,这是般若(闻思修)正方便。二、“不取相貌(如三
十二相,八十种好),系心一佛,专称佛名。”这是念佛的胜方便。
念佛成就,见十方无量诸佛,“知恒沙诸佛法界无差别相”。说
到这里,应该知道大乘法门的二大流:一、以《般若经》为主的念
佛,是实相念佛,如《小品般若波罗蜜经》卷一〇(大正八・五八
四中)说:

　　“以诸法实相而观如来。”

《维摩诘经》卷下说:“如自观身实相,观佛亦然。”(大正一四・
五五四下)《阿閦佛国经》说:“如仁者上向见空,观阿閦佛及诸
弟子等并其佛刹,当如是。”(大正一一・七六〇中)《金刚般若
波罗蜜经》所说:“若见诸相非相,则见如来。”(大正八・七四九
上)也是同一意义。二、以《华严经》为主的念佛,是唯心念佛,
如《大方广佛华严经》卷六三《入法界品》“解脱长者章”(大正
一〇・三三九下——三四〇上)说:

> "然彼如来不来至此，我身亦不往诣于彼。知一切佛
> 及以我心，悉皆如梦。……我如是知，如是忆念，所见诸佛，
> 皆由自心。"

念佛，是念佛（无边）相好的，等到三昧成就，诸佛现前，于
是体会到：我没有到佛国去，佛也没有到这里来；诸佛现前，都是
唯心所现的。与阿弥陀佛有关的念佛，也是这样，如《佛说般若
三昧经》（大正一三·八九九中——下）说：

> "意所作耳（唯心所现），我所念即见。心作佛，心自
> 见，心是佛心，佛心是我身。心见佛，心不自知心，心不自见
> 心。心是有想是痴心，无想是涅槃。"

《观无量寿佛经》（大正一二·三四三上）也说：

> "诸佛如来法界身，遍入一切众生心想中。是故汝等
> 想佛时，是心即是三十二相、八十随形好。是心作佛，是心
> 是佛。诸佛正遍知从心想生，是故应当一心系念谛观
> 彼佛。"

念佛而悟入唯心所现，于是乎"是心作佛"、"是心是佛"的
法门展开了。后代禅者常说的"即心即佛"，不是禅者创说，而
是大乘经中与念佛有关的三昧。明白上来的念佛说，可知《文
殊说般若经》是在般若无相法门中，应用了唯心念佛，而归于
"法界无差别相"的法门。但还是随顺般若，所以称名而"不取
相貌"。道信以"一行三昧"与楞伽法门相结合，制立"入道安心
要方便"，显出了法门的特色！

《文殊说般若经》的"一行三昧",在中国佛教界,早已受到重视。智者于开皇十四年(五九四),在玉泉寺说《摩诃止观》,广明大乘的四种三昧;"常坐"的,就是"一行三昧"。更早些,传说为真谛(五五三年)译的《大乘起信论》,也引用了"一行三昧",如说(大正三二·五八二上——中):

> "若修止者,……一切诸想,随念皆除,亦遣除想。以一切法本来无相,念念不生,念念不灭,亦不得随心外念境界,后以心除心。心若驰散,即当摄来住于正念。是正念者,当知唯心无外境界。……久习淳熟,其心得住。以心住故,渐渐猛利,随顺得入真如三昧。"

> "复次,依是三昧故,则知法界一相,谓一切诸佛法身与众生身,平等无二,即名一行三昧(唐译作'一相三昧')。"

《起信论》的真如三昧,可说是天台"体真止"。但修行方便,是唯心观次第——先以心遣境,再以心除心。《起信论》以为:真如三昧成就了,能知"诸佛法身与众生身平等"——"法界无差别",就名为"一行三昧"。没有说到念佛的方便,这是着重"一法界相,系缘法界",就是"一行三昧"之所以名为"一行三昧"的实质。"一行三昧"为佛教界所重视,道信就融摄于达摩传来的禅法中。

## 《入道安心要方便》

道信的《入道安心要方便》,全文为《楞伽师资记》所引录,文段很长,约三千五六百字。达摩明"入道"的"二入"、"安心者壁观",道信的《入道安心要方便》是承此而立名的,但已是专明"理入"了。全文可分为三部分:一、从开始到"略举安心,不可具尽,其中善巧,出自方寸",《大正藏》本共三十六行,约六百字。先引《文殊说般若经》的"一行三昧",而明安心(安心是住心、宅心的意思)的善巧方便。文义都简要精密,为安心方便的主体部分。二、从"略为后生疑者假为一问"起,共四十三行,约七百字。先假设问题,然后以"信曰"来解答。问题为:

> 1. "法身若此(无相)者,何故复有相好之身现世说法?"
>
> 2. "何者是禅师?"
>
> 3. "云何能得悟解法相,心得明净?"
>
> 4. "临(终)时作若为观行?""用向西方不?"

问答部分,是集录"信曰"的解答问题,显然为门下所集录的。在回答中,着重于根机的浅深不等,并明佛弟子的正见。三、从"又古时智敏禅师训曰"起,文段最长,内容浅深不一,可说是道信门下不同传行的杂录部分。

试作进一步的分解。第一"主体部分",实为道信《入道安心要方便门》的主要内容。首先,引述了《文殊说般若经》"一行三昧"(如上面"一行三昧"所引),然后制立方便说(大正八五·一二八七上):

> "夫身心方寸,举足下足,常在道场。施为举动,皆是菩提。"

"《普贤观经》云:一切业障海,皆由妄想生。若欲忏悔者,端坐念实相——是名第一忏。"

"拼(原文误作'饼')除三毒心、攀缘心、觉观心。念佛心心相续,忽然澄寂,更无所缘念。《大品经》云:无所念者,是名念佛。何等名无所念?即念佛心名无所念。离心无别有佛,离佛无别有心;念佛即是念心,求心即是求佛。所以者何?识无形,佛无形,佛无相貌。若也知此道理,即是安心。"

"常忆念佛,攀缘不起,则泯然无相,平等不二。入此位中,忆佛心谢,即不须征——即看。此等心即是如来真实法性之身,亦名正法,亦名佛性,亦名诸法实性、实际,亦名净土,亦名菩提、金刚三昧、本觉等,亦名涅槃界、般若等。名虽无量,皆同一体。"

"亦无能观所观之意,如是等心,要令清净,常现在前,一切诸缘不能干乱,何以故?一切诸事皆是如来一法身故。住是心中,诸结烦恼自然除灭。于一尘中,具无量世界;无量世界集一毛端。于其本事如故,不相妨碍。《华严经》云:有一经卷,在微尘中,见三千大千世界事。"

"略举安心,不可具尽。其中善巧,出自方寸。"

这一部分,是《入道安心要方便》的主要方便。首先揭示了根本意趣:身、心,一切都不外乎方寸,一切唯是自心。"道场"是成佛的依处,"菩提"是佛之所以为佛的"觉"。"举足下足","施为举动"——一切语默动静,行来出入,见闻觉知,资生事业,哪一样不是菩提,哪一处不是成佛的道场!这虽是大乘经的常谈,却正表示了禅宗的特色!

说到安心方便,先要忏悔业障。实相忏是第一忏悔,也就是《坛经》的"自性忏"。还要拚除(扫除的意思)贪嗔痴心、攀缘心、觉观(新译"寻伺")心。内心清净了,才能契入"一行三昧"的念佛。

念佛的初方便,没有说到,只说"念佛心心相续",念到"忽然澄寂",就是"无所念",连念佛心也落谢不起。那时的澄寂,或说"泯然无相,平等不二",或说"泯然清净"——"净心"。以念佛来说,"无所念者是名念佛",是《大品般若经》所说的。因为心识是无形的,佛也是无相的(从"一行三昧"的"不取相貌"而来),所以"泯然无相",是真念佛。这样的"泯然无相,平等不二",心就是佛,佛就是心,而到达即心即佛的体悟。这一安心方便,是在"如来藏心"的传统中,融合了《摩诃般若波罗蜜经》的实相念佛、《观无量寿经》等的唯心念佛而制立的。以念佛为方便,而念佛是无(所)念;无念心是"如来真实法身",这可说无念即是佛了。《般若》与《楞伽》的融合,达摩禅将更适应于南方人心。

澄寂清净的心,就是经上所说的法身、佛性、般若、涅槃等。历举种种名词,而说就是一体(三论、天台根据龙树论,都这样说)。这说明了这一悟入的内容,是一切经、一切法门的根本与共同问题。文中说到了"金刚三昧"与"本觉",可见道信已见到并参考过达摩"二入"法门的《金刚三昧经》了。这部经也说到"本觉"。《金刚三昧经》与《大乘起信论》在古代禅宗的发展中,是有重要影响的!

达到了这一"澄寂"——"泯然无相"境地,是没有能观所观的。只要保持净心,使净心常现前就得。在泯然无相的净心中,一切事是无相,一切是清净,同一法界无差别。所以一切境缘,都不能干乱净心,一切烦恼自然除灭了,自然契入不思议解脱的无碍法界。文中引《维摩诘经》的"本事如故,不相妨碍"及《华严经》的"在微尘中见三千大千世界事"。"以无所得,得无所碍",禅者的悟境,更进入不思议解脱的境地,这也是后代禅者的共同倾向。

末了说:安心方便是说不完的,这只是略举一端。任何安心方便,都要行者善巧地应用。这如失眠一样,一紧张,一着急,什么安眠方法(除服药)都失效了。安心法门也是一样,所以佛开无边的安心法门,经中又说为"顺道法爱生",禅者说为"没有定法与人"。这所以"神而明之,存乎其人","运用之妙,在乎一心"!

第二"问答部分",有一项问答,极其重要,如说(大正八五·一二八七中):

"云何能得悟解法相,心得明净?"

"信曰:亦不念佛,亦不捉心,亦不看心,亦不计(?)心,亦不思维,亦不观行。亦不散乱,直任运,不令去,亦不令住。独一清净,究竟处心自明净。"

"或可谛看心,即得明净,心如明镜。或可一年,心更明净。或可三五年,心更明净。"

"或可因人为说,即是悟解。"

"或可永不须说,得解。"

　　"学者取悟不同,有如此差别。今略出根缘不同,为人师者善须识别!"

　　这里面,包含相关的问题是:"心得明净","悟解法相"。心怎么会明净?有的,不念佛,也不捉心(摄心,止),也不看(观)心,不用什么方法,只是"任运"。任运是不加功用,任其自然地运行,古人称为"蓦直去"。这样,心就会自然明净。但有的,要审谛地"看心",心才会明镜般的清净。这样,上面所说主要的安心方便,是念佛的、看心的一类,而非一切都是这样了。说到"悟解法相",就是悟理。有的,因善知识的开示、启发,得到悟解,如一般的"言下得入"。但有的不用别人说,自己也能悟入,这当然是少数。因不同的根机,有不同的进修情况。入道安心要方便,是不可一概而论的。

　　第三"杂录部分",有禅观进修的不同方便。段落不大分明,但大致可分为三段。第一段,从"又古时智敏禅师"起,"不得造次辄说,慎之慎之"止。这一段,先引智敏禅师及经说,总列五事,然后广明第五"守一不移"的修法。先引智敏禅师等说(大正八五·一二八八上):

　　　"古时智敏禅师训曰:学道之法,必须解行相扶。先知心之根源,及诸体用。见理分明无惑,然后功业可成。一解千从,一迷万惑(失之毫厘,差以千里,此非虚言)。"

　　　"《无量寿经》云:诸佛法身入一切众生心想。是心是佛,是心作佛(当知佛即是心,心外更无别佛也)。"

　　引古说与经说,只是证明"心"在学道中的根本性、重要性,为成立五事作依据。《无量寿经》,实为《观无量寿经》。古代的智敏禅师,不见于史传。但"智敏禅师训曰",内容与《宗镜录》所引相同,但这是天台智者(正名"智顗")所说,如《宗镜录》卷一〇〇(大正四八·九五二中——下)说:

> "智者大师与陈宣帝书云:夫学道之法,必须先识根源,求道由心。又须识心之体性,分明无惑,功业可成。一了千明,一迷万惑。"

智者与传为智敏所说,虽文字小有出入,但决定为同本。近代敦煌出土的,有《证(或作"澄")心论》一卷,编写在《菩提达摩禅师观门法》及传为弘忍所说的《修心要论》中间。禅者虽不知《证心论》是谁所作的,但看作古说,是早在弘忍以前的。《证心论》也有《宗镜录》引用的智者所说,而且《证心论》还说:

> "是故将书言说。"
> "请上圣王,伏愿善思本心一义,无为同登正觉。"

这与"智者大师与陈宣帝书"的传说,极为吻合。道信游学南方,住庐山大林寺十年,引用前辈智者禅师(五三一——五九七年)的话,是不足惊异的。智者正名为"智顗",智敏禅师大致为智顗禅师的误写。顗字旁的"页",草书是与"文"相近的。

引用智敏(顗)及《观无量寿经》说,可见道信的禅法:"佛即是心,心外无别佛",成立了"念佛"与"念心"的同一性。"念佛",是引用"一行三昧"的新方便。"念心"——"观心"或"守心"(如列举五事),没有说到"念佛",正是《楞伽》的旧传统。

"念心"是：

> "略而言之，凡有五种：一者，知心体，体性清净，体与
> 佛同。二者，知心用，用生法宝，起作恒寂，万法（原作
> '惑'）皆如。三者，常觉不停，觉心在前，觉法无相。四者，
> 常观身空寂，内外通同，入身于法界之中，未曾有碍。五者，
> 守一不移，动静常住，能令学者明见佛性，早入定门。"

略举五事，都是与"心"有关的，为道信门下"观心"的五类
方便。"所说五事，并是大乘正理，皆依经文所陈，非是理外妄
说。""五事"有统括大乘经义的意趣，是道信所成立的吧！列举
五事后，接着说：

> "诸经观法，备有多种。传（原作'傅'）大师所说，独举
> 守一不移。"

"传大师所说"，或解说为"傅大士所说"。论文义，这不是
道信自说，是再传弟子的传闻。传闻道信特重"守一不移"，与
传说慧可、弘忍的"守本真心"，禅风相合。"五事"中的"知心
体"、"知心用"，为神秀五方便的前二门所本。

道信特重"守一不移"，修法是这样的（大正八五·一二八
八上——中）：

> "先当修身，审观以身为本。……常观自身空净，如
> 影，可见不可得。……如眼见物时，眼中无有物。如镜照面
> 像，……镜中无一物。……如此观察知，是为观空寂。"
> "守一不移者，以此空净眼，住意看一物，无问昼夜时，

专精常不动。其心欲驰散,急手还摄来。如绳系鸟足,欲飞还掣取。终日看不已,泯然心自定。"

这一"守一不移"的方便,是先修身(四大五阴和合的总名)的,观身空净,了无一物可得(如影、如镜像一样)。六根对境而不著物,"是名观空寂"。然后"对此空净(空就是净)眼,住意看一物";"终日看不已",只是摄心成定,到达身空心寂的境地。依文段次第,是先"看净"(观空)的,了无一物可得。然后摄空净心成止,终于得定(得定就发慧)。着重于空净,应与道信的融摄般若有关。文体杂入大量的偈颂,与前后文体都不合。这是后人——"看净"然后"看心"的一流的禅观次第。

第二段,从"若初学坐禅时"起,到"不得懈怠,努力努力"止。次第方便为(大正八五·一二八八下——一二八九上):

"直观身心、四大、五阴……从本以来无所有,究竟寂灭;从本以来清净解脱。不问昼夜,行住坐卧,常作此观。……依此行者,无不得入无生正理。"

"复次,若心缘异境觉起时,即观起处毕竟不起。此心缘生时,不从十方来,去亦无所止。常观攀缘、觉观、妄识、思想、杂念、乱心不起,即得粗住。若得住心,更无缘虑,即随分寂定,即得随分息诸烦恼。"

这一方便,观一切法本来空寂,悟入无生,与般若法门最为亲切。在本空的观心中,如"心缘异境",那就返观这一念心毕竟不生(观心)。上一方便,从观身空净,到摄心成定。这一方便是,从观法本空,到依观成定。

第三段，从"初学坐禅看心"起，到"即用神明推策"止，是"初学者前方便"。这里面有"舍身法"，意义不太明了，如说（大正八五·一二八九上）：

> "凡舍身之法，先定空空心，使心境寂净，铸想玄寂，令心不移。心性寂定，即断攀缘，窈窈冥冥，凝净心虚，则几泊恬乎，泯然气尽，住清净法身，不受后有。若起心失念，不免受生也。此是前定心境，法应如是，此是作法。"

> "舍身法者，即假想身横看，心境明地，即用神明推策。"

"舍身法"，虽不大明确，但决不是舍命。可能为遗弃小我（身为四大五阴和合的总名）的修法。"铸想玄寂"、"凝净心虚"，是构想一虚无杳冥的境界而安心。"泯然气尽，住清净法身"，是修到出入息不起（约定境说，是四禅），而身超象外，真我独存。初修时，从"假想身横看"下手，是假想自己从身中超出。"东山法门"有这类修法，但"出神"只是初学方便而已，"是作法"。今附弘忍的禅法一则于下，以便参考，如《楞伽师资记》（大正八五·一二八九下——一二九〇上）说：

> "坐时，平面端身正坐。宽放身心，尽空际远看一字。"
> "证后，坐时状若旷野泽中，迥处独一高山，山上露地坐。四顾远看，无有边畔。坐时满世界，宽放身心，住佛境界。清净法身无有边畔，其状亦如是。"

依《入道安心要方便》而论，道信的禅法，受到天台禅观的影响,是不容否认的。然"坐禅"等术语,为经论以来的习用语,倒未必是从天台学得来的。道信虽参学南方,受般若及天台的影响,但充分表显了独立的精神。道信不取天台教法的判别,连三止、三观,以及圆顿、次第、不定的禅观名目都没有引用,却在楞伽禅的传统上,结合了《文殊说般若经》的"一行三昧",而制立"念佛心是佛"——"净心是佛"的禅门。道信也还是"藉教悟宗"、依教明禅的,如依《楞伽》及《文殊说般若》而制立方便,及"五事""皆依经文所陈"。至于"教外别传",还要等弘忍门下出来倡导呢!

## 第三节 弘忍东山法门

### 弘 忍 传

继承道信传统的,公认弘忍为五祖。现存的弘忍传记,最早的是《传法宝纪》、《楞伽师资记》(大正八五·一二八九中——下);其次是《神会语录》(石井本)与《历代法宝记》(大正五一·一八二中——下)。还有宋代撰述的《宋高僧传》(引下简称《宋僧传》)卷八《弘忍传》(大正五〇·七五四上——中),《传灯录》卷三(大正五一·二二二下——二二三上)等。

弘忍俗姓周,黄梅(今湖北省黄梅县)人,原籍浔阳(今江西省九江县)。去世的时间,有咸亨五年(六七四)说、上元二年(六七五)说,相差一年,现在且取上元二年说。弘忍生年七十四岁,所以是生于隋仁寿二年(六〇二)的。弘忍比道信只小了二十三岁。

《传法宝纪》说：弘忍"年十二事信禅师"。《楞伽师资记》说"七岁奉事道信禅师"(《宋僧传》用此说)。弘忍七岁(六〇八年)，道信二十九岁，那时正在吉州，自己出家也还不久呢！弘忍十二岁(六一三年)，道信三十四岁，正在庐山大林寺住，原籍浔阳的弘忍，这时候来从道信出家，是更有可能的。弘忍一直追随道信，承受双峰的禅法。道信去世(六五一年)，弘忍又在双峰山东十里的凭墓山建立寺院，接引四方的学众。弘忍的在山弘化，与道信一样的足不下山，也有不应高宗征召的传说。临终前，也预先造塔；死后也色身不散，一直留传下来。

## 东山法门

"东山"，以弘忍所住的凭墓山得名。道信(六一九顷——六五一年)、弘忍(六五二——六七五年)，同在黄梅弘化，禅门大大的兴隆起来，尤其是弘忍的时代。如《传法宝纪》说：

> "既受付嘱，令望所归，裾屦凑门，日增其倍。(二)十余年间，道俗受学者，天下十八九，自东夏禅匠传化，乃莫之过。"

弘忍在东山的名望，掩盖了双峰。净觉《注般若密多罗心经》李知非《略序》说："蕲州东山道信禅师，远近咸称东山法门。"其实，"东山法门"一词，起于弘忍的时代。弘忍"东山法门"，形成中国的禅学主流，在佛教界有崇高的威望。(如七二〇顷作)《楞伽师资记》说："则天曰：若论修道，更不过东山法

门。"(大正八五・一二九〇中)李华(卒于大历初,七六六顷)撰
《扬州龙兴寺经律院和尚碑》说:"天台止观是一切经义,东山法
门是一切佛乘。"(《全唐文》卷三二〇)这当然由于弘忍的善巧
化导,及"法门大启,根机不择"的普遍传授所致。"东山法门"
也称"东山宗",弘忍时代的禅门隆盛,引起了独树一宗、独得如
来正法的信念。一、法统的承传被重视了:(六八九年作)《唐中
岳沙门释法如禅师行状》(简称《法如行状》)(《金石续编》卷
六)说:

> "南天竺三藏法师菩提达摩,绍隆此宗。……入魏传
> 可,可传粲,粲传信,信传忍。"

张说(七〇八顷作)《荆州玉泉寺大通禅师碑铭并序》(简称《大
通禅师碑》)(《全唐文》卷三二一)说:

> "自菩提达摩天竺东来,以法传慧可,慧可传僧璨,僧
> 璨传道信,道信传弘忍。继明重迹,相承五光。"

达摩以来五代相承,为中原的弘忍门下所公认;那时,慧能还在
岭南弘化呢! 五代的法统相承,决定是东山的成说。二、教外别
传——不立文字的、顿入法界的、以心传心的达摩禅,也被明确
地提出来,如:

《法如行状》:

> "天竺相承,本无文字。入此门者,唯意相传。……斯
> 人不可以名部分,别有宗明矣。"
> "今唯以一法,能令圣凡同入决定。……众皆屈申臂

项,便得本心。师以一印之法,密印于众意。世界不现,则是法界。此法如空中月影,出现应度者心。"

《大通禅师碑》:

"名相入焉妙本乖,言说出焉真宗隐,故如来有意传妙道,力持至德,万劫而遥付法印,一念而顿授佛身。"

《传法宝纪》:

"若非得无上乘,传乎心地,其孰能入真境界哉!"

"师资开道,皆善以方便,取证于心。……若夫超悟相承者,既得之于心,则无所容声矣,何言语文字措其间哉!"

"密以方便开发(其方便开发,皆师资密用,故无所形言),顿令其心直入法界。"

"大师知堪入道,乃方便开示,即时其心入法界。"

"天竺达摩,褰裳导迷,息其言语,离其经论。"

弘忍于六七五年去世。法如于垂拱二年(六八六)开法,永昌元年(六八九)去世。接着,神秀开法,卒于神龙二年(七〇六)。在这七、八世纪间,弘忍门下(北方)的禅法,充分表现出"不立文字"、"顿入"、"传心"的禅宗特色。自弘忍的普遍传授以来,"东山法门"的优越性被佛教界发现了,东山成为当时的修道中心。门下人才济济,达摩禅——"东山法门"独拔于一切的优越性,被重视(强化)而表现出来。"息其言语,离其经论"、"天竺相承,本无文字":是"不立文字"。"别有宗明矣",正是"教外别传"的自觉。"直入法界"、"屈申臂顷,便是本心":是

"顿入"（顿悟）。"意传妙道"、"唯意相传"、"传乎心地"，就是
"以心传心"。这是有事实根据的，在"东山法门"的优越感中，
被特别重视而揭示出来。事实是：禅法原是应机的，不随便传授
的。但禅师们也有一般的开导方便（或授以初学方便）。如认
为法器成熟，可以入道的，才授以深法。佛与禅师们，都是有此
方便与深法的。达摩禅也不会例外，"二入四行"、"入道安心要
方便"（主体部分）的开示，当时虽意在超悟，但一落文句，不免
（事实所不免的）与一般的教授相近，这是一。达摩禅"藉教悟
宗"，与经教是不相违的，但"专唯念慧，不在话言。……忘言忘
念，无得正观为宗"，"领宗得意者，时有悟入"。不著名相而意
在超悟，原是达摩禅的特色，这是二。弘忍的"东山法门"，继承
道信的"入道安心要方便"，重视达摩禅的"领宗得意"，所以当
时传禅的情形，如《传法宝纪》所说：

> "及忍、如、大通之世，则法门大启，根机不择，齐速念
> 佛名，令净心。密来自呈，当理与法。犹递为秘重，曾不昌
> 言。傥非其人，莫窥其奥。"

当时不择根机的普遍传授，是"念佛名，令净心"，正是道信
"入道安心要方便"的法门，但还是一般的。如学者觉得有所领
会，就秘密地向师长呈白自己的见地，请求印证。师长如认为他
契当于正理，就进一步地"与法"。这一传授，是师资间秘密进
行，而不向外人说的。这一"与法"，就表示为"不立文字"、"顿
入"、"意传"，达摩禅的真意所在。"东山法门"的深法传授被形
容为："（弘忍）祖师默辨先机，即授其道，开佛密意，顿入一乘。"

"密以方便开发,顿令其心直入法界。"以这样的"意传"、"顿入"为达摩禅的真实,是东山门下一部分学者所肯认的事实。

## 《修心要论》

敦煌本《导凡趣圣悟解脱宗(或作"凡趣圣道悟解真宗")修心要论》一卷,有好几个本子。伯希和本三五九九号,题"蕲州忍和上"。《续藏》与《大正藏》本,题为《最上乘论》,也作"第五祖弘忍大师述"。这部论是被传说为与弘忍有关的。《宗镜录》卷九七说"五祖忍大师云:欲知法要,心是十二部经之根本"(大正四八·九四〇上),正与论文相合。但《楞伽师资记》(大正八五·一二八九中)说:

> "忍大师萧然静(原作'净')坐,不出文记。口说玄理,默授于人。在人间有禅法一本,云是忍禅师说者,谬言也。"

净觉(是弘忍再传)不承认忍禅师说,也许就是这部论。近人发现《楞伽师资记》慧可所说部分与这部论的一部分相近,兹更比对如下:

| 《楞伽师资记》 | 《修心要论》 |
| --- | --- |
| 略说修道明心要法,直登佛果。<br>《十地经》云:众生身中有金刚佛性,犹如日轮,体明圆满,广大无边。只为五阴重云覆障,众生不见。若逢智风飘荡,五阴重云灭尽,佛性圆照,焕然明净。 | 《十地论》云:众生身中有金刚佛性,犹如日轮,体明圆满,广大无边。只为五阴重云所覆。 |

续　表

| 《楞伽师资记》 | 《修心要论》 |
|---|---|
| 亦如瓶内灯光不能照外,亦如世间云雾,八方俱起,日光岂得明净!日光不坏,只为云雾障覆,一切众生清净性亦复如是,只为攀缘妄念诸见烦恼重云,覆障圣道,不能显。若妄念不生,默然静坐,大涅槃日自然明净。 | 如瓶内灯光不能照外。又以朗日为喻,譬如世间云雾,八方俱起,天下阴暗,日岂烂也,何故无光?答曰:日光不坏,只为云雾所以映。一切众生清净之心,亦复如是。只是攀缘妄念诸见重云所覆。但能颙然守心,妄念不生,涅槃法日自然显现。 |
| 学人依文字语言为道者,如风中灯不能破暗,焰焰谢灭。若静坐无事,如密室中灯,则能破暗,照物分明。 | 无明心中学得者,终是无用。若能了然不失正念,无为心中学得者,此是真学。 |
| 若了心源清净,一切愿足,一切行满,一切皆辨,不受后有。 | 若了心源者,一切心义穷,一切愿足,一切行满,皆辨,不受后有。 |
| 若精诚不内发,三世中纵值恒沙诸佛,无所为。是知众生识心自度,佛不度众生。佛若能度众生,过去逢无量恒沙诸佛,何故我等不成佛!只是精诚不内发,口说得,心不得,终不免逐业受形。 | 经云:众生若精诚不内发者,于三界中纵值恒沙诸佛,无所能为。经云:众生识心自度,佛不能度众生。若佛度众生者,过去诸佛恒沙无量,何故我等不成佛也!只为精诚不内发,是故沉没苦海。 |

　　《楞伽师资记》中传为慧可所说部分,一定是先出的,为《修心要论》所依据。如《修心要论》,就是《略说修道明心要法》的简称。在传为慧可所说中,全文是次第连贯的(上引文略删数句)。而在《修心要论》中,虽先后的次第相合,却分散地编在各

处。又如对论文字语言为道与静坐,举灯喻来说明,出于《大智度论》(大正二五·一八〇下),而《修心要论》却改为"无明心中学"、"无为心中学",多一层禅语的色彩。传为慧可所说的《略说修道明心要法》,实是达摩"理入"说——"深信含生同一真性,但为客尘妄覆,不能显了"的说明。理入的"凝住壁观"、"坚住不移",就是"颙(或作"凝")然守心",及《修心要论》的"守本真心"了。《修心要论》及附记中说:

> "上来集此论者,直以信心,依文取义作如是说,实非了了证知。"

> "导凡趣圣心决,初菩提达摩以此传慧可,慧可传僧璨,僧璨传道信,道信(传)大师弘忍,弘忍传法如,法如传弟子道秀等。是道信,有杜正伦作碑文。此文,忍师弟子取所闻(而)传。"

全文明明不是弘忍说的,也不会是慧可。从"忍师弟子取所闻传"而论,传为慧可所说的,倒可能是弘忍所说;再由弘忍后人扩充改编而成。这部《修心要论》,代表东山门下观心的一流。

《修心要论》的主题是:

> "夫修道之体,自识当身本来清净,不生不灭,无有分别,自性圆满清净之心。此是本师,胜念十方诸佛。"

修道,要自识本来清净的心性(与"智敏禅师训曰:学道之法……先知心之根源"相合)。劝人"努力会是守本真心,妄念

不生,我所心灭,自然与佛平等不二"。论中极力赞叹"守本真心"说:

> "此守心者,乃是涅槃之根本,入道之要门,十二部经之宗,三世诸佛之祖。"

全文的重点,就是"守一"、"守本真心"、"守本净心"。《修心要论》及其前身——《略说修道明心要法》,没有说"念佛"、"看净",在"东山法门"中,代表《楞伽》旧传而着重于"观心"的。《略说修道明心要法》曾说到:"若了心源清净,……解斯举一千从。"这与《入道安心要方便》所引智敏禅师说"先知心之根源。……一解千从,一迷万惑"相合。《入道安心要方便》引智敏禅师说、《观无量寿经》说,略举"五事","传大师独举守一不移"。"守一不移"就是"守本真心"的依据。《修心要论》的"观心"说,近于"杂录部分"的第二段说。《修心要论》的初学观心方便,"依《无量寿观经》:端坐正身,闭目合口,心(前)平观(或作'视'),随意远近,作一日想守之",与传为神秀所说的"若初心人攀缘多,且向心中看一字"相近。论中有一段观心方便,所说极分明,说到"惩(应作"征")意看心",最足以代表"看心"派的修法。如说:

> "会是信心具足,志(原作'至')愿成就,缓缓静心,更重教汝:好自闲静身心,一切无所攀缘,端坐正身,令气息调。征其心:不在内,不在外,不在中间。好好如如,稳看熟视(或作'看'),则了(原误作'乃')见此识流动,犹如水流阳焰,业业(或作'晔晔')不住。既(见)此识时,唯是不内

不外,缓缓稳看熟视,即反覆销融,虚凝湛住。其此流动之识,飒然自灭。灭此识者,乃是灭十地菩萨众中障惑。此识灭已,其心虚凝,澹泊皎洁,吾更不能说其形状。"

从道信到弘忍而树立起来的东山法门,大海一样的兼收并蓄,决不是但以"守本真心"为法门的。应从《入道安心要方便》——"主体部分"到"杂录部分",《略说修道明心要法》到《修心要论》,更应从东山门下的不同禅门去理会出来。在禅门方便上(大禅师能以多种方便教人),可以看出:旧传与新说的融合而又各有所重。"楞伽诸佛心"与"文殊说般若一行三昧"相统一,成立"念佛心是佛"。"即心是佛"、"心净成佛"成为双峰与东山法门的标帜。在方便上;着重于《文殊说般若经》的,是"念佛"的、"看净"(空无一物)的;着重于《楞伽经》的,是"看心"的。从《略说修道明心要法》到《修心要论》,代表《楞伽》旧传的特质。这可说是弘忍所传,也不妨说慧可说的。"看心"、"看净"二大流,还不能包括慧能的禅门,慧能是专重《文殊所说摩诃般若波罗蜜》的一流。这一切,第四章再为叙述。

## 弘忍的十大弟子

弘忍的东山法门,弟子遍大江南北,有十大弟子的传说。十弟子的传说不一,这里面可看出"一代一人"与"多头弘化"说的对立。在现存文记中,十弟子的传说,以《楞伽师资记》为最早,如说(大正八五·一二八九下):

"时荆州神秀禅师,伏膺高远,亲受付嘱。玄赜以咸亨元年,至双峰山,恭承教诲,敢奉驰驱。"

"如吾一生教人无数,好者并亡,后传吾道者,只可十耳。我与神秀论《楞伽经》,玄理通快,必多利益。资州智诜,白松山刘主簿,兼有文性。华(原作'苹')州慧藏,随州玄约,忆不见之。嵩山老安,深有道行。潞州法如,韶州慧能,扬州高丽僧智德,此并堪为人师,但一方人物。越州义方,仍便讲说。又语玄赜曰:汝之兼行,善自保爱;吾涅槃后,汝与神秀,当以佛日再晖,心灯重照。"

《楞伽师资记》的作者净觉,是玄赜的弟子。《楞伽师资记》,大体是继承玄赜所作的《楞伽人法志》的。在这段文中,首先提出了神秀与玄赜二人。那时,神秀早是"两京法主,三帝门师";在京洛一带,事实上成为五祖的付嘱者,也就是被推为六祖了。与神秀同门的玄赜,在神秀去世(七〇六年)后,景龙二年(七〇八)被召入京,不愿接受这一事实,所以提出二人,末了又嘱玄赜与神秀,"当以佛日再晖,心灯重照",也就是玄赜自认为,与神秀同负禅门付嘱的重任。十弟子说,应为当时"分头弘化"者的一般传说。《楞伽人法志》说:"传吾道者,只可十耳。"可是从神秀到义方,已满十人,而玄赜却不在十人之内。虽说"传吾道者,只可十耳",而实际共十一人。玄赜是"恭承教诲,敢奉驰驱";"汝之兼行,善自保爱",玄赜是不愿与十人并列的。这是十弟子说与亲承付嘱说间的矛盾!

属于曹溪系统的《历代法宝记》,也一再地提到十弟子,如说(大正五一·一八二上——中、一八三下):

"一、'吾一生教人无数,除慧能,余有十尔。神秀师,智诜师,智德师,玄赜(原作'赜')师,老安师,法如师,慧藏师,玄约师,刘主(原作'王')簿,虽不离吾左右,汝各一方师也。'"

"二、'忍(原作'忽')大师当在黄梅凭茂山日,广开法门,接引群品。当此之时,学道者千万余人(其中亲事不离忍大师左右者,唯有十人),并是升堂入室。智诜,神秀,玄赜(原作'赜'),义方,智德,慧藏,法如,老安,玄约,刘主簿等,并尽是当官(?)领袖,盖国名僧。……忽有新州人,俗姓卢,名慧能……默唤付法,及与所传信袈裟。'"

《历代法宝记》第一说的文句,显然是参考《楞伽人法志》及《楞伽师资记》的。除了慧能,虽说"余有十人",而实际却仅有九人,没有越州义方。从《楞伽师资记》去看,从神秀到智德(九人),总结说:"此并堪为人师,但一方人物。"又插入义方,说他"仍便讲说",也不像禅师。除却义方,加上玄赜在内,不正是"传吾道者,只可十耳"吗?原始的十弟子说,神秀、玄赜、慧能都是应该在内的。《楞伽师资记》的作者,高推玄赜,这才加入义方,而使玄赜隐然地在十人以外。然而这样,就与"传吾道者,只可十耳"相矛盾了。《历代法宝记》的第二说,直说十人并是登堂入室,而衣法却付与慧能。这是"一代一人"与"分头并弘"说的结合。

十弟子说,北方玄赜系,隐然以玄赜为十人以外的。曹溪门下,当然慧能在十人以外了。这一传说,宗密所传的,又有些变化,但始终是十人。如《圆觉经大疏钞》卷三之下(续一四·二七七)说：

> "（忍）大师广开教法，学徒千万，于中久在左右，升堂
> 入室者，即荆州神秀，潞州法如，襄州通，资州智诜，越州义
> 方，华州慧藏，蕲州显，扬州觉，嵩山老安，并是一方领袖，阖
> 国名僧。……后有岭南新州卢行者，……遂授密语，付以法
> 衣。……其神秀等十人，虽证悟未彻，大师许云：各堪为一
> 方之师。"

宗密所说，显然是参考《历代法宝记》第二说。虽说"神秀
等十人"，而只列举了九人。没有玄赜、玄约、智德、刘主簿，却
另外增入襄州通、蕲州显、扬州觉——三人。宗密又在所作《师
资承袭图》中，以慧能继五祖而居中位。右方列襄州通、潞州法
如、北方神秀、越州义方——四人。左方列业州法、资州侁
（诜）、江宁（原作"江州宁"）持、老安、扬州觉——五人。这是
除去了华州慧藏，而《圆觉经大疏钞》的荆州显也被除去，新加
入江宁持（即牛头四祖法持）。宗密的传说，是以慧能为正统
的。虽说"神秀等十人"，"各堪为一方之师"，而实际仅有九人。
这与《历代法宝记》的第一说，有慧能在内，一共十人的古意相
合。宗密所传的，人名与古说不同，或是依据后代师资相承而自
成一系者来说。至于弘忍所说的"传吾道者，只可十耳"，原意
应该是：荆州神秀、潞州法如、安州玄赜、资州智诜、华州慧藏、隋
州玄约、嵩山老安、扬州（高丽僧）智德、白松山刘主簿、韶州慧
能——分头并弘者的传说。

# 第三章　牛头宗之兴起

## 第一节　什么是南宗

六二〇——六七五年,道信与弘忍在长江中流黄梅县的双峰与东山,努力发扬从天竺东来的达摩禅,非常隆盛,形成当代的禅学中心。那个时候,长江下游的润州牛头山,推"东夏之达摩"的法融为初祖的禅学——牛头宗,也迅速发展起来,与东山宗相对立。在中国禅宗的发展过程中,牛头禅的兴起,从对立到融合,有极其重要的意义!

### "南宗"的意义

说明东山与牛头的二宗对立,想从禅宗被称为"南宗"说起。南宗是什么意义?为什么后来称禅宗为南宗呢?据《坛经》(大正四八·三四二上——中)说:

> "世人尽传南宗能,北(宗)秀,未知根本事由。且秀禅师于南荆府当阳县玉泉寺住时修行,慧能大师于韶州城东三十五里曹溪山住。法即一宗,人有南北,因此便立

南北。"

这是说,因"南能北秀"的分头弘化,才有南宗与北宗的名称。这一解说,从南宗与北宗的对抗来说,当然是有事实根据的。如神会(七三二年)在滑台召开大会,"为天下学道者定其是非"时说(《神会集》二八八):

"天下学道者,号此二大师为南能北秀,天下知闻。因此号,遂有南北两宗。"

然而"南能北秀"以前,"南宗"实早已存在。那"南宗"是什么呢?

一、南印度传来的宗旨。如《南宗定是非论》(《神会集》二八八)说:

"何故不许普寂禅师称为南宗?……普寂禅师实是玉泉学徒,实不到韶州,今口妄称南宗,所以不许。"

普寂是神秀弟子,自称为南宗,可见"南宗"一词,本与南能北秀无关。《菩提达摩南宗定是非论》,这一论名,不正是说明了菩提达摩所传,就是南宗吗!所以神会以慧能所传为南宗,只是以当时地理上的对立,以慧能为南宗正统,这才相对的称神秀一系为北宗。神秀系本来也是南宗,但在南能北秀的对立下,也就渐渐地被公认为北宗了。

净觉《注般若波罗蜜多心经》之《皇四从伯中散大夫行金州长史李知非略序》(约开元十五年,七二七作)说:

"古禅训曰:宋太祖之时,求那跋陀罗三藏禅师,以《楞

伽》传灯。起自南天竺国,名曰南宗。次传菩提达摩禅师,
次传可禅师……"

四卷《楞伽经》,起自南天竺国,所以名为南宗。"南天竺一
乘宗"——"南宗",是楞伽禅学,如《续僧传》卷二五《法冲传》
(大正五〇·六六六中)说:

"又遇可师亲传授者,依南天竺一乘宗讲之,又得百
遍。其经本是宋代求那跋陀罗三藏译。……达摩禅师传之
南北,忘言忘念,无得正观为宗。"

依此可见,求那跋陀罗译《楞伽经》四卷,菩提达摩传于南
北。这一楞伽中心的传承法统,是《楞伽人法志》、《楞伽师资
记》所说,而实是本于"古禅训"的。《楞伽师资记》说:"菩提
(达摩)师又为坐禅众,释《楞伽》要义一卷,有十二三纸。……
文理圆净,天下流通。"(大正八五·一二八五中)所以菩提达摩
以四卷《楞伽》印心,传出的禅法,是被称为"南天竺一乘宗"或
"南宗"的。

此外,南印度传来的《般若经》论,也是被称为"南宗"的,如
《贞元新定释教目录》卷一四,吕向撰(七四三年)《跋日罗菩提
(金刚智)传》(大正五五·八七五中)说:

"年二十,受具戒。六年学大小乘律,又学南宗《般若
灯论》、《百论》、《十二门论》。"

金刚智在印度时,学"南宗"三论(《般若灯论》是《中论》注
释的一种)。《宋僧传》卷八,从神秀学习禅法的巨方与降魔藏,

起初都曾"讲南宗论"(大正五〇·七五九中、七六〇上)。三论,在印度与中国,都被称为"南宗论",也与南印度有关。龙树是南印度侨萨罗国人,提婆是师子国(今锡兰)人。六七世纪时,传承龙树学的佛护,是南印度怛婆罗人;清辩是南印度摩罗耶人;月称是南印度萨曼多人(这三位都有《中论》的注释)。般若宗义的传扬者,几乎都是南印度人,这是三论(般若学)被称为"南宗论"的理由!

二、中国南方的佛学:中国从东晋以来(三一七——五八八年),政治上南北对立了二百七十一年。在政局的长期对立中,佛教也形成南方、北方的种种差别,例如《高僧传》卷八《僧宗传》(大正五〇·三八〇上)说:

> "北土法师昙准,闻(僧)宗特善涅槃,乃南游观听。既南北情异,思不相参,准乃别更讲说,多为北土所师。"

同样的经法,由于思想方式不同而见解不同。从南北朝到隋唐,中国佛教有了南统与北统,也就是南宗与北宗的差别。如荆溪的《法华玄义释签》卷一九(大正三三·九五一上)说:

> "南谓南朝,即京江之南;北谓北朝,河北也。……南宗初弘成实,后尚三论。近代相传,以天台义指为南宗者非也。……今时言北宗者,谓俱舍、唯识。南方近代,亦无偏弘。其中诸师所用义意,若凭三论,则应判为南宗。"

荆溪湛然,是七一一——七八二年间人。这是以南北朝的佛学分为南宗与北宗。湛然以天台为不属于南北,但神清(八一〇年前后卒)《北山录》(大正五二·五八一上)说：

> "南宗焉，以空假中为三观。北宗焉，以遍计依他圆成
> 为三性也。而华严以体性、德相、业用，范围三界，得其门，
> 统于南北，其犹指乎诸掌矣！"

神清是净众宗学者而赞同华严宗的。依他说，天台三观还
是南宗，贤首宗才是南宗北宗的统一者。以南土的为南宗，北土
的为北宗(唐代的统一者，不属南北)，纯属中国的区域文化，有
它的相当意义。禅宗的所以称为"南宗"，有远源于南印度的特
殊意义。在楞伽禅的传承中，道信统一了《楞伽》与《般若》，传
布于中国南方——长江流域及岭南，而更富有中国"南宗"的特
性。东山门下的慧能，慧能门下的洪州、石头，更发扬了"南宗"
的特色，也就取得了"南宗"正统的地位。

## 南宗与南中国精神

中华民族文化，含有不同的两大倾向(其实，到处都有，而
又互相关涉，这里就其特重来说)，在南北文化中表现出来。古
代的儒墨与老庄，就代表了这两大倾向。老子是楚国苦县人，庄
子是宋国蒙县人，在当时的中华民族文化中，属于南方。中华文
化不断地扩大，于是江淮、江东、闽粤，都逐渐显示了这一文化的
特性(因地，因时，也不会完全相同)。代表南中国文化的特性
是什么？大概地说，面对现实的、人为的、繁琐的、局限的世界，
倾向于理想的、自然的、简易的、无限的，这不妨称之为超越的倾
向。江南的佛教，尤其是发展于南方的"南宗"禅，更富于这种

色彩。

　　人类是社会的,有制度,有礼法,有习俗。有些会使你感到拘束,或觉得不合时宜而想摆脱它。佛教从印度来,有严密的僧团制度,有种种习惯。竺道生对这些制度、习惯,就显出不受拘束的精神。《高僧传》卷七《竺道生传》(大正五〇·三六六下)说:

> "(宋)太祖设会,帝亲同众御于地筵。下食良久,众咸疑日晚。帝曰:始可中耳。生曰:白日丽天,天言始中,何得非中! 遂取钵便食,一众从之。"

　　"中食"——过午不食,印度所传的僧制,是严格奉行的。道生不重视这种制度,这才运用时机,善巧地破坏了这一制度。还有,印度僧众吃饭时,是踞坐——企坐的。当时祇洹寺僧,有的踞坐,也有中国式的"方坐"。范伯伦等希望全部中国化,一律方坐。对于这一问题,《弘明集》卷一二说:"慧严、道生,本自不企。"(大正五二·七八下)也就从来是方坐的。这种不受旧制的拘束,务求适宜的精神,正是南方的精神。如是个人主义的,那就表现为蔑弃礼法。佛教有集体生活的传统,可以不受旧制的拘束,却不能没有制度,这就成为革新者。禅者近于这一倾向(律师都尊重旧制),如《续僧传》卷二十(大正五〇·五九六中)说:

> "世有定学,妄传风教。……神用没于词令,定相腐于唇吻。排小舍大,独建一家。摄济住持,居然乖僻。"

不合小乘,又不合大乘,自成一套的禅寺制度,在道宣以前早就存在了。后来百丈别立"禅门规式",自称"非局大小乘,不离大小乘"(大正五一·二五一上),自成一套丛林制度。这是表现于对制度的不受拘束,务求适宜的精神(印度的大众部及大乘佛教,都有这种倾向)。

人类社会意见的表达与流传,主要是语言与文字。在印度,佛与诸大弟子的开示,集成经典而流传翻译过来。古圣先贤传来的经文,佛说"依义不依语"。语言与文字,是表义的工具,而实义却不在语文中。(文)"句",或译为"迹",正与中国所说筌蹄的"蹄"一样。这一意义,原是佛法的通义,但在南中国文化的陶冶中,充分地多方面地表达了这一倾向。原则地说,这是不拘章句、不泥于句读、训诂的(与经师不同),然也有三类不同:

一、支遁(三六六年卒)与道生(四三四年卒)为代表的:《高僧传》卷四《支道林传》(大正五〇·三四八中)说:

> "每至讲肆,善标宗会,而章句或有所遗,时为守文者所陋。谢安闻而善之曰:此九方堙之相马也,略其玄黄而取其骏逸。"

道生也是这一类的人,如《高僧传》卷七《竺道生传》(大正五〇·三六六下)说:

> "生既潜思日久,彻悟言外,乃喟然叹曰:夫象以尽意,得意则象忘;言以诠理,入理则言息。自经典东流,译人重阻,多守滞文,鲜见圆义。若忘筌取鱼,始可与言道矣! ……守文之徒,多生嫌嫉,与夺之声,纷然竞起。"

支遁与竺道生，都是不拘章句的，领会言外之意，所以能发明新义。他们的风格，与当时的"清谈"者相近。立言重清新、重隽永，如拿画家来说，这是"写意"的一流。

二、三论家（天台家）为代表：三论是般若学，不滞文句而意在实义，是当然的事。自从辽东朗大师南来，在江南新园地上，迅速地发达起来，成为陈（隋及唐初）代的显学。三论家对经教文句的见解，如《中观论疏》卷一（大正四二・七下、一〇下）说：

> "（兴皇朗）师云：夫适化无方，陶诱非一。考圣心以息病为主，缘教意以开道为宗。若因开以受悟，即圣教为之开。由合而受道，则圣教为之合。如其两晓，并为甘露。必也双迷，俱成毒药。岂可偏守一途以壅多门者哉！"

> "自摄岭、兴皇，随经傍论，破病显道，释此八不，变文易体，方言甚多。"

又卷二（大正四二・二七下、三二上）说：

> "人未学三论，已怀数论之解，今听三论，又作解以安于心。既同安于心，即俱是有所得，与旧何异？又过甚他人，所以然者，昔既得数论旧解，今复得三论新智，即更加一见。师云：此是足载耳！可谓学弥广，倒弥多！而经论意在息心达本源，故号为沙门；又息之以至于无息矣！"

> "云何一向作无所得观耶？答：考寻圣人兴世，诸所施为，为显中道，令因中发观，灭诸烦恼。若存著语言，伤佛意也。又百年之寿，朝露非奢，宜以存道为急。而乃急其所缓，缓其所急，岂非一形之自误耶？"

三论宗以为，佛说一切法门，是适应不同的根机。根机不同，所以不能固执一边。因此，自己说法或解说经论，也就没有固定形式。"变文易体，方言甚多"，就是这个意思。佛说法的真意义，存在于众生的关系上——众生能因之而息病开（显中）道；否则，甘露也等于毒药（譬喻，出于《大般涅槃经》），也就不成为佛法了。即使是修学三论，如不能息病显道，也只是心中多一层法执。所以三论宗"破而不立"（等于说："但尽凡情，别无圣解"），有什么定法可说呢？这是佛法的意趣（"教意"）。不但三论，天台家也还是这样说的。然对于从古传来的经论，都是应机的、有效的，总不能废弃了而自来一套。三论宗阐明了一切法的平等意趣（各有特长，各有不足），活泼泼地当机而应用就得。所以说："上冥诸法之实相，下通无方之妙用。"天台宗（有北学的成分）更有建设性，窥透了一切佛法应机的浅深，从义理上、修法上，……条理成严密的教判（法的分类）。然而严密的教观，并不拘滞，还是灵活的、圆通的。通一切经法而不著，天台与三论——成长于江东的佛法，是这样灵活地处理了一切言教。

三、慧可与法冲为代表的：菩提达摩传于慧可，慧可有印度"南宗"的特色，如《续僧传》卷十六《僧可传》（大正五〇·五二二上）说：

> "可乃奋其奇辩，呈其心要。故得言满天下，意非建立；玄籍遐览，未始经心。……滞文之徒，是非纷起。"

《法冲传》也说："慧可禅师创得网纽，魏境文学多不齿之。"（大正五〇·六六六中）"为文学者所不齿"，就是"为守文者所不满"。禅者不是不说,而是"言满天下,意非建立"。一切言说,不是肯定的是什么,而是应病与药。"玄籍遐览,未始经心",就是通览经典,并没有存在心里而增添知见。这些原则,都与三论宗相近。但三论宗倾向于教,而成对一切教的善巧说法。慧可重于禅悟,所以不重章句而超越章句。自称"南天竺一乘宗"的法冲,是一位《楞伽经》专家,他的讲经方式,也近于三论宗,如《续僧传》卷二十五《法冲传》(大正五○・六六六中)说:

> "冲公自从经术,专以《楞伽》命家,前后敷弘,将二百遍。须便为引,曾未涉文。而通变适缘,寄势陶诱,得意如一,随言便异。"

法冲是多少倾向于讲说的楞伽禅者,也是不拘章句的。他本从三论学者慧嵩修学,所以风格更近于三论者。

南方的精神,倾向于简易、朴实(自然)。在魏晋的玄学气氛下,倾向于简略,如《出三藏记集》卷一○《大智论抄记序》(大正五五・七六中)说:

> "童寿以此(大智度)论深广,难卒精究。因方言易省,故约本以为百卷。计所遗落,殆过参倍。而文藻之士,犹以为繁,咸累于博,罕既其实。……谨与同止诸僧,共别撰以为集要,凡二十卷。"

童寿译为一百卷,已经遗失三分之一了。中国学者还嫌它太广博,慧远这才要约为二十卷,那是不足十分之一了。玄学清谈者,大都有好简易的倾向。然而佛法,一切经律论,正如万壑朝宗那样的流向中国。支遁、道生的精神,不合时宜,还不能领导佛教。广译佛典而分判部类的,由慧观的五时教开始。这一发展,到天台家而完成。玄学清谈,是南方精神而透过贵族与名士的意境而表现出来,所以简易而不够朴实,充满了虚玄、逸乐(也许是山水之乐)的气息。南朝佛教,也不免沾染这些气息,玄谈有余,实行不足。到了隋唐统一,江东不再是政治文化中心,贵族也消失得差不多了,较朴质而求实际的禅风,才在江东兴盛起来——牛头禅。

## 第二节　牛头宗成立的意义

江东所传的《文殊般若》,使道信的《楞伽》禅进入一新的领域。而江东的禅学,以润州牛头山为中心而勃兴起来,对于称为"南宗"的曹溪门下,意义更为重大!

### 牛头六祖的传承

牛头宗的传承,一向说是:四祖道信付法融,别出牛头一派。法融为牛头初祖,以下是智岩、慧方、法持、智威、慧忠。经近代的研究,对道信与法融、法融与智岩、智岩与慧方,是否有师资授受的关系,是很有问题的。一般以为法持从弘忍修学,开始与达摩禅发生关系,其实也还值得研究。

一、牛头初祖法融(或作"慧融"):道宣《续僧传》卷二〇(附编)《法融传》采录当时的传闻,极为详备(大正五〇・六〇三下——六〇五中）。依《僧传》说：法融在十九岁（六一二年）时，从茅山（今江苏句容县）"三论之匠"炅法师出家。据唐惠祥的《弘赞法华传》卷三说："依茅（原误作"第"）山丰乐寺大明法师，听三论，及《华严》、《大品》、《大集》、《维摩》、《法华》等诸经。"（大正五一·一八下）"炅法师"，就是"明法师"，是继承兴皇法朗的三论宗大师。明与冥可以通用，如朱明又作朱冥，玄明又作玄冥。"炅"，大抵为"冥"字的脱落，误写而成的。武德七年（六二四），政府解散部分的僧众。法融为了护持佛教、江表五千僧的安全，到京都去请愿。约在这个时候，法融就移住牛头山（今江苏江宁县）佛窟寺。寺有内外经书七藏，法融在八年中，遍读抄略，然后移居幽栖寺。法融以为"慧（文字的）发乱踪，定开心府"，所以凝心宴默，前后达二十年。贞观十七年，法融五十岁了，才在幽栖寺的北岩下别立禅室。跟从他息心习禅的，一百多人，经常为大众讲《法华经》等。永徽三年（六五二），受当地宰官的礼请，在建初寺（在今南京）讲《大品经》，听众一千多人，是当时稀有的法会！睦州妖女陈硕真作乱，法融的禅室中住了三百多众，生活非常艰困。法融每天去城里乞粮，自己背负回来，经过一百多天，乱事才平息下来。法融护法的热忱，用心的慈悲，非常难得！显庆元年（六五六），再受请出山，在建初寺讲经。二年（六五七）二月去世，年六十四。从法融的修学与弘化来说，是一位禅教并重、更重于禅悟的学者。

　　法融与道宣同时，但在道宣的记录中，并没有道信付法与法融的事。在现存文记中，最早传说道信别传法融的，是李华所撰《润州鹤林寺故径山大师碑铭》（《全唐文》卷三二〇），如说：

　　"初达摩祖师传法三世，至信大师。信门人达者，曰融大师，居牛头山，得自然智慧。信大师就而证之，且曰：七佛教戒，诸三昧门，语有差别，义无差别。群生根器，各各不同。唯最上乘，摄而归一。凉风既至，百实皆成。汝能总持，吾亦随喜。由此无上觉路，分为此宗。融大师讲法则金莲冬敷，顿锡而灵泉满溢。东夷西域得神足者，赴会听焉。融授岩大师，岩授方大师，方授持大师，持授威大师，凡七世矣。"

　　"故径山大师"，指鹤林玄素，天宝十一年（七五二）去世。道信传法于法融的传说，在法融去世（六五六年）一百年，才见于文记。道信什么时候传法给法融呢？刘禹锡（七七二——八四二年）撰《牛头山第一祖融大师新塔记》说："贞观中，双峰（道信）过江，望牛头，顿锡曰：此山有道气，宜有得之者。乃东，果与（融）大师相遇。"（《全唐文》卷六〇六，《传灯录》卷四《法融传》同）《祖堂集》之《法融传》作"武德七年秋"。《传灯录》卷三《道信传》也说"吾武德中游庐山"（与卷四《法融传》矛盾）。如依《祖堂集》，道信见法融，是武德七年（六二四），那是还没有去黄梅的时候。依刘禹锡碑，是"贞观中"，道信又过江，去江东一趟。然武德七年，江东的僧众遭难，法融正去长安。如是"贞观中"，法融于贞观十七年（六四三）才移住幽栖寺北岩下。那时，来依止修定的，达一百多人，也与《传灯录》所说，个人独修的"懒融"不合。

　　二、智岩：《续僧传》卷二〇（附编）有《智岩传》（大正五〇·六〇二上——下）。隋末唐初曾"身任军帅"，立有军功。武德四年(六二一),在舒州皖公山(今安徽潜山西)从宝月禅师出家,一直在山中修道。贞观十七年(六四三),年六十六岁,才到建业(今南京)来,依山结草庵,为众(百余人)随机说法,常在白马寺住。后来,又往石头城疠人坊,为病人说法、服务。永徽五年(六五四)去世,年七十八岁。

《续僧传》没有说到智岩到牛头山去,没有说到与法融的任何关系。智岩到建业,"依山结草",正是法融在幽栖寺北岩下"别立禅室"那一年(贞观十七年)。与法融共住的"百有余人";而与智岩共住的,也是"僧众百有余人",这是两地同时施化的。贞观十七年,法融五十岁,智岩已六十六岁。虽然禅法的传授不限年龄的大小,但智岩永徽五年(六五四)去世,比法融(六五七年)还早了三年。从继位弘扬的意义来说,智岩继法融而称二祖,是很难想像的。《传灯录》编者也许发觉到这点,所以改为:智岩"于仪凤二年(六七七)正月十日示灭"。这也许有师资传承的可能,但这么一改,完全陷于矛盾了!《传灯录》所传智岩的事实,是依《续僧传》的,也说"唐武德中,年四十"出家;"年七十八"入灭。如武德年中年四十,那仪凤二年至少是九十岁以上,怎么还是七十八岁呢?而且,道宣卒于乾封二年(六六七);智岩死了,道宣已为他作传,怎么能活到仪凤二年呢!《传灯录》的改窜,是不足采信的。

三、惠方:《续僧传》与《宋僧传》,都没有惠方传。仅《宋僧传》卷八《法持传》(大正五〇·七五七下)说到:

"(法持)后归青山,重事方禅师,更明宗极。命其入室,传灯继明。"

《传灯录》卷四《惠方传》(大正五一·二二八下),为惠方的唯一资料。依《传灯录》,惠方在没有到牛头山(青山)以前,就"洞明经论"。后来"入牛头山,谒岩禅师,咨询秘要"。在山中住不到十年,就受四方学众的参礼。后来"以正法付法持禅师,遂归茅山"。数年后去世,时为天册元年(六九五)。"寿六十七,腊四十。"惠方受具,是六五六年(二十八岁)。那时,智岩禅师已死去二年了。惠方后来去牛头山,从智岩受法,也是不可能的。惠方"洞明经论",晚年"归茅山",看来也是与三论宗有关的禅师。

四、法持:《宋僧传》卷八(大正五〇·七五七下)、《传灯录》卷四(大正五一·二二八下),都有传记,内容一致。法持三十岁(六六四年),曾参礼黄梅弘忍。回来,到青山(牛头山)参礼方禅师,为方禅师的入室弟子。等到将正法付嘱了弟子智威,法持就出山,住江宁的延祚寺。延祚寺与牛头山幽栖寺,似乎有密切的关系。智威后来也是出住延祚寺的。长安二年(七〇二)去世,年六十八岁。

法持的参礼黄梅,《宋僧传》作十三岁(六四七年)。那时还是道信住世的时代,所以应为三十岁的误写。法持被传说为弘忍十大弟子之一,如《宋僧传》卷八说:

> "时黄梅谢缘去世,谓弟子玄赜曰:后传吾法者,可十人耳,金陵法持即其一也。"

弘忍告诉玄赜的话,出于玄赜弟子净觉的《楞伽师资记》,但十人中没有法持。《历代法宝记》也有十弟子说,与《楞伽师资记》相合，也没有法持。宗密《圆觉经大疏钞》卷三之下，列举弘忍弟子，也没有法持。《师资承袭图》才有"江宁持"（原误作"江州宁持"）的名字。法持被传为弘忍十弟子之一，是宗密时代的事了。还有宋戒珠编《净土往生传》卷中（大正五一·一一九下——一二〇上）说：

> "持于净土以系于念，凡九年，俯仰进止，必资观想。"

> "吾生之日，不能以净土开诱群物，吾死之后，可宜露骸松下，令诸禽兽食血肉者起净土因。"

这一专心净土的传说，是《宋僧传》与《传灯录》所没有的，不知戒珠有什么根据？《宋僧传》只是说："遗嘱令露骸松下，饲诸禽兽，令得饮血肉者发菩提心。"戒珠的系念净土，显然是由此演绎而来的。然死了以血肉饲鸟兽，并不能证明与净土有关。牛头宗风，如法融、智岩，以及后来的慧忠、玄素，都没有他力念佛、求生净土的形迹。所以说法持念佛，或称之为"念佛禅"，是不了解当时禅风，误信传说所引起的虚谈。

五、智威：《宋僧传》卷八（大正五〇·七五八中——下）、《传灯录》卷四（大正五一·二五八下——二五九上）所传相同。智威是牛头山附近的人。二十岁（六六五年）出家，属幽岩寺（似是牛头山的寺名），后来就从法持习禅法。晚年，将护持法门的责任，付嘱了弟子慧忠，自己出山，住在延祚寺。开元十年（七二二）去世，遗嘱也以遗体饲林中的鸟兽。

六、慧忠：继承智威而在牛头山弘化的，是慧忠，被称为牛头六祖。《宋僧传》卷十九（大正五〇·八三四下——八三五中），

《传灯录》卷四有传（大正五一·二二九上——中），事迹一致。慧忠是神龙元年（七〇五）二十三岁出家的。后到牛头山参智威，智威一见，就说"山主来矣"，为说顿悟无上法门。慧忠在山四十年，到天宝初年（七四二——?）应请出山，住庄严寺，因而重修了庄严寺。大历四年（七六九）去世，年八十七岁。据《传灯录》，得法弟子三十四人，各化一方。

　　传说中的牛头宗，六代相乘。但真有师承关系的，最早也只能从慧方传法持开始。从法持到智威，才逐渐兴起。到了智威以下，出了牛头慧忠、鹤林玄素，而法门才大大地兴盛起来，成为与南宗、北宗并立的牛头宗。时代与荷泽神会相当，比南岳怀让、青原行思要迟二十年，比道一、希迁却又早二十年。

## 牛头宗的形成

　　从史实的观点，道信与法融、法融与智岩、智岩与慧方，都不可能有师承的关系，那为什么要传说牛头六代呢？道信传法融，是黄梅的传说，还是牛头山的传说？这一传说，包含些什么意义呢？六代相承，尽管不完全真实，而牛头宗的一时兴盛，却是事实。所以牛头六代相承，是不能不加以研究的！

　　牛头六代相承，有显著的区域色彩。不但传说中的六代，都是在牛头山弘化，而六代祖师也属于同一区域的人。如法融、慧方、玄素，都是润州延陵人，为今江苏省丹阳县的延陵镇。法持、智威，是润州的江宁人；慧忠是润州上元人，都是现在的江宁县。玄素的弟子径山法钦是昆山（今江苏昆山县）人。慧忠的弟子佛窟遗则，是金陵（即江宁）人。牛头六代及慧忠、玄素的大弟子,都生于这一地区——长江下流的南岸,称为"江东"与"江左"的地方。这里,是南朝(三一七——五八八年)二七二年的中心地区;金陵是首都的所在地。

这一地区的南朝佛教,是都市的佛教,以"兴福"——造寺、造像、布施及"义学"——宣扬经论为主的。当时的"义学"极盛,主要为"四经"——《维摩》、《大品》、《法华》、《涅槃》,"三论"——《中》、《百》、《十二门论》,形成广义的南朝学统。那个时代,禅慧的修证,不是没有,而是并不兴盛的。因为禅慧修证,是适宜于山林的(这不是"十字街头好参禅"之类的动听词句所能改变这一形势的)。这一地区,以南京(当时名建康)为中心来说,东北二十八里有摄山(又称栖霞山),南二十五里有牛头山(青山),在都市附近而远一些,正是修禅的好道场。如洛阳南的嵩山、长安南的终南山一样。还有句容县的茅山,比较远一些。禅,就在这三处,孕育而成长起来。

在南朝——都市佛教时代,辽东僧朗在齐建武(四九四——四九七)年间,到江南来,住在摄山。《高僧传》卷八《法度传》(大正五○·三八○下)说:

> "朗,本辽东人。为性广学,思力该普,凡厥经律,皆能讲说。华严、三论,最所命家。今上(梁武帝)深见器重,敕诸义士受业于山。"

当时,梁武帝派了十人上山去学,而修学有成就的,仅"止观僧诠"一人。僧朗与僧诠,都在山禅讲兼修,不出外弘化的。摄山的学风,如《续僧传》卷七《法朗传》(大正五○·四七七

下)说:

> "初摄山僧诠,受业朗公,玄旨所明,唯存中观。自非心会析理,何能契此清言!而顿迹幽林,禅味相得。及后四公(朗、勇、辩、布)往赴,三业资承;爰初誓不涉言,及久乃为敷演。故诠公命曰:此法精妙,识者能行,无使出房,辄有开示。故经云:计我见者,莫说此经。深乐法者,不为多说。良由药病有以,不可徒行。"

僧朗与僧诠的时代(约五○五——五五五年),教禅并重,不到都市去,显出了山林佛教的特色。僧诠门下有四大弟子——兴皇法朗、禅众慧勇、长干僧辩、栖霞慧布。朗、勇、辩三位,在僧诠去世后,都出山而重于义学的宣扬,促成了陈代三论宗的兴盛。但"禅味相得"的摄山精神,不免冲淡了。被称为"得意布"的慧布,仍旧住在摄山,继承了僧诠的门风。慧布不反对向外宣扬经论,而自己却"摄心奉律,威仪无玷。常乐坐禅,远离喧嚣。誓不讲说,护持为务"。他曾一再到北方去,见到了(二祖)"可禅师"、"思禅师"(那时还在北方,就是南岳慧思),还有与慧思齐名的慧命的师长"邈禅师",互相论道,受到了可、思、邈师的尊重。如《续僧传》卷七《慧布传》(大正五○·四八○下——四八一上)说:

> "末游北邺,更涉未闻。于可禅师所暂通名见,便以言悟其意。可曰:法师所述,可谓破我除见,莫过此也!"

> "尝造思禅师,与论大义,连彻日夜,不觉食息,理致弥密,言势不止。思以铁如意打案曰:万里空矣,无此智者!

坐中千余人,同声欢悦。"

"又与邈禅师论义,即命公之师也。联绵往还,三日不绝。邈止之,叹其慧悟遐举,而卑身躬行,不显其美。"

这是般若师匠,与禅宗、天台宗先辈的接触。慧可是《楞伽》印心的禅,慧思是《般若》与《法华》并重,推重龙树论的禅者;与重般若三论的慧布(谈论"连彻日夜",有浓厚的清谈玄学风格),原有相互契合处,而不是相互拒斥的。江东般若学与楞伽学的关涉,慧布是第一人(不能说谁从谁学)。后来,慧布邈保恭禅师,在摄山成立禅院:"结净练众,江表所推",这可见三论宗本不是单纯的义学。

兴皇法朗虽将三论宗引入"义学"一流,但还是重于慧悟(得意)的。继承兴皇法席的,是茅山(或作"苞山",或误作"荆州茅山")大明法师(对苏州永定寺小明法师说)。明师的传记不详,略见于《续僧传》卷一三《慧嵩传》、卷一四《慧稜传》等。关于当时付嘱的情形,如卷一五《法敏传》(大正五〇·五三八下)说:

"明即兴皇之遗属也。……明居此席,不移八载。口无谈述,身无妄涉,众目痴明。(受付嘱后)……即日辞朗,领门人入茅山,终身不出,常弘此论。故兴皇之宗,或举山门之致者是也。"

明法师,是一位大智若愚的人。他终身住在茅山,茅山成为摄山精神的继承者。茅山,就是牛头初祖法融出家修学的道场!法融是由此而到牛头山的;慧方将法门付嘱法持后,又由牛头回到茅山。牛头宗的形成,是继承了茅山的禅风。

兴盛了二百多年的江东佛教,终于受了挫折,那就是陈代的覆亡(五八九年)。这里,不再是政治中心(经济当然也衰退了),而只是大中国的一个区域。起初,炀帝(那时还是晋王)出镇扬州,天台宗受到护持而盛极一时(天台宗的中心在浙东)。天台的教观并重,也引发了禅观的重视。但不久,隋又解体(六一七年)而统一于大唐。江东有名的大法师,如嘉祥吉藏、慧日智炬、庄严慧因、慈恩义褒,连摄山的保恭禅师,都被隋唐的帝王征召到长安。这里的义学,急剧地衰落下来。尤其是武德七年(六二四),江东的五千僧众,被政府限令:每州仅留一寺,每寺限三十僧。江东的都市佛教急剧地衰落,这才在固有的《般若》(融合《维摩》、《法华》、《涅槃》)学统上,渐形成重禅的佛教。从法融到慧忠,都是在山中修行,领导修学,到晚年才出山来(南京)弘化,表显了重心在山林的特色。

般若南宗,根源于摄山,经茅山而移到牛头山。法融从茅山来,有弘护佛教的热忱。精通四经、三论,又通世间学问;不以闻思的“义学”为满足,而求禅心的自证。生活恬淡,慈悲柔忍,能驯服毒蛇猛兽(慈悲柔忍,成为牛头的特色。如智岩的为病人服役;法持与智威的以遗体饲鸟兽;智威、慧忠,法融弟子僧瑗,智岩弟子善伏,都有驯伏猛虎的传说)。法融为江东佛教树立了新的典型。牛头禅风,对江东佛教留下了伟大的感召力。《宋僧传》卷八说“融醇懿瑰雄,东夏之达摩欤”(大正五〇·七五七中),可见后人是怎样的尊仰了!法融的弟子僧瑗,本从常乐寺聪法师学三论,后“诣江宁融禅师,求学心法,摄念坐禅,众魔斯伏"（大正五〇·七三一上）。昙璀也在博通大经以后，师事法融："晦迹钟山，断其漏习，养金刚定，趣大能位。纳衣空林，多历年所。"（大正五〇·七五七中）法融的弟子，多在通达经教的基础上，转向禅心的自证。

智岩是在舒州皖公山从宝月禅师出家修学的。

《传法宝纪》说：

> "释僧璨……至开皇初，与同学定禅师，隐居皖公山。……山西麓有宝月禅师，居之已久，时谓神僧。闻璨至止，遽越岩岭相见，欣若畴昔。月公即岩禅师之师也。"

宝月禅师早在皖公山西麓，不一定属于达摩禅系（《宝林传》才说宝月是慧可弟子）。宝月与僧璨相往来，《神会语录》及《历代法宝记》都这样说。那么长期追随宝月禅师的智岩，也就必然地有机会接近僧璨了。岩禅师的禅学，可以略见大概。他曾对猎者说："吾本无生，安能避死？"（大正五〇·六〇二中）曾从法流水寺璧法师"听四经三论"；从（大明法师弟子）法敏"周流经教，颇涉幽求"。从道信学"入道方便"的善伏，来亲近智岩，智岩"示以无生观"（大正五〇·六〇三上）：智岩应该是重于"无生观"的禅者。还有，曾在法敏门下二十五年，被誉为"众侣千僧，解玄第一"的慧明，也来"咨请禅法"，而且是"一经十年"。亲近智岩十年的慧明，"诵《思益经》，依经作业"。《思益经》与《楞伽经》，禅师们是作为同一性质的（不立阶渐）。道宣曾亲见慧明，"与其言论，无得为先"（大正五〇·六〇六下）。从这些来推论，智岩的禅法，与当时融冶了《法华》、《涅槃》的般

若学(还有《思益》,大明的弟子慧暠也讲《楞伽经》)是非常接
近的。顺便说到法聪,这是僧瑗、善伏所亲近的法师,事迹如
《续僧传》卷二五《法聪传》(大正五〇·六六四下)说:

> "法聪,姓陈,住苏州常乐寺。"
>
> "往金陵摄山栖霞寺,观顾泉石僧众清严,一见发心,
> 思从解发。时遇善友,依言度脱。遂诵《大品》,不久便通。
> 又往会稽,听一音慧敏法师讲,得自于心,荡然无累。"

法聪的"得自于心,荡然无累",《宗镜录》卷九九也有叙录
(大正四八·九五〇下)。法聪是大明的再传,学风与法融相
近。而死后"施诸鸟兽",也与后来的法持、智威相同。法融与
智岩时代有关的师资相承列表如下:

如上所述,牛头山中心的般若南宗,与楞伽南宗有过多次的
接触:慧布与慧可,智岩与僧璨,善伏与道信。楞伽系到道信而
融合了(文殊)般若,江东般若系也一再与达摩下的禅师有接
触。自称南宗的两大系统,在长期的发展中,无疑地会逐渐融合

起来。

　　牛头山的禅法，有南宗——般若的悠久传统；禅师们有显著的区域色彩。面对东山法门的兴盛，而有牛头六祖说，道信印证法融的传说。这虽没有古代的明文可证，但了解当时佛教的情势，牛头禅形成的真实意义，就会充分地理解出来。弘忍在凭茂山，"法门大启，根机不择"，二十四年（六五二——六七五年）的弘化，被誉为"自东夏禅匠传化，乃莫之过"（《传法宝纪》），形成当时的禅学中心。"自菩提达摩天竺东来，以法传慧可，慧可传僧璨，僧璨传道信，道信传弘忍。继明重迹，相承五光。"（《荆州玉泉寺大通禅师碑铭》）一代一人的付嘱说，"相承五光"，在弘忍晚年，成为定论，这是东山门下所同说的。弘忍入灭，弟子们分化各方。天授元年（六九〇），神秀在玉泉度门兰若开法。长安元年（七〇一）应召入京，被尊为"两京法主，三帝门师"。景龙二年（七〇八），玄赜又奉召入京。从六九〇到七二〇——三十年间，为以神秀为中心，禅法盛行中原，东山法门为朝野公认禅法正宗的时代（还没有进入南北抗争阶段）。在这一时代，牛头山法持卒于长安二年（七〇二），智威卒于开元十年（七二二），慧忠也在山（约七〇六年入牛头）十多年了。二百多年来成为（南朝）佛教中心的江东，面对东山宗的盛行中原，形成正统，是不能无动于衷的。于是推牛头山法融为初祖，网罗前辈的著名禅匠，成立牛头五祖说，约在智威晚年、慧忠已在山的时代（七一五年顷）。智威晚年，这一传说——五代说已经形成，所以智威对玄素说："东南正法，待汝兴行！命于别位，开导来学。"智威传慧忠，慧忠是当然的牛头六祖了。牛头六代，也是一代一人的付嘱说,是模仿东山法门的(否则,何必将传承不明的禅师,列成五代、六代呢)。牛头六代说的成立,是对抗东山法门(弘忍门下)的;是江东(南朝)正统,与北方正宗对立的。不过,东山法门是全国性的,牛头山是地方性的。时代已进入大统一,有显著区域色彩的对立,是不能长久维持的。

牛头宗以法融为初祖,可以看作"东夏之达摩"。但在禅法重传承、重印证的要求下,达摩禅盛行,几乎非达摩禅就不足以弘通的情况下,牛头山产生了道信印证法融的传说,如李华(约七六〇年撰)《润州鹤林寺故径山大师碑铭》(《全唐文》卷三二〇)说:

> "初,达摩祖师传法三世,至信大师。信大师门人达者曰融大师,居牛头山,得自然智慧。信大师就而证之,且曰:七佛教戒诸三昧门,语有差别,义无差别。群生根器,各各不同,唯最上乘,摄而归一。凉风既至,百实皆成。汝能总持,吾亦随喜。由是无上觉路,分为此宗。"

这应该是牛头宗方面的传说。法融"得自然智慧",并不是从道信得悟的;道信"就而证之"是道信到牛头山来,而不是法融到黄梅去,这都是维持了牛头禅独立的尊严。既经过道信的印证,也就有了师资的意义。但这是"无上觉路,分为此宗",是一分为二,与弘忍的东山宗分庭抗礼。相信这是牛头山传说的原始意义。

太和三年(八二九),牛头山为法融建新塔,刘禹锡作记。虽还是一分为二,而多少有了变化,如《牛头山第一祖融大师新塔记》(《全唐文》卷六〇六)说：

> "(达摩)东来中华，华人奉之为第一祖。又三传至双
> 峰信公，双峰广其道而歧之：一为东山宗，能、秀、寂，其后
> 也。一为牛头宗，岩、持、威、鹤林、径山，其后也。"

> "贞观中，双峰过江，望牛头，顿锡曰：此山有道气，宜
> 有得之者。乃东，果与(融)大师相遇。性合神契，至于无
> 言，同跻智地，密付真印，揭立江左。"

这还是一分为二，法融本来就是得道者。但"密付真印"，
又多少有所传受。牛头山仰推道信，而想保持江东禅的独立性，
与东山法门对立，实在是不容易的。牛头宗的传说，虽强调法融
的独立性，但承认道信的传承，就显得法融的本来没有彻底了。
后来曹溪门下，顺着牛头宗的传说而加上几句，牛头禅就成为达
摩禅系的旁支。在大一统的时代，终于为曹溪禅所消融了。

## 第三节　牛头法融的禅学

### 有关法融的作品

牛头禅仰推法融为初祖。法融的禅学，代表了牛头禅的早
期形态。法融是宣讲经论、兼有著作的禅者。道宣曾"览其指
要，聊一观之都融，融实斯融，斯言是矣"（大正五〇·六〇五
中）。道宣虽赞誉他的融通，却没有明说是什么作品。到佛窟
遗则，才"集融祖师文三卷"（大正五〇·七六八下），那已经是

八世纪末了。永明延寿(九○四——九七五年)得法及弘法于台州(天台山)、明州(雪窦山)、杭州(灵隐寺、永明寺),这是牛头宗当年的化区,所以在他的《宗镜录》《万善同归集》等,一再引用了法融的著作与言论。参照日僧(九世纪)从温州、台州、明州、越州取去的书目,注明"牛头"的,主要有《绝观论》《信心铭》《净名经私记》《华严经私记》《法华经名相》。

《绝观论》:宗密(七八○——八四一年)《圆觉经大疏钞》卷一一上说"牛头融大师有《绝观论》"(续一四·四五三)。延寿《宗镜录》卷九七引"牛头融大师绝观论"(大正四八·九四一上——中)。《绝观论》为牛头法融所作,是当时的一致传说。唐贞元二十一年(八○五),日僧来唐取回的《传教大师越州录》中,就有《绝观论》一卷。到近代,《绝观论》在敦煌发现了,除北京国立图书馆本、石井光雄藏本外,伯希和所得的,就有三本,编号为二○七四、二七三二、二八八五。国立图书馆本,内题"观行法,为有缘无名上士集。"铃木大拙解说为:"观行法,无名上士集。"认为无名是神会弟子洛阳无名,推论为属于神会系统。后来,见二七三二号本,末题"达摩和尚绝观论",而此论与(斯坦因五六一九号)敦煌本《达摩和尚无心论》为姊妹作,因而推论为从达摩到慧能时代的禅要。然《绝观论》发端说:"夫大道冲虚幽寂,不可以心会,不可以言宣,今者假立二人共谈。"假立师资二人——弟子为"缘门",老师是"入理",全书为问答体裁。在一百零七番问答后,这样说:

　　"不知先生向来问答,名谁何法? ……汝欲流通于世,寄问假名,请若收踪,故言《绝观论》也。"

《绝观论》是论名。假设师弟二人——缘门与入理的问答，所以也有题作"入理缘门"或"缘门论"的。斯坦因二七三二号本卷首作：

> "入理缘门一卷　粗是门头缘门起决，注是答语入理除疑
>  是名绝观论"

"粗是门头缘门起决，注是答语入理除疑"，这是缘门与入理的解说。国立图书馆本的"为有缘无名上士集"，应该是入理与缘门的又一解说。以有缘解说缘门，无名解说入理。缘门与入理，假设为师资二人，有缘与无名，也就称为上士了。漠视"有缘"二字，而以无名为洛阳无名，是不妥当的。禅者的作品，传出而没有标明作者名字，在达摩禅的盛行中，有些就被加上"达摩和尚"、"达摩大师"字样。如《南天竺菩提达摩禅师观门》、《达摩大师破相论》、《达摩大师信心铭》等，这都不能据达摩字样，而推定为达摩禅法的。关口真大《达摩大师之研究》，证明了《宗镜录》的融大师说，与《绝观论》中的十一个问答相合。《祖堂集》（九五二年）之《牛头法融传》，也有六项问答与《绝观论》相合（九九——一〇二年）。所以《绝观论》是法融所作，是无可怀疑的。《宗镜录》卷九七引《绝观论》，而为敦煌《绝观论》所没有，那只是《绝观论》在流传中的变化，有不同的本子罢了！

《信心铭》与《心铭》：《传灯录》卷三〇，有《三祖僧璨大师信心铭》、《牛头山初祖法融禅师心铭》二篇（大正五一·四五七上——四五八上）。《信心铭》传说为三祖僧璨所作，《百丈广

录》(百丈为七四九——八一四年)已明白说到。僧璨的事迹不明，直到《历代法宝记》与《宝林传》，都还没有说僧璨造《信心铭》。后代依百丈说，都以为是僧璨所作。《宗镜录》——延寿依当时当地的传说，"心铭"也是称为"信心铭"，而是看作法融所造的，如说：

> "融大师《信心铭》云：欲得心净，无心用功。"(大正四八·四九六中)

> "融大师《信心铭》云：惺惺了知，见网转弥。寂寂无见，暗室不移。惺惺无妄，寂寂寥(《灯录》作'明')亮。宝印真宗(《灯录》作'万象常真')，森罗一相。"(大正四八·六三七上)

> "《信心铭》云：前际如空，知处悉(《灯录》作'迷')宗。分明照境，随照冥蒙。一心有滞，万(《灯录》作'诸')法不通。去来自尔，不用(《灯录》作'胡假')推穷。"(大正四八·四四四中)

> "《信心铭》云：纵横无照，最为微妙！知法无知，无知知要。"(大正四八·四六三上)

明说是"信心铭"，或"融大师信心铭"，而实是《心铭》。当然，延寿引用《信心铭》，而确是《信心铭》的，也有六则。现存的《心铭》与《信心铭》，可说是姊妹篇。思想相近，所说的问题相近，类似的句子也不少，《信心铭》要精练些。依延寿——江东所传，《信心铭》有不同的二本(即今《心铭》与《信心铭》)，但都是牛头法融作的。这可能《心铭》是初传本，《信心铭》是(后人)精治本。以《信心铭》为三祖僧璨所作,只是江西方面洪州宗的传说。

《宗镜录》引用了《净名经私记》(五则)、《华严经私记》(四则)、《法华名相》(一则)。牛头而讲经的,似乎只是法融,后来者都偏重于禅,所以注明"牛头"的,不是法融著作,就是学者所记而传下来的。《绝观论》、《信心铭》等,代表了牛头禅(法融)的早期思想。

## 牛头禅的根本思想

《绝观论》(及《无心论》)、《心铭》(及《信心铭》)所代表的牛头禅学,与达摩禅系的东山宗,原是明显相对立的。法融卒于永徽三年(六五二),比道信迟一年。达摩禅从"二入四行"的"安心"及传说的"安心法门"、道信的"入道安心要方便"以来,一贯以"安心方便"著名。而道信从"念佛心是佛",树立了"即心是佛"、"心净成佛",更显出《楞伽》佛语心(后人说"佛语心为宗")的特色。对于这,牛头禅采取了独特的立场,如《绝观论》(第一问答)说:

"问曰:云何名心? 云何安心?"

"答曰:汝不须立心,亦不须强安,可谓安矣!"

只此开宗明义,便显出了牛头与东山的显著对立。牛头禅独到的立场,试从《绝观论》的不同传本比较去着手。延寿《宗镜录》卷九七(大正四八·九四一上)说:

"牛头融大师《绝观论》:

　　问云：何者是心？答：六根所观，并悉是心。问：心若为？答：心寂灭。

　　问：何者为体？答：心为体。问：何者为宗？答：心为宗。问：何者为本？答：心为本。

　　问：若为定慧双游？云：心性寂灭为定，常解寂灭为慧。问：何者是智？云：境起解是智。何者是境？云：自身心性为境。问：何者是舒？云：照用为舒。何者为卷？云：寂灭无来去为卷。舒则弥游法界，卷则定（疑是‘踪’字）迹难寻。问：何者是法界？云：边表不可得，名为法界。”

《宗镜录》所引的《绝观论》文，敦煌本是没有的，但这决非另一部论，而只是在长期流传中，有了变化而成不同的本子。如上所引的，可称之为甲本。此外，延寿就引用了意义相关的不同本子——乙本与丙本。敦煌出土或作《达摩大师绝观论》的，又是一本，可称为丁本。今比对后三本如下：

| 乙“注心赋”三<br>（续一一一·四七） | 丙“注心赋”三<br>（续一一一·五〇）<br>《宗镜录》七七<br>（大正四八·八四二中） | 丁“敦煌本《绝观论》” |
|---|---|---|
| 　《绝观论》云：云何为宗？答：心为宗。云何为本？答：心为本。 | | |
| 云何为体？云何为用？答：虚空为法体，森罗为法用。 | 融大师问云：三界四生，以何为道本？以何为法用？答：虚空为道本，森罗为法用。 | （二三）问曰：云何为道本，云何为法用？答曰：虚空为道本，森罗为法用也。 |

　　这四种本子,甲为一类,乙为一类,丙与丁为一类。丙本与丁本,但明"道本"与"法用"。乙本却说为"法体"与"法用"。丙本与丁本,但明"本"与"用",乙本却分为二类:"宗"与"本","体"与"用",而说以"心为宗"、"心为本"。甲本作"心为体"、"心为宗"、"心为本"。从"道本"、"法本"而"心本",是演变的过程。《坛经》说:"无相为体,无住为本,无念为宗。"体、宗、本——三者并举,是《坛经》的特色。甲本举三者而以一"心"来统摄,显然是参考了《坛经》,与"即心是佛"的思想相融合。从法融的思想来看,是以"道为本"的;丙本与丁本,更近于牛头旧有的思想。

　　"空为道本"、"无心合道",可作为牛头禅的标帜,代表法融的禅学。"道"在中国文化中,是一最重要的术语,为各家所共用。而老庄的形而上学,更以"道"为本(体),阐述现象界的原理,与人类应遵循的自然律。佛法传到中国来,译为中国文字,原是不能避免中国文字,像"道"(尽管含义不完全相合)那一类名词的。佛法而译为"道"的,有二:一、"菩提",原义为"觉",古译为"道",所以称菩提场为"道场",成菩提为"成道",发菩提心为"发道心",无上菩提为"无上道"等。二、末伽,这是道路的"道",修行的方法与历程,如"八正道"、"方便道"、"易行道"、"见道"(悟理阶段)、"修道"(修行阶段)、"无学道"(究竟圆成阶段)等。古代又称比丘为"道士"(那时道徒是称为"方士"的),比丘自称为"贫道",僧俗为"道俗"等。为了避免与老庄的"道"混淆不分,鸠摩罗什已译菩提为"觉",但也有顺古而译为"道"的(菩提流支、真谛等,译语才更严格)。在大乘法法性空、法法本净的胜义中，菩提（道）也被形容为寂灭、不二、不生不灭，与老庄的"道"更接近些。所以在中国佛法中，"大道"、"至道"、"入道"——这一类名词，始终流传着，特别是江东，清谈玄学盛行的地方。

佛法到魏晋而盛行，主要为法法本性空寂的大乘般若学。般若空义的阐扬，是与"以无为道本"的玄学相互呼应的。慧远及罗什门下（如僧肇作《物不迁论》等），每引用老庄以说明佛法，有利于佛法的阐明，但也种下了佛道混淆的种子。般若是观慧的实践，是直从自身的现实出发，离执而悟入空性的，成菩萨行以趣入佛道的。空，从"因缘所生法"，极无自性去解入。缘有（幻有）即性空，也可说即事而真，但没有说以性空为本源，从性空而生万有的。这与"何晏王弼等，祖述老庄立论，以为天地万物皆以无为本"（《晋书·王衍传》），从无而生成万化，从万化本源的"道"（无）去阐明一切——形而上的玄学，是并不相同的。传为僧肇所作《涅槃无名论》，不从修证契入的立场，说明涅槃的有余与无余，而从涅槃自身去说明有余与无余，多少有了形而上学的倾向。在南朝佛教的发展中，玄学或多或少地影响佛教，特别是在家佛学者。三论宗还大致保持了"佛法以因缘为大宗"的立场；天台宗的"性具说"，多一层从上而下的玄学色彩。上面的陈述，只是想说明一点：《绝观论》以"大道冲虚幽寂"开端，立"虚空为道本"，牛头禅与南朝玄学的关系，是异常密切的。

"虚空为道本"——玄学化的牛头禅的形成，也是多种因缘所成的：一、义学盛行的南朝，即使受到玄学的多少影响，而总还能保持佛法的特质。从陈亡(五八九年)到贞观十七年(六四三),法融成立禅室,义学的渐衰,已有半个世纪了。义学不明,佛法容易与世间学说相混杂。二、南朝佛教有反"唯心"的传统,如真谛在岭南译出大量的唯心论书,却不能在南朝流通。如《续僧传》卷一《拘那罗陀传》(大正五〇·四三〇中)说:

> "杨辇硕望,恐夺时荣,乃奏曰:岭表所译众部,多明无尘唯识,言乖治术,有蔽国风。不隶诸华,可流荒服。帝然之,故南海新文,有藏陈世。"

贬抑"无尘唯识"的杨都硕望,是当时的显学三论宗。般若三论是心境(尘)平等、一切如幻、一切性空的,与有心无境说不同(嘉祥作《百论疏》,才会通无尘唯识)。天台宗教人"观心",但在教学上,是"一色一香,无非中道"的心色平等论。达摩禅系以"安心"为方便,说"即心是佛"。法融立"虚空为道","不须立心,亦不强安"的禅门,明显地延续了南方反唯心的传统。三、《续僧传》卷二〇(附编)《法融传》(大正五〇·六〇三下——六〇四中)说:

> "年十九,翰林坟典,探索将尽。"

> "丹阳南牛头山佛窟寺,……有七藏经画:一、佛经,二、道书,三、佛经史,四、俗经史,五、医方图符。……内外寻阅,不谢昏晓,因循八年,抄略粗毕。"

法融遍读内外典籍,是一位精研般若而又博涉"道书"的学者。多读道书,也就不觉地深受其影响了!

"虚空为道本"：这里的"虚空"，是（性）空、空性、空寂、寂灭的别名，如经说："如来法身毕竟寂寞犹如虚空。""道"，原是玄学的主题，是不落于名言、心思的。凡言说所及的、心思所及的一切相对（佛法中称为"二"）法，都不等于道，道是超越一切而不可思议的。玄学说道"以无为本"，在佛法，应该说"虚空为道本"。法融引玄学的"道"于佛法中，以道为佛法根本，契悟觉证的内容。法融从道来看一切，从众生来说，如《宗镜录》卷九（大正四八·四六三中）说：

> "牛头初祖云：夫道者，若一人得之，道即不遍。若众人得之，道即有穷。若各各有之，道即有数。若总共有之，方便即空。若修行得之，造作非真。若本自有之，万行虚设。何以故？离一切限量分别故。"

道是离一切限量、离一切分别的，所以不能说为一人所得、为大家所分得。不能说各得一分，也不能说各得全体。从众生成佛说，不是新熏的，也不是本有的，因为这些都是限量分别边事。道本（本体、本原）只是空寂，是不二。（《宗镜录》引文，出《绝观论》一六·一七问答）。从道来说无情，那就是"无情有佛性"，"无情成佛"了，如《净名经私记》（大正四八·五五二中）说：

> "体遍虚空，同于法界、畜生、蚁子、有情、无情，皆是佛子。"

《绝观论》说：

"（三三）于是缘门复起问曰：道者独在于形器（一本作'灵'）之中耶？亦在草木之中耶？入理曰：道无所不遍也。"

"（三四）问曰：道若遍者，何故煞人有罪，煞草木无罪？答曰：夫言罪不罪者，皆是就情约事，非正道也。但为罪人不达者，妄立我身，煞即有心。心结于业，即云罪也。草木无情，本来合道，理无我故，煞者不计，即不论罪与非罪。凡夫无我合道者，视形如草木，被斫如（应缺一字）林。故文殊执剑于瞿昙，鸯掘持刀于释氏，此皆合道，同证无生，了知幻化虚妄，故即不论罪与非罪。"

"（三五）问曰：若草木久来合道，经中何故不记草木成佛，偏记人也？答曰：非独记人，草木亦记。经云：于一微尘具含一切法。（又云：一切法）皆如也，一切众生亦如也。如，无二无差别也。"

"道无所不遍"，道是没有有情、无情差别的，也没有有罪与无罪的差别。约凡夫情事，所以说有罪业，有生死。这里面，有不少语病：如凡夫不合道，而"草木无情久来合道"。有些人还不得受记，而草木却受记，这未免人而不如草木了。"道遍无情"、"无情成佛"是牛头禅的特色，这正是酝酿成熟于南朝学统中的问题。三论宗嘉祥吉藏（五四八——六二二年）撰《大乘玄论》，在卷三"佛性"章中说（大正四五·四〇中——下）：

"理外既无众生，亦无佛性。……不但众生有佛性，草木亦有佛性；此是对理外无佛性，以辨理内有佛性也。……

若众生成佛时,一切草木亦得成佛,故经云:一切法皆如也。"

吉藏的同门均正,撰《四论玄义》,在卷八中,明理内草木有佛性,也与吉藏所说相合。问者说:"众生无佛性,草木有佛性,昔来未曾闻。"这大概是兴皇朗以来的新说。天台智𫖮没有明文,但湛然(七一一——七八二年)《止观辅行传宏决》(卷一之二),依智𫖮"一色一香,无非中道",而约十义明无情有佛性(这一思想,后来为中国佛教——台、贤、禅、密所通用)。这可见牛头禅的"无情有性"、"无情成佛"、("无情说法"),是继承三论与天台的成说,为"大道不二"的结论。然在曹溪门下,是不赞同这一见解的,如慧能弟子神会,答牛头山袁禅师问说(《神会集》一三九):

"岂将青青翠竹同功德法身,郁郁黄花等般若之智?若言青竹黄花同法身般若,如来于何经中为青竹黄花授菩提记?若将青竹黄花同法身般若者,此即是外道说。何以故?为《涅槃经》云:无佛性者,所谓(原作'为')无情物是。"

南岳门下道一(俗称马祖)弟子慧海说(大正五一·二四七下):

"黄花若是般若,般若即同无情!翠竹若是法身,法身即同草木!如人吃笋,应总吃法身也。如此之言,宁堪齿录!"

道一大弟子百丈所说,见于《古尊宿语录》卷一(续一一八·八六),如说:

> "无情有佛性,只是无其情系,故名无情,不同木石、太虚、黄花、翠竹之无情,将为有佛性。若言有者,何故经中不见(草木)受记而得成佛者!"

"青青翠竹,尽是法身;郁郁黄花,无非般若",是(源出三论宗)牛头禅的成语。传为僧肇说(《祖堂集》一五"归宗章")、道生说(《祖庭事苑》卷五),都不过远推古人而已。牛头禅的这一见地,为曹溪下的神会、怀海、慧海所反对。唯一例外的,是传说为慧能弟子的南阳慧忠(约六七六——七七五年)。《传灯录》卷二八所载"南阳慧忠国师语",主张"无情有佛性"、"无情说法"(大正五一·四三八上)。慧忠是"越州诸暨人"(今浙江诸暨县),也许深受江东佛法的熏陶而不自觉吧!后来拈起"无情说法"公案而悟入的洞山良价,也是浙江会稽人。区域文化的熏染,确是很有关系的。东山宗说"佛语心为宗"、"即心是佛",是从有情自身出发,以心性为本,立场是人生论的。牛头宗说"道本",泛从一切本源说,是宇宙论的。东山与牛头的对立,在这些上极为明白。

道本虚空,是不可以言诠、不可以心思的。这样的大道,要怎样才能悟入呢?宗密称之为"泯绝无寄",体道的法要,是"本无事而忘情"。如《师资承袭图》(续一一〇·四三六)说:

> "牛头宗意者,体诸法如梦,本来无事,心境本寂,非今始空。迷之为有,即见荣枯贵贱等事。事迹既有,相违相

顺，故生爱恶等情，情生则诸苦所系。梦作梦受，何损何益？有此能了之智，亦如梦心；乃至设有一法过于涅槃，亦如梦如幻。既达本来无事，理宜丧己忘情。情忘即绝苦因，方度一切苦厄，此以忘情为修也。"

《禅源诸诠集都序》卷上之一（大正四八·四〇二下）、《圆觉经大疏钞》卷三之下（续一四·二七九），都有牛头宗意，可以参考。宗密说："融禅师者，道性高简，神慧聪利。先因多年穷究般若之教，已悟诸法本空，迷情妄执。"这是很正确的！世间出世间法，一切都如幻如梦，本性空寂，是《般若经》所说的。本来空寂，迷执了就有这有那，这如幻、梦、镜像一样（《般若经》有十喻）。如《净名经私记》说："如人夜梦种种所见，比至觉时，总无一物。今亦尔，虚妄梦中言有万法，若悟其性，毕竟无一物可得。"（大正四八·五六四下）这样的本来无一物，要怎样才能与道契合呢？宗密说：牛头宗以"丧我忘情"为修。法融是以"无心用功"为方便，也就是"无心合道"的，如《宗镜录》卷四五（大正四八·六八一中）说：

"融大师云：镜像本无心，说镜像无心，从无心中说无心。人说（'说'应是衍字）有心，说人无心，从有心中说无心。有心中说无心，是末观，无心中说无心，是本观。众生计有身心，说镜像破身心。众生著镜像，说毕竟空破镜像。若知镜像毕竟空，即身心毕竟空。假名毕竟空，亦无毕竟空。若身心本无，佛道亦本无，一切法亦本无，本无亦本无。若知本无亦假名，假名佛道。佛道非天生，亦不从地出，直

（一作'但'）是空心性,照世间如日。"

这是"无心"的好解说。这一段,是依《智度论》以"易解空"喻"难解空"而来的。无心而达一切法本无,就是合道,所以《绝观论》（第五问答）说:"无心即无物,无物即天真,天真即大道。""道"（菩提）,"但是空心性,照世间如日",如日照晴空一般;毕竟空寂中,无微不显,所以《心铭》说:"一切莫顾,安心无处,无处安心,虚明自露。"

一切法差别相,只是心有所得。不但世间法,就是出世法,如有一毫相可得,"存法作解,还是生死业"（大正四八·五六四下）。所以初学者坐禅摄心、修观,从"道"来说,都是有所得的,不能与道相契合的。《心铭》就这样地标义（无智无得,无修无证）说:

"心性不生,何须知见? 本无一法,谁论熏炼?"

假使要"合道",那就是"无心",可说是无方法的方法。如说:

"分明照境,随照冥蒙（观不得）。……将心守静,犹未离病（摄心不得）。……菩提（道）本有,不须用求。烦恼本无,不须用除（不用求,不用除）。灵知自照,万法归如。无归无受,绝观忘守。"

"绝观忘守",才能合道,所以入道的要门是:

"一切莫顾,安心无处;无处安心,虚明自露。"

"欲得净心,无心用功。纵横无照,最为微妙! 知法无知，无知知要。"

"但是法空心，照世间如日"，是悟证的境地。古人作方便的说明，就是："以无心之妙慧，契无相之虚宗"；"般若无知，实相无相"；"定慧不二"，"般若方便不二"。《心铭》以为：在"灵知"、"妙智"中，"慧日寂寂，定光明明，照无相苑，朗涅槃城"，"惺惺无妄，寂寂明亮，万象常真，森罗一相"。"森罗一相"，就是《绝观论》的"森罗为法用"。这是在无二寂灭中，契入不思议无碍境界。《心铭》只是说："三世诸佛，皆乘此宗。此宗毫末，沙界含容。"《信心铭》对此说得更明显些：

> "十方智者，皆入此宗。宗非延促，一念万年。无在不在，十方目前。极小同大，忘绝境界，极大同小，不见边表。有即是无，无即是有。若不如此，必不须守。一即一切，一切即一。但能如是，何虑不毕。"

无住、无著、无欲、无所执、无所得、无分别，这些都是佛法所常说的（小乘经也不例外）。佛法说因修得证：第一义不可安立，无修无证，无圣无凡，而世俗谛——缘起如幻（唯心者依心安立）中，一切都是成立的。所以佛法方便，是"不依世俗谛，不得第一义"；"第一义皆因言说"：依言说得无言说，依分别入无分别，由观慧而达境智并冥，由心境而达不能（心）不所（境）。这样，才能理会"闻思修"在佛法中的必要意义。牛头禅的"无心合道"、"无心用功"，是从道体来说的。以为道是超越于心物，非心境相对所能契合的。不能发现分别观察的必要意义，不能以分别观察为善巧方便，但见心识分别的执障，于是"无心合道"、"无心用功"——发展出一种无方便的方便。其实，这是受了庄子的影响。庄子说：玄珠（喻道体），知识与能力所不能得，却为罔象所得。玄学化的牛头禅，以"丧我忘情为修"。由此而来的，如《绝观论》（第四五问答）说：

> "高卧放任，不作一个物，名为行道；不见一个物，名为见道；不知一个物，名为修道；不行一个物，名为行道。"

发展所成的，南岳、青原下的中国禅宗，与印度禅是不同的。印度禅，即使是达摩禅，还是以"安心"为方便，定慧为方便。印度禅蜕变为中国禅宗——中华禅，胡适以为是神会。其实，不但不是神会，也不是慧能。中华禅的根源，中华禅的建立者，是牛头。应该说，是"东夏之达摩"——法融。

# 第四章　东山法门之弘布

## 第一节　东山宗分头弘布

双峰山道信所制的"入道安心要方便",是戒与禅合一,《楞伽》与《般若》合一,念佛与成佛合一。弘忍继承道信而光大了法门,被称为"东山法门"。学者的根机不一,所以到了弘忍弟子手里,东山法门分化为不同的宗派。从各宗不同的禅风,理解其内在的关联与演变,才能正确窥见"东山法门"的禅海汪洋。东山门下众多,能形成宗派而现在可以考见的,有慧能的南宗、神秀的北宗、智诜下的净众宗、传承不明的宣什宗——四宗。

### 慧能的摩诃般若波罗蜜与无相戒

被后世推为正统的慧能,当然是东山门下重要的一流。先说慧能与同门老安的关系:慧能生前,多少为岭南僻远的环境所限,在中原一带,还不能引起太大的影响。慧能同门中,有被称为"老安"的,倒不失为慧能的平生知己。如《宋僧传》卷一八《慧安传》(大正五〇·八二三中——下)、《传灯录》卷四(大正

五一·二三一下）、宋儋撰《嵩山会善寺故大德道安禅师碑铭》
（《全唐文》卷三九六），虽所说小有出入，而确是同一人，《楞伽
师资记》也是称为"会善寺道安"的。道安（或"慧安"）生于开
皇元年（五八一），年寿极长，约近一百三十岁。依《宋僧传》说：
"贞观中至蕲州礼忍大师。"但贞观年间是道信时代，做弘忍的
弟子，是不能早于永徽二年（六五一）的。那时道安已七十多
岁，是名符其实的"老安"了。麟德元年（六六四）游终南山；永
淳二年（六八三）到滑台，住在敕造的招提寺；久视元年（七〇〇
年老安一百二十岁），老安与神秀，同应则天帝的征召入京。碑
铭说："禅师顺退避位，推美于玉泉大通也。"老安辞退出来，住在
嵩山的会善寺。神秀去世（七〇六年），老安曾去玉泉寺。那年九
月，又应中宗的礼请入京，受皇家供养三年。景龙三年（七〇九
年，碑作"二年"），在会善寺去世。

　　老安比慧能长五十七岁，但彼此却有特殊的关切。1. 慧能
弟子（南岳）怀让，起初与坦然到嵩山参礼老安。《宋僧传》卷九
说："安启发之，因入曹侯溪觐能公。"（大正五〇·七六一上）
《传灯录》卷四说："（坦）然言下知归，更不他适。（怀）让机缘
不逗，辞往曹溪。"（大正五一·二三一下）怀让的参礼曹溪，是
受到老安的启发与指导的。2. 据《嵩山（会善寺）故大德净藏禅
师身塔铭》说：净藏在慧安门下十几年。慧能示寂时，教净藏到
韶阳从慧能问道（《全唐文》卷九九七）。上来二则，是老安介绍
弟子去从慧能修学。3. 老安对坦然与怀让的开示，如《传灯录》
卷四（大正五一·二三一下）说：

　　　"问曰：如何是祖师西来意？师（老安）曰：何不问自己

意？曰:如何是自己意？师曰:当观密作用。曰:如何是密作用？师以目开合示之。"

老安以"目开合"为密作用,正是曹溪门下所传的"性在作用"。在这一传说中,发见了老安与慧能间的共同。4. 保唐无住禅师,起初从老安的在俗弟子陈楚章受法。据《历代法宝记》,陈楚章与六祖弟子——到次山明和上、太原府自在和上、洛阳神会和上,都是"说顿教法"(大正五一·一八六上),没有什么不同。5. 作《大乘开心显性顿悟真宗论》的李慧光(法名大照)说:"前事安阇黎,后事会和尚,皆已亲承口诀,密授教旨。"(大正八五·一二七八上)老安与神会的顿悟,也没有说到不同。上来三则,是老安门下与慧能门下的契合。6.《召曹溪慧能入京御札》(《全唐文》卷一七)说:

> "朕请安秀二师,宫中供养。万几之暇,每究一乘。二师并推让云:南方有能禅师,密受忍大师衣法。"

《道安禅师碑》说:道安"避位",推美神秀而辞退出来。神秀死后,道安却又应召入京,受国家供养。道安不只是谦让,又推举慧能。也许与神秀的见地不合,举慧能以自代吧！神秀的推举慧能,大抵是随缘附和而已。在弘忍的弟子中,慧能都没有什么往来。而老安却推举慧能,介绍弟子,同属于顿法,关系是非常的亲切。

再论慧能的传禅方便:代表慧能禅的,有《坛经》一卷。《坛经》是否为慧能所说,近代学者有不同的意见。据我的论证(如下第六章说),《坛经》的主体部分,也就是《坛经》之所以被称为

《坛经》的大梵寺说法部分，主要为慧能所说。大梵寺说法，不是弟子间的应机问答，而是"开法"（或称"开缘"）的记录。"开法"是公开的、不择根机的传授。东山门下的开法传禅，都继承道信的遗风——戒禅合一。《坛经》的这一部分正是这样，如说（大正四八·三三七上）：

> "慧能大师于大梵寺讲堂中，升高座，说摩诃般若波罗蜜法，授（原作受）无相戒。……门人法海集记，流行后代。……说此《坛经》。"

大梵寺说法，是说摩诃般若波罗蜜法与授无相戒合一的。这一部分，现有的各种《坛经》本子在次第上、文句上，虽有些出入，然分析其组成部分，是大致相同的。依《坛经》敦煌本的次第，主要为：

> "善知识！净心，念摩诃般若波罗蜜法。"
>
> "善知识！我此法门，以定慧为本。"
>
> "善知识！我此法门，从上已来，顿渐皆立无念为宗，无相为体，无住为本。"
>
> "善知识！总须自体与受无相戒。一时逐慧能口道，令善知识见自三身佛。"
>
> "今既归依自三身佛已，与善知识发四弘大愿。"
>
> "既发四弘誓愿讫，与善知识无相忏悔三世罪障。"
>
> "今既忏悔已，与善知识受无相三归依戒。"
>
> "今既自归依三宝，总各各至心，与善知识说摩诃般若波罗蜜法。"

"无相戒"部分,内容为"见自性佛"、"自性度众生"等,"自性忏"、"归依自性三宝",一一从众生自性去开示,所以名为"无相戒"。别本还有传"五分法身香",这都显然为菩萨戒,与自性般若融合了的戒法。

禅法部分:方法是"定慧为本"——"无念为宗"、"无相为体"、"无住为本"。更说"摩诃般若波罗蜜法"("见本性不乱为禅"),以明禅法的深义,首先就揭示了二点,如说(大正四八·三三七上、三三八中):

> "善知识!净心,念摩诃般若波罗蜜法。"
> "愿闻先圣教者,各须净心。……善知识!菩提般若之智,世人本自有之。"

慧能以身作则,"自净心神良久",然后开示,要大家"净心",以净心来领受般若法门。为什么要"净心"?因为(大正四八·三四〇中、下):

> "若自心邪迷妄念颠倒,外善知识即有教授,(不得自悟)。"
> "因何闻法即不悟?缘邪见障重,烦恼根深。"

慧能不重宗教仪式,不重看心、看净等禅法,却重视德性的清净。"净是胜负之心,与道违背";"自若无正心,暗行不见道";"常见在己过,与道即相当"。想"见性成佛道",一定要三业清净,成为法器。不起诳曲心、胜负心、颠倒心、憍诳心、嫉妒心、人我心;离十恶业、八邪道,这才有领受般若法门、启悟入道的份儿。将深彻的悟入,安立在平常的德行上,宛然是释迦时代的佛教面目!

说到"念摩诃般若波罗蜜",不是口念而要心行的,所以说:"此法须行,不在口(念)";"迷人口念,智者心(行)";"莫口空说,不修此行,非我弟子"(大正四八·三三九下——三四〇上)。所说心行,只是"但于自心,令自本性常起正见","即是见性,内外不住,来去自由"(大正四八·三四〇中)。慧能从自性开示"无相戒",也从自性开示"自性智慧"。基于这一立场,批评了"先定后慧,先慧后定"、"定慧各别"的定慧说;"直言坐不动,除念不起心"的一行三昧说;"看心、看净、不动、不起"的坐禅说,而一一表示法门的正义。

先圣传来的法门正宗是怎样的呢?《坛经》(大正四八·三三八下)说:

> "善知识!我此法门,从上已来,顿渐皆立无念为宗,无相为体,无住为本。"

依《坛经》说:"为人本性念念不住:前念今念后念,念念相续;……念念时中,于一切法上无住。"只人类当前的念念相续(心),就是本性,于一切法上本来就是不住著的,这叫"无住为本"。可惜人类迷却本性,念念住著系缚了。这当前的一念(到念念相续),"真如是念之体,念是真如之用"。只要能"于自念上离境,不于境上念生",那么"性起念,虽即见闻觉知,不染万境而常自在"。这是返迷启悟的关要,所以说"无念为宗"。这样的念念不住不染,"于一切相而离相",显得"性体清净",所以说"无相为体"。这三者相关的（法门安立），从"顿悟见性"来说，无念为此宗宗要，所以说（大正四八·三四〇下）：

> "若识本心，即是解脱。既得解脱，即是般若三昧。悟般若三昧，即是无念。何名无念？无念者，见一切法不著一切法，遍一切处不著一切处。常净自性，使六贼从六门走出，于六尘中不离不染，来去自由，即是般若三昧自在解脱，名无念行。"

基于平常的"净心"，把握当前的一念，"于一切境上不染"，"即是见性，内外不住，来去自由"。从直捷切要来说，这确是直捷切要极了！

## 神秀的五方便

以神秀为中心的北宗，以"方便"著名，盛行于京、洛一带。兹分别加以叙述。

一、北宗禅师与有关作品：弘忍门下，在中原行化的，不在少数，而神秀一系最为盛大，曾一度被推为六祖。后因慧能禅系的发展，才相对地被称为北宗。《祖堂集》以神秀、慧安、道明等为北宗，是广义的说法。狭义的，专指神秀及与神秀有关的一系。现在以神秀为主，而附及法如、玄赜二人。

弘忍门下而开法传禅于中原的，首推潞州法如。据《法如行状》（《金石续编》卷六）及《传法宝纪》说：法如上党人（今山西省长治县，属潞州），十九岁（六五六年）出家，本为三论宗学者（越州法敏的弟子）"青布明"的弟子。约在六六〇年，来黄梅参礼弘忍，直到弘忍去世，"始终奉侍经十六载"（六六〇——六七五年），为弘忍门下优秀的青年禅者。垂拱二年（六八六），开始在嵩山少林寺开法。"学众日广，千里响会"，为东山法门北系的最初开展。法如有可能继承东山的法统，可惜永昌元年（六八九）就去世了，年仅五十二岁。法如门下还不能延续东山法统，所以法如临终，遗嘱要大家"已后当往荆州玉泉秀禅师下咨禀"，神秀也就（兄终弟及一样）起来开法了。

荆州神秀的传记，有张说《大通禅师碑》（《全唐文》卷三二一）、《传法宝纪》、《楞伽师资记》（大正八五·一二九〇上——下）、《宋僧传》卷八《神秀传》（大正五〇·七五五下——七五六中）、《传灯录》卷四（大正五一·二三一中）等。神秀（或作"道秀"）是陈留尉氏（今河南省尉氏县）人，十三岁（六一八年）出家。满二十岁（二十一岁，六二六年），在东都天宫寺受戒。神秀曾"游问江表，老庄玄旨，书易大义，三乘经论，四分律义，说通训诂，音参吴晋"，是一位深通世出世学的学者。约五十岁（或作四十六岁）那年，到黄梅来参礼弘忍。"服勤六年"，被誉为"东山之法，尽在秀矣"！弘忍要付法，神秀"涕辞而去，退藏于密"。神秀离开黄梅，应在龙朔元年（六六一）。龙朔元年以来，神秀"后随迁谪，潜为白衣"；又"在荆州天居寺十所（余？）年"，行踪不大明了。仪凤中（六七六——六七八年），神秀"住当阳玉泉寺"。等到法如去世，"学徒不远万里，归我法坛"。那时（六八九——七〇〇年），神秀住当阳（今湖北省当阳县）玉泉寺东的度门兰若，度门成为当时中原禅法的重镇。大足元年（七〇一），则天帝下诏，征召神秀入京。则天执弟子礼，礼遇极为隆重。神龙二年（七〇六）去世，谥为大通禅师，年一百零一岁。神秀在京洛时，为"两京法主，三帝门师"。去世后的哀荣，一时无两。神秀的四大弟子是：义福（六五八——七三六年）、普寂（六五一——七三九年）、景贤（六六〇——七二三年）、惠福。降魔藏也是一位有力的法将。

安州玄赜，是为弘忍造塔的大弟子。玄赜是弘忍晚年弟子，咸亨元年（六七〇）才来东山，"首尾五年"。弘忍去世后，玄赜住安州（今湖北安陆县）寿山寺。神秀于神龙二年去世，玄赜就在景龙二年（七〇八），应中宗的征召入京，"便于东都广开禅法"。据弟子净觉《楞伽师资记》所说，"来往参觐十有余年"，大抵七二〇年顷，还在两京开法。玄赜作《楞伽人法志》，以为神秀与玄赜都是亲受弘忍付嘱的，表示自己与神秀同一地位；为附于神秀的一系。

有关北宗的作品，主要是神秀的"五方便"。过去，仅凭宗密《圆觉经大疏钞》卷三之一所引述的"方便通经"，略知"五方便"的大概。近代敦煌本出土，于北宗才有更多的了解。有关五方便的，有：1.《大乘无生方便门》（斯坦因〇七三五号）；2.《大乘五方便北宗》（伯希和二〇五八号）；3."无题"（伯希和二二七〇号），与上本相同而有所增补；4."无题"，末附"赞禅门诗"（斯坦因二五〇三号）。这些本子中，《大乘无生方便门》（大正八五·一二七三中——一二七八上）虽缺少第五门，但比较完整。此外，敦煌本有传为神秀所作的《观心论》一卷，另有《大乘北宗论》一卷。据《楞伽师资记》说：神秀"不出文记"，所以这都不是神秀所作，而是弟子所记述或补充的，或是弟子们所撰的。

二、"净心"的方便（离念门）：五方便门，到底是不同的五类方便，还是先后相成的次第方便？《传法宝纪》曾这样说：

> "及忍、如、大通之世，则法门大启，根机不择，齐速念佛名，令净心。"

法如与大通神秀的开法传禅，是以"念佛名"、"令净心"为方便的。这样的方便，在五方便中，就是第一"总彰佛体门"，也名"离念门"的方便，正是《坛经》所说的"看心、看净"的禅法，所以这是北宗禅的主要部分。北宗的开法方便，也是戒禅合一的。依《大乘无生方便门》，先授菩萨戒，次传禅法。授戒的内容为：

> "各各蹦跪合掌。当教令发四弘誓愿。"
>
> "次请十方诸佛为和尚等。次请三世诸佛菩萨等。"
>
> "次教受三归。"
>
> "次问五能。"
>
> "次各称己名，忏悔罪。"
>
> "汝等忏悔竟，三业清净，如净琉璃，内外明彻，堪受净戒。菩萨戒是持心戒，以佛性为戒。性（？）心瞥起，即违佛性，是破菩萨戒。护持心不起，即顺佛性，是持菩萨戒三说。"

授菩萨戒的方便次第，极为分明。授戒了，接着传授禅法，如《大乘无生方便门》说：

"次各令结跏趺坐。"

"问(原误作'同'):佛子！心湛然不动,是没? 言:净。佛子！诸佛如来有入道大方便,一念净心,顿超佛地。"

"和(尚)击木,一时念佛。"

"和(尚)言:一切相总不得取,所以《金刚经》云:凡所有相,皆是虚妄。看心若净,名净心地。莫卷缩身心,舒展身心,放旷远看,平等尽虚空看！和(尚)问言:见何物?(佛)子云:一物不见。"

"和(尚):看净,细细看。即用净心眼,无边无涯际远看,和言问(此三字,衍)无障碍看。和(尚)问:见何物?答:一物不见。"

"和(尚):向前远看,向后远看,四维上下一时平等看,尽虚空看,长用净心眼看,莫间断亦不限多少看。使得者,然(疑是'能'字)身心调,用无障碍。"

这是当时传禅的实录。"和"是和尚,是禅法的传授者。"子"是佛子,指临坛受法的大众。传授,采问答方式:一面教导,一面用功;一面问,一面答。先教大家结跏趺坐,也就是坐禅的形仪。和尚先标举主题:"心湛然不动",是什么? 自己答:是"净"。这一"净"字,是北宗禅的要诀。所以接着说:"如来有入道大方便,一念净心,顿超佛地。"原则地说,北宗是直示净心,顿成佛道的。主题宣示已了,和尚把法木一拍,大家一起念佛。念什么佛,虽不明了,而北宗的传禅方便,是先念佛名,而后令净心,是确实无疑的。

来参加传授禅法的法会,只是为了成佛。念佛虽是口里称名,却是引向佛道。所以念佛停止下来,要坐禅了。佛是"觉"
义,是"心体离念",也就是"湛然不动"的净心,所以成佛要从
"净心"去下手用功。据北宗原意,不是要你取著一个"净心",
所以先引《金刚经》说,一切相都不得取。一切相不取不著,就
是"净心"了。"看"就是观,用净心眼看,上下,前后四方,尽虚
空看。依北宗的意见,我们的身心是卷缩的,就是局限在小圈子
里。所以用尽一切看的方便,从身心透出,直观无边际、无障碍。
这如"无题"(3)说:

> "问:缘没('为什么')学此方便? 答:欲得成佛。问:
> 将是没成佛? 答:将净心体成佛。是没是净心? 净心体犹
> 如明镜,从无始已来,虽现万像,不曾染著。今日欲得识此
> 净心体,所以学此方便。"

> "问:是没是净心体? 答:觉性是净心体。比来不觉,
> 故心使我;今日觉悟,故觉使心。所以使伊边看,向前向后,
> 上下十方,静闹明暗,行住坐卧俱看。故知觉即是主,心是
> 使。所以学此使心方便,透看十方界,乃至无染即是菩
> 提路。"

坐了一回,也就是看了一回。和尚就问:见个什么? 来学的
就说"一物不见。"若有物可看,那就著相了。这样的一再回答
"一物不见",尽虚空观而没有什么可得的,就是离念的净心,就
是佛。所以和尚又接着开导说:

> "和(尚)言:三点是何? (佛)子云:是佛。"

> "是没是佛? 佛心清净,离有离无,身心不起,常守真

心。是没是真如？心不起，心真如。色不起，色真如。心真如故心解脱，色真如故色解脱。心色俱离，即无一物是大菩提树。"

"佛是西国梵语，此地往翻名为觉。所言觉义，谓心体离念。离念相者，等虚空界，无所不遍，法界一相，即是如来平等法身。于此法身，说名本觉。觉心初起，心无初相，远离微相念，了见心性，性常（住故）名究竟觉。"

尽虚空看而一物不可得，就是看净。离念就是净心，净心就是佛。所以和尚又问三点是什么。"三点"，或作"三六"，实为∴的误写误读。∴——三点，读为伊，代表大般涅槃、究竟圆满的佛。古人、现代的日本人，"佛"字每写作"仏"，也就是从∴而来。"佛心清净，离有离无"，也就是一切不可得。所以"看心"、"看净"是"离念门"。离念就是身心不起；身心不起就是真如，就是解脱，所以"无一物是大菩提树"。对于"佛"的开示，直引《大乘起信论》的"觉义"，也就是"心体离念"。引文而一一地给予解说，古人称之为"通经"。北宗的解通经论，是自成一格的。禅师们的通经，是本着那个事实（如离念心体即佛），作不同的解说，与经师们不同。离念、净心所显的佛，解说为：

"问：是没是报身佛？知六根本不动，觉性顿圆，光明遍照，是报身佛。是没是法身佛？（'身心离念是法身体'）为因中修戒定慧，破得身中无明重叠厚障，成就智慧大光明，是法身佛。是没是化身佛？由心离念，境尘清净，知见无碍，圆应十方，是化身佛。"

　　"体用分明：离念名体，见闻觉知是用。寂而常用，用而常寂，即用即寂，（离相名寂），寂照照寂。寂照者因性起相，照寂者摄相归性。舒则弥纶（于）法界，卷则总在于毛端。吐纳分明，神用自在。"

　　"如来有入道大方便，一念净心，顿超佛地"——以"净心"为目标，以离念为方便的北宗禅，在这"离念门"中，已始终圆满了。这就是法如、神秀所传禅法的根本。玄赜弟子净觉，也特提"净心"为成佛要着，如说："迷时三界有，悟即十方空。欲知成佛处，会是净心中。"（《注般若波罗蜜多心经》）依"离念门"所开示，以"看净"——观一切物不可得为主。以看净的方便来摄心，以"看净"的方便来发慧。普寂所传的"凝心入定，住心看净"，不外乎这一方便进修的前后阶段。等到真的一切不可得，到达"离念"境地，就是"净心"呈现。"离念门"不是"看心"，"看心"为东山门中另一系。如神秀系而要说"看心"——"观心"，那就是"净心"呈现，"守本真心"而使之更深彻、更明净而已。"净心"不外"体用"二字，即寂即照。普寂所传的"起心外照，摄心内证"，也就是"寂照者因性起相，照寂者摄相归性"的意义。

　　上来是北宗的传授方式。学者在平时，当然不用问答，只是先念一回佛，然后摄心看净。初学到尽虚空看，也还有次第方便。净心显现，就是证入法身境界。《楞伽师资记》中，传弘忍（大正八五·一二八九下）说：

　　"大师云：有一口屋，满中总是粪秽草土，是何物？又云：扫除却粪秽草土并当尽，一物亦无，是何物？尔坐时，平面端身正坐，宽放身心，尽空际远看一字，自有次第。若初心人攀缘多，且向心中看一字。证后坐时，状若旷野泽中，迥处独一高山，山上露地坐。四顾远看，无有边畔。坐时满世界宽放身心，住佛境界。清净法身无有边畔，其状亦如是。"

三、五方便门：五门是："第一总彰（原作'章'）佛体，亦名离念门。第二开智慧门，亦名不动门。第三显不思议门。第四明诸法正性门。第五了无异门（或作"自然无碍解脱道"）。"每一门，以修证中的某一特定内容为主，引经论为证。如第一门，以观一切物不可得为方便，显净心的"离念心体"，引《大乘起信论》。这样，第二明开智慧，引《法华经》。第三显不思议法，引《维摩诘经》的《不思议品》。第四明诸法正性，引《思益经》。第五了无异门，引《华严经》。现存的各本，都不只说明每一特定内容，而用作解通经论的方便，所以被称为"方便通经"。第二门的内容最广，《法华经》以外，也引用了《维摩诘经》、《金刚经》、《华严经》，还隐引《大般涅槃经》的闻不闻。

"离念门"上面已说过了。"开智慧门"——"不动门"的意义，如《大乘无生方便门》说：

"和尚打木，问言：闻声不？（答）闻，不动。"

"此不动是从定发慧方便，是开慧门，闻是慧。此方便，非但能发慧，亦能正定，是开智门，即得智——是名开智慧门。"

"若不得此方便,正(定)即落邪定,贪著禅味,堕二乘涅槃。以(原作'己')得此方便,正定即得圆寂,是大涅槃。智用是知,慧用是见,是名开佛知见。知见即是菩提。"

"问:是没是不动? 答:心(意)不动,是定、是智、是理。耳(等五)根不动,是色、是事、是慧。……是名开智慧门,与汝开智慧门竟。"

在开示了"离念心体"的方便后,和尚又作进一步的开示,把法木一拍,问大家:听得声音吗? 听到的,但是"不动"。这不动,是从定发慧的方便,也是得正定而不落邪定的方便,这就是开慧门、开智门。一般人有声音就闻,没有声音就不闻;声音现前就闻,声音过去(落谢)了就不闻,这是凡夫。小乘能从闻发慧,不知道闻性是常住的,所以灭六识而证入空寂涅槃,不能开佛知见。大乘是:

"菩萨开得慧门,闻是慧,于耳根边证得闻慧,知六根(眼耳鼻舌身意都如此)本来不动,有声,无声,落谢——常闻。常顺不动修行,以得此方便,正定即是圆寂,是大涅槃。"

这是以悟入六根的本来不动——耳等见闻觉知性常在为方便,开发智慧。"涅槃是体(寂义),菩提是用(觉义)。""智慧是体,知见是用。"所以知六根不动,就能心体离念中,见闻觉知——智慧朗照。在五门中,"离念门"以外,"不动门"还有方便引导的意义。"离念门"的离念心体,是得体;"不动门"的知见常明,才是得用。到此,体用具足,后三门只是悟证的深入而

已。"无题"(3)有总叙五门的,今引列如下:

> "问:缘没学此方便? 答:欲得成佛。问:将是没成佛?答:将净心体成佛。……觉性是净心体。……学此使心方便,透看十方界,乃至无染即是菩提路。——初门"

> "问:不动,是没不动? 答:闻声不动。……不动是开,开是没? 开智慧。由开智慧故,得身心不动。……由六根不起故,一切法不取舍。——二门"

> "由一切法不取舍故,口不议,心不思。由不思不议故,一切法如如平等:须弥芥子平等,大海毛孔平等,长短自他平等。——三门"

> "由一切法平等故,现一切法正性。于正性中,无心无意无识。无心故无动念,无意(原作'动念')故无思惟,无识故无分别。——四门"

> "无动念是大定,无思惟是大智,无分别是大慧。大定是法身佛,大智是报身佛,大慧是化身佛。三法同体,一切法无异,成佛不成佛无异。清净无障碍,觉觉相应毕竟不间断,永无染著,是无碍解脱道。——五门"

从《入道安心要方便》来看,可知五方便是神秀从道信的"安心方便"而脱化出来的。《入道安心要方便》的"杂录部分"引智敏禅师及《无量寿经》,总举五事:"一者知心体,体性清净,体与佛同。二者知心用,用生法宝,起作恒寂,万法皆如。"这与"离念门"及"不动门"的次第一致。而"主体部分"末了说:"于一尘中具无量世界,无量世界集一毛端,于其本事如故,不相妨碍。《华严经》云：有一经卷在微尘中，见三千大千世界事。"实为三"显不思议法"、五"了无异门"所本。

四、《楞严经》及贤首宗：从五方便的次第内容，来理解神秀所传与《楞严经》及贤首宗的关系。《楞严经》全名为《大佛顶如来密因修证了义菩萨万行首楞严经》，全经共十卷。这部经，一向来历不明。智升所撰《开元释教录》（开元十八年，七三〇年止），以《楞严经》为罗浮山南楼寺怀迪所译的。怀迪在广府，从一位不知名的梵僧得到这部经的梵本。怀迪曾来长安，参预《大宝积经》的译场（七〇五——七一三年）。他回去，才在广州译出这部经（大正五五·五七一下）。这样，《楞严经》的翻译，是七一三年以后的事了。但智升在同时撰述的《续古今译经图记》，以为《楞严经》是般刺密帝在神龙元年（七〇五）五月于广州制旨寺译出，并说："乌苌国沙门弥迦释迦译语；菩萨戒弟子前正谏（议）大夫同中书门下平章事清河房融笔受"；怀迪是证义者（大正五五·三七一下——三七二上）。智升的二说不同，但总是开元十八年（七三〇）前，智升已经见到的。而且，《开元释教录》与《续古今译经图记》都说是广州译出的，"有因南使，经流至此"。

《宋僧传》卷二《极量（即般刺密帝）传》，所说与《续古今译经图记》相合。而在卷六的《惟悫传》（大正五〇·七三八中——下）却这样说：

　　"（惟悫）受旧相房公融宅请。未饭之前，宅中出经函云：相公在南海知南铨，预其翻经，躬亲笔受首《楞严经》一部，留家供养。"

"一说:《楞严经》,初是度门寺神秀禅师在内时得本。后因馆陶沙门慧震,于度门寺传出。恖遇之,著疏解之。"

智升在开元十八年前,已见到《楞严经》十卷。但此经的传通,还在半秘密状态中。在这一传说中,看出了《楞严经》与禅者神秀有关。这部经的真伪,古代议论纷纷。晚唐以来,佛教是禅宗天下,这部经也受到尊重,不再听说有异议了。现在想要说明的,《楞严经》所代表的禅门,与神秀(一切禅宗)的共同性。《楞严经》的内容,先是"七处征心",求心不可得。"征心",也就是"观心"、"看心"。平常的心识作用,只是生死根本,虚妄不实的攀缘心。然后,从"见性"去发明:浮尘根不能见闻觉知,见闻觉知的是自己的真性(心)。见闻觉知者——"见性",是常住的,不生灭不增减的,就是如来藏性(以下,更进而阐明一一无非如来藏性)。求妄心了不可得,然后从"见性"去发明悟入。在一般的"六大"上,加"见大"而立为"七大",是《楞严经》的特殊法门。从《楞严经》去观察"五方便",初步的方法不同:《楞严经》以"征心"(看心)为方便,神秀以"看净"(一切物不可得)为方便。但进一步,却都是以见性不动为方便去悟入的。东山门下,有"看心"的,有"看净"的。然"齐念佛名,令净心"(或看净,或看心),为弘忍以来最一般的禅门下手方便,却没有提到"净心"下的"不动"。所以"五方便"中"不动门"的成立,为神秀禅(北宗)的特色,而这与《楞严》所传的禅门有关。

严密地勘辨起来,初步的"看心"、"看净",方便是不同的。然进一步的方便,从"见性"常住不动去悟入,《楞严》与北宗却是共同的。再进一步说,《坛经》的念——"念是真如之体,真如

是念之用",也还是一样,只是渐入(《楞严》、北宗的离妄得真)、
顿入(即妄而真)的差别而已。《坛经》不用"看心",也不用"看
净",直捷地从见闻觉知(语默动静)中去悟入。人的"本性"是
念念不断、念念不住的。念是本性(真如)所起的作用,只要"于
自念上离境,不于法上念生",就是"见性成佛"。"性起念,虽即
见闻觉知而常自在",所以也不用"不动"、"不起"。《坛经》说:
"若见真不动,动上有不动。若不动不动,无情无佛种。"(大正
四八·三四四上)《坛经》直下把握当前的一念,活泼泼地不染
万境而常自在。将"看心"、"看净"、"不动"都超脱了,这才是
曹溪禅的顿门直指——即用见性。传说东山门下的老安,也以
"密作用"来开示学人(《传灯录》卷四)。这一禅法,早在黄梅
深密地传受了。传说《楞严经》在广州制旨寺译出,而传授《坛
经》的,有特重"南方宗旨"倾向的志道,也正是广州人。这决不
是说《楞严经》由此产生,而是说,直从见闻觉知性去悟入的法
门,初由不知名的梵僧传来广州(这是原始的、通俗的如来藏
说,与达摩的楞伽禅相通)。一方面,经黄梅而传入中原,传受
于黄梅门下。一方面,经怀迪(或房融)的整治而传到长安。而
这一禅法,在广州一带,还在不断地流传。

　　再说五方便与贤首宗的关系。武周则天对禅师的尊礼,主
要是东山门下,神秀是最受推重的一位。神秀大足元年(七〇
一)入京,到神龙二年(七〇六)去世。在长安时,神秀是一位年
近百岁的老禅师。华严宗的确立完成者,是贤首法藏。从证圣
元年(六九五)到圣历二年(六九九),法藏参与了八十《华严
经》的译场。译毕,就开讲新译的《华严经》。神秀入京时,法藏

也在京中,年约六十岁左右。就这样,神秀与法藏,有接触与互相影响的可能。

　　贤首宗立五教——小、始、终、顿、圆,与天台宗所立的四教——藏、通、别、圆,是大体相近的,但多立一顿教。顿教,虽说依《楞伽》、《思益》等经而立,而实受当时的"顿悟成佛"禅,也就是神秀等所传东山法门的影响。贤首法藏撰《华严游心法界记》,立五门;又有题为"杜顺说"的《华严五教止观》,也立五门。五门为:

| 《五教止观》 | 《游心法界记》 |
| --- | --- |
| 法有我无门 | 法是我非门 |
| 生即无生门 | 缘生无性门 |
| 事理圆融门 | 事理混融门 |
| 语观双绝门 | 言尽理显门 |
| 华严三昧门 | 法界无碍门 |

　　杜顺是贞观十四年(六四○)入灭的。《华严五教止观》中说"如我现见佛授记寺门楼",佛授记寺是则天所造的(杜顺以后四十多年);又引唯识宗的三境——独影、带质等,所以《华严五教止观》不可能是杜顺说的。这二部大体一致,应该是法藏的初稿与治定本,决非二人所作的别部。神秀的五方便,也称为门。"离念门"与"不动门",有方便引导的意义,后三门只是悟入的历程。"不思议门",与"事理圆融门"相应。"明正性门",引《思益经》及达摩的解说,是心意识寂灭的境地,与"语观双绝门"一致。"了无异门"——"自然无碍解脱道",引《华严经》,

与"华严三昧门"相合。北宗禅的一般方便,是"离念门"("不动门"),到神秀才有五方便门的安立。而五方便中的后三门,次第与内容,恰与《五教止观》的后三门相合。神秀安立的禅门,说他受到杜顺所传的,发展成的五教观门的影响,该是不会错的吧! 禅宗与贤首宗的契合,奠定了教禅一致的基础。

## 净众的三句用心

东山门下,分化于现今四川省方面的,不在少数,其中净众寺一派,极为重要! "净众"是继承弘忍下资州(今四川资中县北)智诜的法脉。智诜曾受则天的礼请入京,在资州德纯寺,前后三十多年(约六七〇——七〇二年)。长安二年(七〇二),以九十四岁的高龄去世。弟子处寂,俗姓唐,人称唐和尚,在德纯寺继承智诜的法脉二十多年,开元二十年(七三二)去世。继承人为无相,俗姓金,新罗人,人称金和尚,移居成都的净众寺,成"净众"一派。无相在净众寺开法传禅的情形,如《历代法宝记》(大正五一·一八五上)说:

> "金和上每年十二月、正月,与四众百千万人受缘,严设道场,处高座说法。"

> "先教引声念佛,尽一气,念绝声停。念讫云:无忆、无念、莫妄。无忆是戒,无念是定,莫妄是慧:此三句语,即是总持门。"

净众寺的"开缘"(即"开法"),据《圆觉经大疏钞》卷三,知道与当时的开戒一样。这是集合大众,而进行传授与短期的学习，所以"十二月、正月"，不是两次，而是从十二月到正月。"开缘"的情形是：先修方等忏法，一七或二七（与戒法部分相合），然后传授禅法。传授分三：1. 念佛：教大家引声念佛，也就是尽一口气而念。念完多少口气，才停止下来。2. 开示：总不离"无忆无念莫妄"三句。3. 坐禅：如《圆觉经大疏钞》卷三之下（续一四·二七八）说：

> "授法了，便令言下息念坐禅。至于远方来者，或尼众俗人之类，久住不得，亦须一七、二七坐禅，然后随缘分散。"

无相所传的禅法，先引声念佛，然后息念（无忆无念莫妄）坐禅。这一禅法方便，与"齐念佛，令净心"的方便，明显的有一致的迹象。而"无忆无念莫妄"三句，为净众禅的心要，如《历代法宝记》（大正五一·一八五中）说：

> "我此三句语，是达摩祖师本传教法，不言是诜和上、唐和上所说。"
>
> "我达摩祖师所传，此三句语是总持门。念不起是戒门，念不起是定门，念不起是慧门：无念即戒定慧具足。过去未来现在恒沙诸佛，皆从此门入。若更有别门，无有是处。"

无相——金和上继承了智诜、处寂的禅门，而心要——三句语，却自以为直从达摩祖师传来。这三句语，归结为一句——"无念"，无念就是戒定慧具足。这与《坛经》及神会所传的禅法,不是有一致的情形吗?《坛经》的法门,是般若,就是无念法;而在方便上,也安立为三句:"我此法门,从上已来,顿渐皆立无念为宗,无相为体,无住为本。"(大正四八·三三八下)如与"无忆无念莫妄"相对比,那么,"无念"不消说是"无念"了;"莫妄"与"无相"相合,"凡所有相,皆是虚妄",离一切相,称为无相;"无忆",于过去而不顾恋、不忆著,那就是"无住"。《坛经》(大正四八·三四〇上)又说:

> "悟此法者,即是无念、无忆(原作'亿')、无著、莫起(原作'去')诳(原作'谁')妄。"

"无念、无忆、无著、莫起诳妄",不就是"无忆无念莫妄"吗!《坛经》说"我此法门,从上已来",是有传承的。而"悟此法者",不是别的,"即是无念、无忆、无著、莫起诳妄"。这是达摩、道信、弘忍以来的禅门心要。无相到中国来,是开元十六年(七二八),不久就进入四川。无相在京、洛时,神会所传的禅法还没有流行。无相可能见到了《坛经》古本,而更可能是从(东山门下)不知名的禅者,受得这一禅法。这与慧能所传得的,是同源而别流的禅法。

## 宣什的传香念佛

东山门下的"宣什"宗,如《圆觉经大疏钞》卷三之下(续一四·二七九)说:

> "即南山念佛门禅宗也。其先亦五祖下分出,法名宣什。果州未和上、阆州蕴玉、相如县尼一乘皆弘之。余不的

知禀承师资昭穆。"

"法名宣什"的意义不明，如是人名，就不会用作宗派的名称。禅门宗派，或从地方得名，如"洪州宗"、"牛头宗"等；或从寺院得名，如荷泽宗、净众宗、保唐宗等。这一派，在宗密的时代，已不能确知传承法系，只知道从五祖下分出而已。弘传这一宗的，有果州（今四川苍溪县）、阆州（今四川阆中县）、相如县。宗密在《禅门师资承袭图》中，也说到"果阆宣什"，这是弘化于嘉陵江上流的禅门。宣什宗的传授禅法，如《圆觉经大疏钞》卷三之下（续一四·二七九）说：

> "其初集众，礼忏等仪式，如金和上门下。"

> "欲授法时，以传香为师资之信。和上手付弟子，却授和上，和上却授弟子。如是三遍，人皆如此。"

> "正授法时，先说法门道理修行意趣。然后令一字念佛：初引声由（？）念，后渐渐没（低？）声，微声，乃至无声，送佛至意；意念犹粗，又送至心；念念存想，有佛恒在心中，乃至无想盡（尽？）得道。"

宣什的传授，与净众一样，也是集众传授而作短期的修习。授法时，先要"传香"，是这一系的特色。"传香"与受菩萨戒有关。如晋王（炀帝为帝以前的封爵）从智者受菩萨戒时说（大正五〇·五六六上——中）：

> "今奉请为菩萨戒师。便传香在手，而睑下垂泪。"

> "即于内第躬传戒香，授律仪法。"

　　传授时,先开示法门道理,然后教授禅法。以念佛为方便:
先念"一字"佛,就是只念一个"佛"字。先引(长)声念,渐渐地
低声念,再渐渐地微声念,声音轻到只有自己听到。再不用出声
音念,而是意想在念佛。意想,还是粗的,更微细的是心念。心,
应指肉团心中(通俗是以此为心理作用根源的),意识源头;存
想有佛在心中。这还是有想的,更微细到想念不起,心佛不二,
即心即佛,那就是得道开悟了。这是"念佛"、"净心"的又一方
便。"念一字佛",从《文殊说般若经》的"念一佛名"而来。始
终以念佛为方便,到达离念得道,与《入道安心要方便》的"主体
部分",显得分外的亲切。

## 第二节　东山门下的种种相

　　南宗、北宗、净众宗、宣什宗的开法(一般的传禅方便)已如
上所说。再从不同方面,论究各宗的特色、内在关联与演化。

### 戒　与　禅

　　各宗开法的戒禅并举,当然是上承道信的法门。净众与宣
什的开法,都采取当时的传戒仪式,但以方等忏法代替了受菩萨
戒。方等忏法的内容,包含了礼佛、归依、发愿、忏悔等部分;宣
什还保持了受戒的传香,但到底多少变了。北宗是戒禅合一的,
直说菩萨戒"以佛性为戒",而接着说:"一念净心,顿超佛地。"
这正如《梵网经卢舍那佛说菩萨心地戒品》(大正二四·一〇〇
三下——一〇〇四上)说:

"金刚宝戒,是一切佛本源,一切菩萨本源,佛性种子。一切众生皆有佛性,一切意识,色心,是情是心,皆入佛性中。"

"众中受佛戒,即入诸佛位,位同大觉已,真是诸佛子。"

南宗的《坛经》,"受无相戒";"说摩诃般若波罗蜜法",而引"《菩萨戒经》云:戒(原误作我)本源自性清净",以证明"识心见性,自成佛道"。戒禅的合一,比北宗更明彻些。

神秀弟子普寂,也戒禅并重。他在临终时教诲门人,如李邕(天宝元年,七四二年立)《大照禅师碑铭》(《全唐文》卷二六二)说:

"尸波罗蜜是汝大师,奢摩他门是汝依止。当真说实语,自证潜通。不染为解脱之因,无取为涅槃之会。"

神会是慧能弟子,他的开法记录,如敦煌本《南阳和上顿教解脱禅门直了性坛语》(此下简称(《坛语》)(《神会集》二二五——二二七)说:

"知识! 既一一能来,各各发无上菩提心。"

"一一自发菩提心,为知识忏悔,各各礼佛。"

"各各至心忏悔,令知识三业清净。"

神会在洛阳"每月作坛场",就是每月一次定期开法传禅。内容有发菩提心、礼佛、忏悔等。发菩提心,是菩萨戒的根本。这可见慧能与神秀弟子,还都是戒禅合一。但到八世纪下半世纪,道一、希迁、无住,都只专提"见本性为禅"了。

## 《金刚经》与《起信论》

达摩以《楞伽经》印心,而所传的"二入四行",含有《维摩》与《般若经》义。到道信,以"楞伽经诸佛心第一",及"文殊说般若经一行三昧",融合而制立"入道安心要方便"。在东山法门的弘传中,又渐为《金刚般若波罗蜜经》及《大乘起信论》所替代。或者说达摩以四卷《楞伽》印心,慧能代以《金刚经》,这是完全不符事实的。

现存的《坛经》确曾说到(大正四八·三四〇上——中):

"但持《金刚般若波罗蜜经》一卷,即得见性。……若大乘者闻说《金刚经》,心开悟解。"

《坛经》确乎劝人持《金刚经》。在慧能自述得法因缘中,也一再提到《金刚经》,如说(大正四八·三三七上、三三八上):

"见一客读《金刚经》,慧能一闻,心迷便悟。……(弘忍)大师劝道俗但持《金刚经》一卷,即得见性。"

"五祖夜至三更,唤慧能(入)堂内,说《金刚经》。慧能一闻,言下便悟。"

然《坛经》所说的主要部分——"说摩诃般若波罗蜜法",正是道信以来所承用的《文殊所说摩诃般若波罗蜜经》,并非《金刚般若》。如《坛经》(大正四八·三四〇上)说:

"摩诃般若波罗蜜,最尊最上第一,无住无去无来,三世诸佛从中出。"

接着,对这四句(似乎是成语)加以解说。《坛经》是弘扬"摩诃般若波罗蜜"的,弟子神会的《南宗定是非论》(《神会集》二九七)却改为:

"金刚般若波罗蜜,最尊最胜最第一,无生无灭无去来,一切诸佛从中出。"

神会这一部分,本名《顿悟最上乘论》,极力赞扬《金刚般若波罗蜜经》,广引《金刚般若经》、《胜天王般若经》、《小品般若经》,而一切归于《金刚经》,并发愿弘扬(《神会集》二九七——三一一)。神会极力赞扬《金刚般若经》,改摩诃般若为金刚般若;在《神会语录》中,自达摩到慧能,都是"依《金刚经》说如来知见"而传法的。这可见专提《金刚般若经》的,不是慧能,是慧能的弟子神会。因此,似乎不妨说:《坛经》有关《金刚经》部分,是神会及其弟子所增附的。

其实,禅者以《金刚般若经》代替《文殊说般若经》,并不是神会个人,而是禅宗、佛教界的共同趋向。以禅宗来说:代表神秀的《大乘无生方便门》,在开示"离念门"时,首先说:

"一切相总不得取,×(疑'所'字)以《金刚经》云:凡所有相,皆是虚妄。"

"离念门"的"看净"(一切不可得),也是依于《金刚经》的无相。"开智慧门"是以《法华经》"开示悟入佛之知见"为主的。但在《法华经》外,又举《大方广佛华严经》、《金刚经》为

"智慧经"。以《金刚经》为"般若经"的代表,原是北宗所共同的。又如弘忍的再传,玄赜弟子净觉,"起神龙元年(七〇五),在怀州太行山,……《注金刚般若理镜》一卷。……后开元十五年(七二七)……《注般若波罗蜜多心经》一卷,流通法界"(《注般若波罗蜜多心经序》)。这都是神会到中原弘法以前,北宗已重视《金刚经》的证据。特别是《注般若波罗蜜多心经》之《李知非略序》所说:

> "秀禅师、道安禅师、赜禅师,此三大师同一师学,俱忍之弟子也。其大德三十余年居山学道,早闻正法,独得髻珠,益国利人,皆由般若波罗蜜而得道也。"

三十余年居山学道的"大德",是弘忍。从弘忍由般若波罗蜜而得道,说到净觉"注金刚般若理镜","注心经";弘忍的"般若波罗蜜",是被看作《金刚般若经》及《心经》的。这样,《坛经》说(弘忍)"大师劝道俗但持《金刚经》一卷,即得见性",不是没有可能的事。

原则地说,一切般若部经典,意趣是终归一致的。《金刚经》阐明无相的最上乘说,又不断地校量功德,赞叹读诵受持功德,篇幅不多,是一部适于持诵流通的般若经,非其他大部的或专明深义的可比。自鸠摩罗什译出以来,早就传诵于佛教界了。《金刚经》在江南的广大流行,与开善智藏有关。据《续僧传》卷五《智藏传》,智藏因受持《金刚经》而得延寿的感应,道宣说(大正五〇·四六六中):

> "于是江左道俗,竞诵此经,多有征应。乃至于今,日

有光大,感通屡结。"

智藏卒于普通三年(五二二)。二十九岁时持《金刚经》延寿,为四八六年。以"胜鬘驰誉"的智藏,持诵宣讲《金刚经》,从此而江南盛行;到道宣作《僧传》时(贞观年间),流行得更为普遍。天台智顗、嘉祥吉藏、牛头法融,都有《金刚经》的疏注。在北方,从菩提流支(五〇八年顷来中国)以来,不断地译出《金刚经》论,受到义学者的重视。禅者重视《金刚经》而可考的,有武德元年(六一八)住蒲州(今山西永济县)仁寿寺的普明,如《续僧传》卷二〇(大正五〇·五九八下)说:

"(普明)日常自励戒本一遍,般若金刚二十遍。……写金刚般若千余部,请他转五千余遍。"

《金刚经》的流行,越来越盛,特别是玄宗开元二十三年(七三五),《御注金刚般若波罗蜜经》"诏颁天下,普令宣讲"。神会在那时候,也就适应时机,专提《金刚般若经》了。玄宗为《金刚经》作注,足见《金刚经》流行的深入人心,或从北宗禅者重视《金刚经》而来。从佛教界的普遍流传、南宗与北宗都重视《金刚经》来说,弘忍在东山(六五二——六七五年),慧能在岭南(六六七——七一三年),"劝道俗持《金刚经》"并非不可能的。《金刚经》终于代表了一切般若经(《文殊所说摩诃般若波罗蜜经》在内),为禅者所重,不只是与最上乘无相法门相契合,更由于长短适中,广赞受持功德,易于受持。神会推重《金刚经》,甚至说六代传灯,都是依据《金刚经》见性,那就不免过分夸张了!

道信融合了《楞伽经》与《文殊说般若经》。然东山门下的

北宗,多少偏重于《楞伽》,如《楞伽师资记》(大正八五·一二八九下)说:

> "蒙(弘忍为)示《楞伽》义云:此经唯心证了知,非文疏能解。"
>
> "我(弘忍)与神秀论《楞伽经》,玄理通快。"

玄赜作《楞伽人法志》,净觉作《楞伽师资记》,都是以《楞伽》为心要的(《大通碑铭》也说,神秀"持奉《楞伽》,递为心要")。然值得注意的,如神秀五方便——《大乘无生方便门》,广引圣典,竟没有引用《楞伽》。原来东山门下,《楞伽经》已渐为《大乘起信论》所替代了。《大乘无生方便门》的主要方便——"离念门",标"诸佛如来有入道大方便,一念净心,顿超佛地",而引《起信论》的"所言觉义(者),谓心体离念。……心常住故,名究竟觉",以"总彰佛体"的"离念"、"净心"。北宗的灯史《传法宝纪序》首引《起信》:"论云:一切法从本以来,……故名真如。"及"证发心者,谓净心地,……名为法身"。在这《起信论》文后,再引《楞伽经》说。《楞伽师资记》序也先引《起信论》的真如门,《楞伽经》的五法、《法句经》,然后叙述自己对禅悟的见地。法如、神秀、玄赜门下,自承《楞伽》正统的,都这样的以《起信论》为先要。《宗镜录》卷九七(大正四八·九四○上)说:

> "弘忍大师云……但守一心,即心真如门。"

东山法门重视《起信论》的心真如门,神秀才引用心生灭门的本觉(离念心体)。这一情形,南宗下的神会引经,当然重在《般若》、《维摩》、《涅槃》,但也引《起信论》以证明"无念为宗"。如《坛语》(《神会集》二四〇、二四七)说:

> "马鸣云:若有众生观无念者,则为佛智。故今所说般若波罗蜜,从生灭门顿入真如门。"

神秀立"离念门",慧能说"无念为宗",这都与《起信论》有关,如《论》(大正三二·五七六上——中)说:

> "若离于念,名为得入。"
> "若有众生观无念者,则为向佛智。"

离念与无念,在《起信论》原义,可能没有太大的差别。神秀与慧能的禅门不同,不如说:神秀依生灭门,从始觉而向究竟;慧能依生灭门的心体本净,直入心真如门。总之,《楞伽经》为《起信论》所代,《摩诃般若经》为《金刚般若经》所代,是神秀与慧能时代的共同趋势。后来《楞严经》盛行,《楞伽经》再也没有人注意了。如以为慧能(神会)以《金刚经》代替了《楞伽经》,那是根本错误的!

## 一行三昧与禅

关于"一行三昧",《文殊说般若经》只是说:"随佛方所,端身正向。"梁僧伽婆罗所译的《文殊师利问经·杂问品》,有念佛(先念色身,后念法身)得无生忍的修法,如《经》(大正一四·五〇七上)说:

"于九十日修无我想,端坐正念,不杂思惟,除食及经行大小便时,悉不得起。"

天台智顗综合了"文殊说文殊问两般若",以"一行三昧"为"常坐"的三昧。道信住在(与智顗弟子智锴有关的)庐山大林寺十年,对常坐的"一行三昧",是受到影响的。道信重"一行三昧",也重于"坐",如《传法宝纪》说:

"每劝诸门人曰:努力勤坐,坐为根本,能作三五年,得一口食塞饥疮,即闭门坐。莫读经,莫共人语。能如此者,久久堪用。如猕猴取栗子中肉吃,坐研取,此人难有!"

曾从道信修学的荆州玄爽,也是长坐不卧的,如《续僧传》卷二○(附编)(大正五○·六○○上)说:

"往蕲州信禅师所,伏开请道,亟发幽微。后返本乡,唯存摄念,长坐不卧,系念在前。"

"一行三昧"的真实内容,道信当然是知道的,但教人的方便,多少重视了"坐"(坐,是摄心的好方便。慧能也劝人"一时端坐")。门人翕然成风,那是可以想像的。终于以坐为禅,以为非坐不可。这种偏差,弘忍门下一定是极为盛行的。其实,禅并不只是坐的,如智顗说《摩诃止观》,举四种三昧——常坐的,常行的,半行半坐的,非行非坐的(其实是通于行坐及一切事的)。可见三昧与禅,决不是非坐不可(大正四六·一一上)。而且,《大乘起信论》说"一行三昧",并没有提到坐。"一行三昧"的实际意义,是"法界一相,系缘法界"。慧能说(大正四八·三三八中）：

> "一行三昧者,于一切时中——行住坐卧,常直（原作
> '真真'）心是。……但行直心,于一切法上无有执著了,名
> 一行三昧。"

> "迷人著法相,执一行三昧,直言（原作'真心'）坐不
> 动,除妄不起心。……若坐不动是,维摩诘不合诃舍利弗宴
> 坐林中。"

"直心",《起信论》解说为"正念真如法故",这正是"法界
一相,系缘法界"的意义。可见《坛经》所说的"一行三昧"是符
合经论深义的。坐与禅,禅与定,《坛经》都有解说。是否符合
原意,当然可以讨论。但慧能重视"东山法门"所传的"一行三
昧"与"禅定"的实际意义,而不著形仪,不专在事相上着力,在
东山门下,的确是独具只眼了!

## 念佛净心与净心念摩诃般若

《传法宝纪》说:"自忍、如、大通之世,则法门大启,根机不
择,齐速念佛名,令净心。""念佛净心",确是东山门下最一般的
禅法。上来已分别引述:北宗在坐禅前,"和尚击木,一时念
佛"。净众宗"先教人引声念佛尽一口气"。宣什宗被称为南山
念佛宗:"念一字佛,……念念存想有佛恒在心中,乃至无想。"
这都是"念佛名",是道信所传"一行三昧"的方便。宣什宗的从
引声而微声、无声,意念、心念到无想,与《入道安心要方便》所
说:从"念佛心心相续",到"忆佛心谢"的"泯然无相",可能更

接近些。念"一字佛",从经说的"一佛"而来。引声念一字佛,是拉长声音念一个佛字,尽一口气念。以念佛为方便而引入净心,神秀等发展为"看净"。"净心",原是泯然清净,即佛即心的悟入。虽各宗的方便各有善巧不同,但都不出于"念佛名,令净心"的方便。

曹溪慧能却提出了"净心!念摩诃般若波罗蜜",方便是着实不同的,难怪有人以为是慧能创新的中华禅了。然《入道安心要方便》(大正八五·一二八七中)说:

> "亦不念佛,亦不捉心,亦不看心,亦不计心,亦不思惟,亦不观行,亦不散乱;直任运,不令去,亦不令住。独一清净,究竟处心自明净。"

心怎么能得清净?不一定要念佛,要看心、看净。不用这些方便,"直任运",就能得"净心":这不是近于直入的曹溪禅风吗?《楞伽师资记》"入道安心要方便"的成立,是比慧能弘禅还早的,可见这是"东山法门"旧有的。《文殊师利所说摩诃般若波罗蜜经》所说"欲入一行三昧"的方便有二:"系心一佛"的"念佛"以外,还有(大正八·七三一上):

> "欲入一行三昧,当先闻般若波罗蜜,如说修学,然后能入一行三昧:如法界缘,不退、不坏、不思议、无碍、无相。"

慧能教人"念摩诃般若波罗蜜",而说:"善知识虽念不解,慧能与说,各各听。""迷人口念,智者心(行)。……莫口空说,

不修此行,非我弟子。"(大正四八·三三九下——三四〇上)慧
能"说摩诃般若波罗蜜",不正是经中所说"闻般若波罗蜜,如说
修学"吗? 慧能取"念摩诃般若"而不取"念佛",不但经有明文,
而且还是"东山法门"旧有的"不念佛"、"不看心"的一流。慧
能是学有禀承,而决不是创新的。道信教人修"念一佛"的方
便,并非称念佛名以求生净土的,如《楞伽师资记》(大正八五·
一二八七下)说:

> "信曰:若知心本来不生不灭,究竟清净,即是净佛国
> 土,更不须向西方。……佛为钝根众生,令向西方,不为利
> 根人说也。"

"东山法门"的念佛方便,不是他力的(《坛经》也有对往生
西方净土的自力说)。主要是 ,"佛"这个名词,代表了学法的
目标。念佛是念念在心,深求佛的实义,也就是启悟自己的觉
性,自成佛道的。慧能不取念佛方便,而直指自性般若,如说
(大正四八·三三八中):

> "菩提般若之智,世人本自有之。即缘心迷不能自悟,
> 须求大善知识示道见性。"

"般若"、"菩提",原是异名而同体的。依菩提而名为佛,也
就是依般若而名为佛。般若与佛,也无二无别。但在一般人的
心目中,"佛"每意解为外在的十方三世佛。这不免要向外觅
佛,或有求加持、求摄受的他力倾向。"东山法门"的念佛,是自
力的。慧能更直探根本,将一切——发愿、忏悔、归依、佛,都直

从自身去体见，从本有"菩提般若"中去悟得。如说到佛时，就说（大正四八・三三九上、下）：

> "三身在自法性，世人尽有，为迷不见，外觅三如来，不见自色身中三身佛。"

> "凡夫不解，从日至日，受三归依戒。若言归佛，佛在何处？若不见佛，即无所归。"

慧能重于自性佛、自归依佛、见自法性三身佛，这是从念摩诃般若波罗蜜而来的。所以慧能取"念般若"，不取"念佛"，是"一行三昧"的又一方便，"东山法门"的又一流。方便的形式是不同的，而究竟终归一致。然慧能是直入的、为利根的，更与"一行三昧"相契合的！

## 指事问义与就事通经

东山门下，传有许多独特的风格。姑以"指事问义"、"就事通经"来说，撰于七二〇年顷的《楞伽师资记》，传有"指事问义"的禅风，如《记》（大正八五・一二八四下、一二八五中）说：

> "（求那跋陀罗）从师而学，悟不由师。凡教人智慧，未尝说此；就事而征。"

> "（菩提达摩）大师又指事问义：但指一物唤作何物？众物皆问之。回换物名，变易问之。"

对于学者，不为他说法，却指物而问，让他起疑，让他去反省自悟。据《楞伽师资记》，这是求那跋陀罗以来的一贯作风。神

秀也应用这一方法,如《记》(大正八五・一二九○下)说:

> "又云:汝闻打钟声,只在寺内有,十方世界亦有钟声不?"
>
> "又云:未见时见,见时见更见(不)?"
>
> "又见飞鸟过,问云:是何物?"
>
> "又云:汝向了上树头坐禅去时,得不?"
>
> "又云:汝直入壁中过,得不?"

《传法宝纪》中《僧(慧)可传》说:"随机化导,如响应声。触物指明,动为至会,故门人窃有存录。"慧可的"触物指明",应就是"指事问义"。"就事而征",不是注入式的开示,而是启发式的使人契悟;不是专向内心去观察体会,而要从一切事上去领会;不是深玄的理论,而是当前的事物。这一禅风,应与僧肇的思想有关,如《肇论》(大正四五・一五一下、一五三上)说:

> "苟能契神于即物,斯不远而可知矣。"
>
> "道远乎哉! 触事而真。圣远乎哉! 体之即神。"

这一作风,至少慧可已曾应用了。在未来的南宗中,更善巧地应用起来。

"观心破相",是禅者对经中所说的法门,用自己身心去解说。无论是否妥当,东山门下是这样的。禅者不从事学问,对经中所说的,只能就自己修持的内容去解说。禅者大抵重视自己,不重法制事相,终于一一销归自己。这一类解说,与天台宗的"观心释"有关。天台的禅观是从北土来的,所以这可能是北地禅师的一般情况。在佛法中,有"表法",认为某一事相寓有深意,表示某种意义,这是印度传来的解经法。充分应用起来,那么佛说法而先放光,天雨四花,都表示某种意义。香、花,甚至十指合掌、当胸、偏袒右肩,也解说为表示某种意义。天台智颧以"因缘"、"教相"、"本迹"、"观心"——四释来解说经文。"观心释",与表法相近,但是以自心的内容来解说的(这是禅师的特色)。如《法华经文句》(大正三四·五下、八下)说:

> "王即是心,舍即五阴,心王造此舍。若析舍空,空即涅槃城。"——王舍城
>
> "观色阴无知如山,识阴如灵,三阴如鹫。……观灵即智性了因,智慧庄严也;鹫即聚集缘因,福德庄严也。山即法性正因。不动三法名秘密藏,自住其中,亦用度人。"——住灵鹫山
>
> "眼是大海,色是涛波,爱此色故是洄澓。于中起不善觉是恶鱼龙,起妒害是男罗刹,起染爱是女鬼,起身口意是饮咸自没。"——界入

敦煌本(斯坦因二五九五号)《观心论》、慧琳《一切经音义》作神秀造。这与《达摩大师破相论》(或作《达摩和尚观心破相论》)同本。这是神秀门下所传的,以为"观心一法,最为省要"。只要观心就解脱成佛,不要修其他一切,所以以"观心"来解说经中的一切,内容为:

三界六趣

三阿僧祇无量勤苦乃成佛道 三聚净戒 六波罗蜜·饮三斗

六升乳糜方成佛道

　　修僧伽蓝・铸形像・烧香・散花・燃长明灯・六时行道・绕塔・持斋・礼拜

　　洗浴众僧

　　至心念佛

　　如作为"表法","观心"未始不是一种解说。但强调观心，就到达了破坏事相，如《论》（大正八五・一二七一下——一二七二上）说：

　　　　"铸形像者，即是一切众生求佛道，所谓修诸觉行，仿（原作'昉'）像如来，岂遣铸写金铜之作也。"

　　　　"众生愚痴钝根，不解如来真实之义，唯将外火烧于世间沉檀薰陆质碍之香者，希望福报，云何可得？"

　　　　"若如来令诸众生剪截缯彩，复损草木以为散花，无有是处。"

　　"方便通经"的《大乘无生方便门》，解说经文，也有同样的情形，如《论》（大正八五・一二七六上、一二七七下）说：

　　　　"大方广是心，华严是色。心如是智，色如是慧：是智慧经。金是心，刚是色。心如是智，色如是慧，是智慧经。"

　　　　"菩萨断取三千大千世界：贪是大千，嗔是中千，痴是小千。……用不思议断贪嗔痴转入如，掷过恒河沙世界之外。恒河沙是烦恼，超过烦恼即是掷过恒河沙世界之外。"

　　这样的通经，是很特别的。解说《金刚经》，与《法华经文句》的解说灵鹫山，不是同一类型吗？这一类的解说，《坛经》也一样的在使用，如（大正四八·三四一中——下）：

> "世人自色身是城，眼耳鼻舌身即是城门。外有五（原误作'六'）门，内有意门。心即是地，性即是王。"

> "自性悟，众生即是佛。慈悲即是观音，喜舍名为势至，能净是释迦，平直是弥勒。人我是须弥，邪心是大海，烦恼是波浪，毒心是恶龙，尘劳是鱼鳖，虚妄即是神鬼，三毒即是地狱，愚痴即是畜生……"

《坛经》所说，如与上引的《法华经文句》对照，不是非常类似的吗？然天台的"观心释"，仅是四释之一，而禅者却专以此来解说一切，称为"破相"，实际是对存在于人间的佛教，起着严重的破坏作用。承认慧能为六祖的保唐宗，"教行不拘"，而废除佛教的一切形仪法制，不是一极端的实例吗？对教内并不太好，对外的影响更大。以自己身心来说城说王，外道们尽量地加以利用，于是莲池、八功德水、舍利子、转法轮等佛教术语，都被自由地解说，成为自己身上的什么东西。《坛经》以自己身心来解说，迷成秽土，悟即净土。不谈事实上国土的秽与净，而专在自己身心上说，禅者都有此倾向。曾出家而还俗的卫元嵩，在北周天和二年（五六七）上书，请废佛教。他的解说，与禅者的别解，也是异曲同工的，如《广弘明集》卷七（大正五二·一三二上）说：

> "嵩请造延平大寺，容贮四海万姓；不劝立曲见伽蓝，偏安二乘五部。夫延平寺者，无选道俗，罔择亲疏。以城隍为

寺塔，即周主是如来。用郭邑作僧坊，和夫妻为圣众。……推令德作三纲，遵耆老为上座，选仁智作国事，求勇略作法师。……飞沉安其巢穴，水陆任其长生。"

中国重现实人生的是儒士，重玄谈而轻礼法（制度）的是道者。"破相观心"这一类解说，对佛教来说，未必有益，却适合中国儒道的兴趣。这所以大家听了"移西方于刹那"、"目前便见"，会"座下闻说，赞声彻天"了！

# 第五章　曹溪慧能大师

## 第一节　慧能年代考

被尊为六祖的曹溪慧能大师,在禅宗中的地位,极为重要。慧能的一生事迹,有关慧能的一切传说,对禅宗史都有极大的关系,应作审慎的考察。从事慧能事迹的研究,先要处理的是:出生、得法、出家开法、去世的年代。这些,在传说中是极不一致的。现在根据早期(西元八二〇年顷为止)的文献来作详细的考察。

### 生卒年代

慧能于"先天二年八月三日灭度","春秋七十有六",这是《坛经》以来的一致传说。先天二年,为西元七一三年。依此推算,春秋七十六岁,慧能应生于唐贞观十二年(六三八)。但在传说中,也有引起异说的可能性,如柳宗元撰《曹溪第六祖赐谥大鉴禅师碑》(《全唐文》卷五八七)说:

"诏谥大鉴禅师,塔曰灵照之塔,元和十年十月十三日。……大鉴去世百有六年，……乃今始告天子得大谥。”

刘禹锡所撰《曹溪六祖大鉴禅师第二碑》也说：“百有六年而谥。”（《全唐文》卷六一〇）宪宗的赐谥，是元和十年（八一五）。如元和十年为慧能去世的“百有六年”，那慧能的入灭，应该是睿宗景云元年（七一〇）了。我以为，这不是异说，只是年代推算上的错误。柳宗元与刘禹锡为有名的文学家，对于“百有六年而谥”，不一定经过自己的精密推算，而只是依据禅者的传说，极可能是根据当时流行的《曹溪大师别传》（简称《别传》）。《别传》的年代，极不正确，却是当时盛行的传说。《别传》（续一四六·四八六）说：

> “大师在日，受戒，开法度人卅六年。先天二年壬子岁灭度，至唐建中二年，计当七十一年。”

先天二年，是癸丑岁，《别传》误作壬子。从先天二年（七一三）到建中二年（七八一），只有六十九年，但《别传》却误计为七十一年。以这一（当时盛行的）传说为依据，再从建中二年到元和十年（八一五），首尾共三十五年。这样，七十一又加三十五，不恰是百零六年吗？“百有六年而谥”的传说，我以为是根据错误的计算，不足采信。

《略序》（《全唐文》卷九一五）说：“父卢氏，讳行瑶，母李氏。诞师于贞观十二年戊戌，二月八日子时。”二月八日中夜，是经中所说的佛诞日（中国人换算历法，推定为四月八日）。

## 得法与出家开法的年代

慧能生卒的年代,可说是从无异说的。但说到去黄梅得法及出家开法的年代,就不免异说纷纭。研究起来,某些传说,不外乎为了满足宗教传说的某种目的,由于这类传说,才引起纷乱。如除去这些根源于信仰的传说,得法与开法的年代,在古典的文记中,就会明白地发见出来。现在先从王维的《六祖能禅师碑铭并序》(《全唐文》卷三二七)说起,如说:

> "临终,遂密授以祖师袈裟,谓之曰:物忌独贤,人恶出己。予且死矣,汝其行乎! 禅师遂怀宝迷邦,销声异域。众生为净土,杂居止于编人;世事是度门,混农商于劳侣,如此积十六载。南海有印宗法师讲《涅槃经》,禅师听于座下。因问大义,质以真乘,既不能酬,翻从请益。……遂领徒属,尽诣禅居,奉为挂衣,亲自削发。于是大兴法雨,普洒客尘。"

王维卒于七六一年,神会卒于七六二年。王维的《能禅师碑》是应荷泽神会的请求而作的。当时离慧能的去世,还不过四十多年。王维碑所传的慧能事迹,是荷泽神会(及门下所有)的传说。碑文有三项重要的传说:一、"临终密授":在弘忍临终那一年,才将衣法付给慧能。二、"隐遁十六年":慧能得法以后,出家开法以前,过了十六年的隐遁生活。三、见印宗而出家开法。这三项,都是神会门下的传说,而传说是自相矛盾的。因为,慧能受弘忍的付法传衣,弘忍是上元二年(六七五)去世的

（神会系的传说）。如那时（六七五年）付法传衣，再过十六年的隐遁生活，才会见印宗、出家、开法，那么出家与开法，应该是六九〇年的事，到慧能入灭（七一三），不过二十四年，这是神会门下所决不能同意的。所以，临终密授与隐遁十六年是矛盾的、不能并存的。自相矛盾的传说，存在于神会门下。王维不经意地采录，也就不免陷于不可调和的矛盾！

对荷泽门下的传说，试分别地加以检讨。

1.《神会语录》（石井本）末所附的六代祖师传记，是被称为《师资血脉传》的，为荷泽神会的初期传说。《语录》说到慧能二十二岁去黄梅见弘忍，没有说到十六年隐遁，也没有说会见印宗，只是说："能禅师过岭至韶州，居曹溪山，来往四十年。"这是简略的初期传说。

2.《历代法宝记》有关慧能的事迹，是承受荷泽所传的。文有二段：第一段与《神会语录》相近，也是二十二岁去黄梅，但是说："能禅师至韶州曹溪，四十余年开化。"（大正五一·一八二中）"四十余年"与"四十年"，大概是传写的不同。《历代法宝记》的第二段，说到与印宗相见的情形。明白说到出家以前："常隐在山林，或在新州，或在韶州，十七年在俗，亦不说法。"（大正五一·一八三下）荷泽门下的圭峰，完全继承了这一传说，如《圆觉经大疏钞》卷三之下（续一四·二七七）说：

> "新州卢行者，年二十二，来谒（忍）大师。"
> "在始兴、南海二郡，得（法）来十六年，竟未开法。"

这都是说 二十二岁得法，到出家开法，有一长时期的隐遁，这就是隐遁十六年说。《历代法宝记》的"十七年",是计算或传写的不同而已。

3.《略序》——《六祖大师缘起外纪》肯定"十六年隐遁"说,而多少修正了初期的荷泽系的传说(《全唐文》卷九一五),如说:

> "年二十四,闻经有省,往黄梅参礼。五祖器之,付衣法,令嗣祖位,时龙朔元年辛酉岁焉。南归隐遁一十六年。至仪凤元年丙子正月八日,会印宗法师。……是月十五日,普会四众,为师剃发。"

龙朔元年(六六一)二十四岁,到仪凤元年(六七六),中间隐遁的时间,首尾恰好十六年。这一传说——出家的时间,与《光孝寺瘗发塔记》(《全唐文》卷九一二)相合。荷泽门下所传的十六年隐遁说,到底有什么根据?这是荷泽初期传说所没有的。原来,弘忍于上元二年(六七五)去世,慧能于仪凤元年(六七六)出家开法,这是符合(荷泽神会所说)一代一人主持佛法的观念。为了这一目的,推定为仪凤元年出家。再推算到二十二岁(六五九年),中间恰好十六年,这是隐遁十六年的根据。《略序》修正为二十四岁去黄梅,与一般的计年法——首尾合计,更为相合。然这不是荷泽的初期传说,因为仪凤元年(六七六)出家,到先天二年(七一三)去世,首尾不过三十八年,就与《神会语录》的"来往四十年"、《历代法宝记》的"四十余年"说不合。可见荷泽神会的初期传说,是没有十六年隐遁说的。

荷泽系主流的传说,是否定临终密授,而主张二十二或二十四岁去黄梅参礼弘忍的。然在荷泽门下,临终密授说也传说起来。王维作《能禅师碑》,已采录了这一传说。传说成熟,增入新的事迹而编集成书的,是《曹溪大师别传》(续一四六·四八三——四)。《别传》所说的事迹与年代,是这样:

1. 三十岁来曹溪

2. 修道三年

3. 三十四岁——咸亨五年参礼五祖

4. 隐居四会、怀集间五年

5. 仪凤元年——三十九岁,遇印宗法师而出家

6. 先天二年八月入灭

7. 大师开法度人卅六年

《别传》所说的年代,异常混乱!如仪凤元年(六七六)出家,先天二年(七一三)入灭,应为三十八年,与"开法度人卅六年"说不合。又仪凤元年为三十九岁,那咸亨五年慧能应为三十七岁,不是三十四。来曹溪时,也应该是三十三岁,而不是三十岁。从咸亨五年(六七四)得法,到仪凤元年(六七六)出家,首尾只有三年,也与隐居五年说不合。《别传》的年代,为什么这样的混乱?那是由于采用了(《略序》所说的)仪凤元年三十九岁出家说。三十九岁出家,以前有五年的隐居,所以改得法的咸亨五年为三十四岁,并改初到曹溪为三十岁。其实,仪凤元年(三十九岁)出家,是另一不同的传说,与《别传》的传说原是不合而且是不能调和的。如不用仪凤元年三十九岁出家说,那么《别传》的年代完全适当(内部没有矛盾)而另成一系,那就是:三十三岁来曹溪(咸亨元年,六七〇);三十七岁参弘忍(咸亨五

年,六七四);隐遁首尾五年(六七四——六七八,实为三年);四十一岁出家(仪凤三年,六七八);七十六岁去世(先天二年,七一三)。从六七八年到七一三年,恰好"开法度人三十六年"。

《别传》是推重神会,以神会为正传的。但有关慧能的事迹与年代,与荷泽系主流的传说非常不同。对慧能的得法与出家,《别传》是"临终密授"与"五年隐遁"的。据《别传》说:慧能于咸亨五年到黄梅来。得法以后,就回到南方去。慧能去了三天,弘忍就去世了,所以《别传》的咸亨五年到黄梅是符合"临终密授"的目的。"临终密授",正是一代一人的次第付嘱,在佛教的传说中,有着古老而深远的意义(到下"付法"中再说)。这也是符合于宗教的目的而成立的,与"十六年隐遁"说一样。《别传》原可以自成体系,由于引用了仪凤元年出家说,这才造成了自身的众多矛盾。

"十六年隐遁"、"临终密授"、"仪凤元年出家"这些传说,早在神会晚年就存在了。其后,形成荷泽门下的二大流,互相矛盾。我觉得,这是根源于同一古说,为了符合一代一人相承的传说而演变成的。所说的同一古说,就是曹溪旧传,敦煌本《坛经》的传说:

> "五祖自送能于九江驿。登(船)时,便五祖处分:汝去努力! 将法向南,三年勿弘此法。"(大正四八·三三八中)
> "大师往曹溪山,韶广二州行化四十余年。"(大正四八·三四二上)

敦煌本所说,极为简略,没有明说付法传衣、出家受戒的年月。所说的"三年勿弘此法",是说得法三年以后,才可以弘开顿教法门。敦煌本的"三年勿弘此法",惠昕本作:"慧能后至曹溪,又被恶人寻逐,乃于四会县避难,经五年常在猎人中。""三年"与"五年",是传说(或传抄)的不同。《坛经》是没有"临终密授"说的,但《别传》为了符合"临终密授"的传说,而与"五年隐遁"相结合。同时,《神会语录》、《历代法宝记》说慧能二十二岁去黄梅,四十(余)年行化。"行化四十余年",近于《坛经》的旧说。然二十二岁得法,到七十六岁入灭,中间有五十四年。"四十余年行化",其他的岁月呢? 神会初期所传,还没有注意到这个问题。但后来,为了符合代代相承的传说,指定为仪凤元年出家,因而成立了十六年隐遁说。可是这一补充说,与神会初传的"四十(余)年"行化说不合。从这里,可见神会原始的传说与《坛经》敦煌本相近。而到神会晚年,门下的传说已经异说纷纭,与《坛经》所传不合了。

　　上从传说自身考察其原始说及传说的演变。再从传说中的关系人物来考察:依《坛经》所说,慧能与神秀同时在弘忍门下。神秀的事迹,如张说(约七一〇年作)《大通禅师碑》(《全唐文》卷二三一)说:

　　"禅师尊称大通,讳神秀。"

　　"逮知命之年,自拔人间之世。企闻蕲州有忍禅师,禅门之法胤也。……乃不远遐阻,翻然谒诣。……服勤六年,不舍昼夜。大师叹曰:东山之法,尽在秀矣! 命之洗足,引之并座。于是涕辞而去,退藏于密。"

这是可以凭信的史实。神秀于武德八年(六二五)受具,依律制,受具应为二十岁满(《传法宝纪》明说为二十岁)。神秀到黄梅去,是"知命之年"——五十岁,即永徽六年(六五五)。在弘忍门下,"服勤六年",那就是从显庆元年(六五六)到龙朔元年(六六一)。慧能与神秀共住,一定在这个时候。慧能二十二岁(六五九年)或二十四岁(六六一年)到黄梅的传说,都有与神秀共住的可能。杜朏的《传法宝纪》说神秀"至年四十六,往东山归忍禅师"。这虽是传说的不同,然神秀四十六岁,为永徽二年(六五一)。这一年的闰九月,道信入灭。神秀仰慕忍大师,去黄梅参礼,不可能就是那一年,《碑》说较为妥当。《碑》文说"命之洗足,引之并座,于是涕辞而去"。这几句话,非常重要!经上说:"洗足已,敷座而坐。"登座是要先洗足的。佛曾命大迦叶并座,佛灭后,大迦叶就是受佛付嘱的上座。引用"并座"这一典故,就是弘忍要付嘱神秀,继登祖位的意思。神秀却"涕辞而去",这可以作不同解说。但总之,神秀"服勤六年",约在龙朔元年就离去了。从传说慧能与神秀的共住黄梅,可决定"临终密授"说与事实不合(那时,慧能与神秀都不在弘忍身边)。

印宗为慧能剃发,然后受戒开法。有关印宗的事迹,如《宋僧传》(卷四)《印宗传》(大正五○·七三一中)说:

"咸亨元年,在京都,盛弘道化。上元中,敕入大爱敬寺居,辞不赴请。于蕲春东山忍大师,谘受禅法。复于番禺遇慧能禅师,问答之间,深诣玄理。还乡地,刺史王胄礼重殊伦,请置戒坛,命宗度人可数千百。续敕召入内,乃造慈氏大像。……至先天二年二月二十一日示终,……年八十七。会稽王师乾立塔铭焉。"

印宗是有名的涅槃学者,也是著名的律师。他是吴郡人,属
越州的妙喜寺。印宗卒于先天二年(七一三),"年八十七",比
慧能大十一岁。慧能在广州(即番禺)听印宗讲经,由印宗为他
落发出家。这一事实,被传说为仪凤元年(六七六)。然依《僧
传》(应该是依据王师乾碑文的)所说:印宗于咸亨元年(六
七○)到京都——长安。上元中(六七四——六七六),受请入
大爱敬寺,受国家供养。印宗上元中还在京都,是明确的事实。
接着,《宋僧传》说印宗参礼弘忍,又到广州见慧能。见弘忍,遇
慧能,果真在这个时候吗?"上元"是唐高宗的年号,是咸亨五
年(六七四)八月改元的。到上元三年十一月,才改为仪凤元年
(六七六)。所以,仪凤元年正月十五日落发,实际是上元三年。
印宗"上元中"在京都,上元三年正月已到了广州,已在广州讲
经。在这(六七四年八月——六七六年正月)中间,还在黄梅见
弘忍,弘忍又是上元二年八月入灭的。不过一年吧,印宗却见到
将去世的弘忍,又为慧能剃落,不太过巧合吗? 有关慧能的事
迹,《宋僧传》是多有矛盾的(由于参考古代的不同传说,而自为
安排)。如《慧能传》说:"上元中",弘忍入灭时,慧能正在广州
法性寺"演畅宗风"。这可见印宗遇慧能,慧能出家,早在仪凤
元年——上元三年之前了。《略序》说:仪凤元年正月,印宗为
慧能落发,二月十五日,慧能受具足戒。那年,印宗应为五十岁,
为什么印宗为慧能落发,而没有担任受戒的三师或证尊呢(印
宗后来是时常传戒的)! 实际上,慧能出家,为乾封二年(六六
七),那时印宗还只四十一岁,可能受戒还不满二十夏,所以另

请上座们任戒师。从印宗"上元中"在京都；为慧能落发，而没有任戒师；及慧能于"上元中"在法性寺"演畅宗风"来说，印宗不可能于仪凤元年为慧能落发的。这应该是：印宗在游化京都以前，先参礼弘忍；后来游化到岭南，讲《涅槃经》，会见慧能，为慧能落发。然后咸亨年中，游化京都。

研究传说的自身，知道"临终密授"、"十六年隐遁"是不可信的。研究与慧能有关的人物，知道慧能在弘忍门下，不可能是"咸亨"或"上元"年中；出家也不可能是仪凤元年。这样，现存刘禹锡（八一八年）所撰的《大鉴禅师第二碑》（《全唐文》卷六一〇）所传慧能的年代，是值得注意了！碑文说：

> "大鉴生新州，三十出家，四十七年而没，百有六年而谥。"

"三十出家"，是乾封二年（六六七）。"上元中"演畅宗风的传说，就有可能。"四十七年而没"，是说出家以来，四十七年说法，这是从三十岁算起的。四十七年说法，与敦煌本的"四十余年"，《神会语录》、《历代法宝记》的"四十（余）年"说相合。出家以前，慧能曾有过"三年"——其实是"五年"的隐遁（有过一段时间的隐遁，是从来一致的传说）。再以前，就是礼见弘忍得法的年间，这就是二十四岁——龙朔元年。这一年，与神秀同在弘忍门下，也与传说的六祖坠腰石上刻"龙朔元年"字样相合。刘禹锡所传的慧能年代，与《坛经》（及神会的原始说相近）所说相合，也与事实相合。比之"临终密授"、"隐遁十六年"、"仪凤元年出家"要合理得多！所以慧能一生的年代是：

贞观十二年(六三八) 慧能生,一岁。

龙朔元年(六六一) 去黄梅礼五祖,二十四岁。

龙朔二年(六六二)起 隐居五年,二十五至二十九岁。

乾封二年(六六七) 在广州出家,三十岁。

先天二年(七一三) 慧能入灭,七十六岁。

上列除《坛经》的古说而外,都是荷泽门下的不同传说。等到洪州、石头门下兴盛起来,对慧能的事迹,结合了《坛经》与《别传》;年代方面——得法与出家的年代,大抵依《别传》而多少修正,也是无法统一的。如《宋僧传》略去了明确的年代。《传灯录》(卷五)以为慧能的礼见五祖是咸亨二年(六七一),出家在仪凤元年(六七六)。《传法正宗记》(卷五)也说仪凤元年出家,而从弘忍得法是"咸亨中"(《五祖传》),又说"三十二岁"(《六祖传》),那又是总章二年(六六九)了。依据荷泽门下的传说而多少修正、改编,想来《宝林传》已经如此了。

## 第二节 从诞生到黄梅得法

这一时期的传记,主要的根据为:一、《坛经》:慧能于大梵寺说法,自述其幼年生活,以及去黄梅求法得法的因缘。这是自述,并非自己撰写,记录者或不免有所润饰。《神会语录》(石井本)、《历代法宝记》、《略序》都继承这一传说而有所增减。二、《别传》,与《坛经》的传说不同。将这两者结合起来,修正改编,作为慧能传记一部分的,是《宝林传》,南岳门下的禅者。这一阶段的慧能传,有许多问题,引起近代学者的异议。所以在叙述事迹以后，对某些问题略加考察。

## 早年事迹

大师俗姓卢，名慧能。依佛教惯例，慧能应该是出家的法名。《略序》说：大师初生，就有"二异僧"来为大师立名"慧能"，那是从小就叫慧能了。《略序》说：父名行瑫，母李氏。敦煌本说"慈父本官范阳"，原是在范阳(今北平附近的涿县)做官的，后来被贬迁流放到新州(今广东新兴县)，在那里落了籍，成为新州的百姓。慧能就是在新州出生的，那是唐贞观十二年。然"本官范阳"，《神会语录》等都作"本贯范阳"，所以传说慧能的原籍是范阳。不幸得很，幼年(《别传》说"三岁")父亲就去世了。流落他乡的母子二人，孤苦无依，生活艰困，是可以想像到的。不知为了什么，慧能又跟着老母移到南海——广州去住。长大了，就以卖柴来维持母子的生活。

一次，慧能在卖柴时，听人读诵《金刚经》，引起内心的领悟。问起来，知道黄梅弘忍大师在凭墓山开化，以《金刚经》教人，使人"即得见性，直了成佛"。慧能听了，觉得自己与佛法有缘，所以就辞别了老母，到黄梅去参礼弘忍。这是《坛经》系的传说，慧能发心去参弘忍的因缘。敦煌本只说"辞亲"而去，也许说得简略了一点，抚育恩深的老母呢？《坛经》惠昕本说：有客人拿十两银子给慧能，用作老母的衣食费。《祖堂集》说：客人名安道诚，鼓励慧能去黄梅，拿出一百两银子，作为老母的生活。慧能去了，老母呢？这原是不用解说的。但传说在人间，不能不作出补充，以适应中国的民情。

慧能去黄梅求法的因缘,《别传》有不同的传说,"少失父母,三岁而孤",从小就没有父母,真不知是怎样长大的!然离家求法,倒也可以一无牵挂。《别传》以为:慧能先从新州到曹溪(今广东曲江县),与村人刘志略结义为兄弟。刘志略的姑母名"无尽藏"尼,常诵《大涅槃经》,慧能不识字,却能为她解说经义。在宝林寺住了一个时期,被称为"行者"。为了求法,又到乐昌县西山石窟依智远禅师坐禅。后来,听慧纪禅师诵《投陀经》,知道坐禅无益。在慧纪禅师的激发下,决心去黄梅参礼弘忍。依《别传》说,慧能的参礼弘忍,与《金刚经》无关(没有说到)。在去黄梅以前,慧能早已过着修行的生活(慧能听《金刚经》而发心去参学,听《金刚经》而付法,《坛经》的传说与神会的传说相合。《坛经》近于神会的传说,却没有神会——《神会语录》所传的那样夸张。这可以解说为:曹溪旧有这样的传说,为《坛经》的集记者所叙述出来。神会在玄宗御注《金刚经》的时代,记录的时间迟一些,也就多一分传说的增附。《曹溪别传》的传说,慧能在去黄梅以前,曾在曹溪住,也可能有多少事实根据。如解说为:慧能二十二岁因听《金刚经》而发心去参学,经过曹溪,曾住了一段时期,到二十四岁才去黄梅。这不但会通了《坛经》与《别传》,也会通了神会门下——二十二岁说与二十四岁说的异说。不过,这只是假定而已)。

依神会所传,大约经一个月的时间,慧能到了黄梅(今湖北省黄梅县)的凭墓山。这里是唐初五十多年(约六二〇——六七四年)的禅学中心,传承了达摩禅的正统。慧能见到了弘忍,自称"唯求法作佛"。因慧能答说"人即有南北,佛性即无南北。

猲獠身与和尚身不同,佛性有何差别",而受到弘忍的赏识。慧能被派在碓房里踏碓,一共八个多月。"愿竭其力,即安于井臼;素刭其心,获悟于稊稗。"(王维《能禅师碑铭》)劳作与修持相结合虽是佛法所固有的,如周利槃陀伽的因扫地而悟入,但成为此后曹溪禅的特色。

一天,弘忍集合门人,要大家作一首偈,察看各人的见地,以便付法。大家仰望着神秀,神秀是东山会下的教授师。神秀没有自信,可又不能不作偈,于是将偈写在廊下的壁上。慧能知道了,以为神秀偈没有见性,也就作了一偈,请人写在壁上。弘忍发见了慧能的见地,便在夜间唤他进房,为他说法,付法传衣,继承了祖位。弘忍为慧能说法,《坛经》敦煌本说"说《金刚经》"。惠昕本等说:说到"应无所住而生其心",慧能言下大悟。《神会语录》等说:"忍大师就碓上密说直了见性。于夜间潜唤入房,三日三夜共语。"《别传》说:问答有关佛性的问题。付法是密授的,没有人知道的。当时说些什么,慧能也许说到,但在传说中,禅师们大抵凭着自己的意境而表达出来。

当天晚上,弘忍就送慧能去九江驿,回岭南。如《坛经》(大正四八·三三八上)说:

> "能得衣法,三更发去。五祖自送能于九江驿,登(船)时,便五祖处分:汝去努力!将法向南。三年勿弘此法。难于,在后弘化,善诱迷人,若得心开,汝悟无别。辞违已了,便发向南。"

弘忍送行,只是送慧能去九江驿,并非送到九江驿。《神会语录》、《历代法宝记》都还是这样说,而《坛经》惠昕本以下,都说弘忍上船,亲送到九江驿,而且当夜回来。不知凭墓山在江北,离江边也有一段路,九江驿在江南,当时是三更半夜,怎能去了又回? 这显然是没有注意地理,在传说中变为奇迹了! 在这里,《神会语录》等又加上一段:过了三天,五祖告诉大家:"汝等散去,吾此间无有佛法,佛法流过岭南。"《神会语录》等虽主张慧能二十二岁去黄梅,而这里却隐隐地保存了"临终密授"的另一传说。弘忍付了法,就要入灭;黄梅的学众,就此星散。"吾此间无有佛法",正表示了一代一人的传法说,《别传》正就是这样说的。

## 不 识 字

　　慧能不会写字,不会读经,是《坛经》与《别传》所共传的古说。一个流落异乡、从小孤苦的孩子,在那个时代,没有读过书原是常事。但慧能没有读过经,怎么听到《金刚经》就能有所领悟呢? 一到弘忍那里,就会说"人即有南北,佛性即无南北"呢? 而且从《坛经》看来,慧能对《金刚经》、《维摩经》、《楞伽经》、《观无量寿经》、《法华经》、《涅槃经》、《梵网经》都相当明了。所以传说慧能不识字,或者觉得难以相信。《别传》说:在没有到黄梅以前,曾到过曹溪,为无尽藏尼论究涅槃佛性的问题。又去乐昌县,从智远禅师坐禅。这一传说,似乎合于常情,或者于是乎解说为:曾经修学佛法,早有修持功夫。连不识字的古说,也觉得未必如此了。

　　从佛法来说,慧能是利根。以世俗的话来说,是宗教的天才者。在佛法中,不论是小乘、大乘,都承认有这类根性——(现生)不经闻思功夫,没有受戒,不曾得定,就有一触而悟的可能(原因何在,教学上自有解说)。慧能闻《金刚经》而有所悟,就是这一类根性。"不识字",怎么能了解经义呢? 然在佛法中,不识字是可以通达佛法的。释迦佛的时代,佛法就在耳提面命的开示中,没有一部经可读,可作讲习与研究的范本。然而言下大悟,被形容为"如新氎易染"的证入者非常的多,这是《阿含经》与律藏所充分证明的。以中国佛教的实例来说:不识字而住过几年丛林禅堂的,有的也会熟悉公案,了解《金刚》、《法华》等要义。不识字(或识字不多)而通佛法大意,并不是不可能的。现在知识发达,与那种环境距离远了点,大家终日在文字资料里摸索,以为佛法在此,这就难怪要感到稀奇了。慧能那个时代,"一切众生有佛性","人人可以成佛",早已家喻户晓。正如"放下屠刀,立地成佛",现在不学佛法的人也会挂在口头上一样。回答弘忍的话,只是常谈,有何稀奇! 一个劳苦的獦獠,在大众围绕的一代大师面前竟敢出言反诘,那种质直的、无畏的高尚品质,才是难得呢!

慧能在黄梅,并不只是踏碓,也还参预法席,如王维《六祖能禅师碑铭》(《全唐文》卷三二七)说:

> "每(忍)大师登座,学众盈庭。中有三乘之根,共听一音之法。(慧能)禅师默然受教,曾不起予;退省其私,迥超无我。"

慧能在黄梅听弘忍的说法,在广州听印宗讲《涅槃经》,这都是有文可证的。后来在曹溪行化,凭自身的体验来解说诸经的大意,正是禅者本色!

## 付　法

在佛法中,付法有古老而深远的意义。佛法的三藏,尤其是定慧修持,都是重传承的。在师资授受的传承中,发展为"付法"说。如南方(锡兰佛教所传)的五师相承说,北方(罽宾佛教所传)的五师相承说。在阿育王时代,南北都有五师相承的传说,可推见当时是有事实根据的。《付法藏因缘传》(此下简称《付法藏传》)的二十三(或四)世说,是《阿育王传》五师相承说的延续。付法的情形,如《阿育王传》卷四(大正五〇·一一四中)说:

> "尊者迦叶以法付嘱阿难而作是言:长老阿难! 佛以法藏付嘱于我,我今欲入涅槃,以法付汝,汝善守护! 阿难合掌答尊者言:唯然! 受教。"

一代一人的付法(与悟证没有关系),在《付法藏传》中,是将入涅槃而付与后人的(这就是"临终密授"说的来源)。所付嘱的,是"正法"、"法藏"、"胜眼"、"法眼"(禅者综合为"正法眼藏"一词)。付嘱的主要意义是"守护"、"护持"。古代的"付嘱正法",是付与一项神圣的义务,概括佛法的一切——三藏圣典的护持、僧伽律制的护持、定慧修证的护持。守护或护持,都有维护佛法的纯正性,使佛法久住,而不致变质、衰落的意义。这是在佛教的发展中,形成佛法的领导中心、一代大师,负起佛教的摄道与护持的责任,为佛法的表率与准绳。佛法没有基督教那样,产生附有权力的教宗制,却有僧众尊仰、一代大师的付法制。五师相承的付嘱,原是表征佛法的统一、佛法的纯正。五师以后,印度佛教进入了部派分化阶段。然每一部派,都以佛法的真义自居,都自觉为佛法的根本、正统,所以代表全佛教统一性的付法虽不再存在,而一部一派间,各有自部的付嘱相承。《付法藏传》是北方佛教——说一切有部譬喻师,与盛行北方的大乘者的综合说。《付法藏传》的付法,一代一人的付嘱,有否百分之百的真实性,那是另一问题。而这样的付法制深深地影响了中国佛教,是不容怀疑的事实。天台学者早已以《付法藏传》说明自宗的法门渊源了。

《付法藏传》的付法,表示为师长与弟子的关系(一二例外),与师资相承的关系相统一。付法,本是通于一切佛法的,当然禅也不能例外。东晋佛陀跋陀罗来传禅,也就传入了禅法的师资相承,如《达摩多罗禅经》卷上(大正一五·三〇一下)说:

> "佛灭度后,尊者大迦叶,尊者阿难,尊者末田地,尊者舍那婆斯,尊者优波崛,尊者婆须密,尊者僧伽罗叉,尊者达摩多罗,乃至尊者不若密多罗:诸持法者,以此慧灯,次第传授。"

这一禅者的次第传授,"持法者"也就是护持正法者。从大迦叶到优波崛,就是古传的五师相承。僧祐所传的《萨婆多部记》,虽看作律学,而实是禅法的相承。中国禅者付法说的兴起,也可说早已有之了!

达摩禅的传来中国,到了黄梅的道信、弘忍,经五十多年的传弘,形成当时达摩禅的中心。道信为四祖,弘忍为五祖,就是递代相承的"付法"实态。弘忍门下,如《法如行状》(《金石续编》卷六)说:

> "菩提达摩……入魏传可,可传粲,粲传信,信传忍,忍传如。"

张说的《大通禅师碑》(《全唐文》卷三二一)说:

> "菩提达摩天竺东来,以法传慧可,慧可传僧璨,僧璨传道信,道信传弘忍:继明重迹,相承五光。"

法如卒于永昌元年(六八九),神秀卒于神龙二年(七〇六)。早在慧能曹溪开法的时代,被后来称为北宗的弘忍门下,对于一代一人的递代相承,已成为公论。但这一代一人的传法说,不幸到法如而被破坏了。法如是弘忍门下,"始终奉侍经十六载"的弟子,开法不过四年(六八六——六八九年)就去世了。法如的弟子,还没有人能继承法统,于是又集中到玉泉神秀处。杜朏作《传法宝纪》,说"弘忍传法如,法如及乎大通(神秀)"。这犹如兄终弟及,事实上破坏了一代一人的传法体系。后来神秀的弟子普寂(六五一——七三九年),在嵩山"立七祖堂"。除去法如,以神秀为第六代,普寂自己为第七代(《神会集》二八九、二九一),回复了一代一人的付法体系。但经此异动,一代一人的付法制已不能维持,而为弘忍门下另一"分头并弘"的倾向所替代。

从现有的史料来看,东山法门所形成的一代一人的法统(源于印度旧说),一直受到"分头并弘"(中国新说)倾向所困扰,如《续僧传》卷二〇(附编)《道信传》(大正五〇·六〇六)说:

> "道信……临终,语弟子弘忍,可为吾造塔。"
> "众人曰:和尚可不付嘱耶? 曰:生来付嘱不少。"

杜朏的《传法宝纪》说:

> "永徽二年八月,命弟子山侧造龛。门人知将化毕,遂谈究锋起,争希法嗣。及问将传付,信嗼然久之曰:弘忍差可耳! 因诫嘱,再明旨赜。"

二说所传不同。道宣所传闻的,是"分头并弘"。凡修持得悟的,都可说有过付嘱。而杜朏所传,大家都争着继承祖位,终于选定了弘忍,这是一代一人的付嘱制。传说不同,代表了当时禅者所有的二项不同的付法观念。

道信的众多门人中,弘忍稳定了五祖的地位,东山法门更广大起来。但弘忍门下,陷入"一代一人"、"分头并弘"的矛盾中。当时付法的情形,如《传法宝纪》说:

> "及忍、如、大通之世,则法门大启,根机不择,齐速念佛名,令净心。密来自呈,当理与法。犹递为秘重,曾不昌言。"

"念佛名"、"令净心",是北宗所传,弘忍(法如、神秀)授法

的内容。如修持而有所得,就"密来自呈",向弘忍表示自己的
见地。如弘忍认为"当理"——与"正理"相应,就付"与法"。
学者的密呈,弘忍的付与,都是秘密进行,非局外人所知的。这
显然有"分头并弘"的倾向,因为"当理与法",是决不会专付一
人的。《楞伽师资记》引《楞伽人法志》(大正八五·一二八九
下)说:

> "如吾(弘忍)一生教人无数,好者并亡,后传吾道者,
> 只可十耳。……此并堪为人师,但一方人物。"

> "又语玄赜曰:汝之兼行,善自保爱。吾涅槃后,汝与
> 神秀,当以佛日再晖,心灯重照!"

"十人",是"分头并弘"的形势。《楞伽师资记》作者净觉
是玄赜弟子,所以特别重视玄赜,但不能不加上神秀。《传法宝
纪》,弘忍下列法如、神秀二人。净觉《般若波罗蜜多心经注》
序,弘忍下列"秀禅师、道安神师、赜禅师"——三大师。这种
"分头并弘",是以"当理与法"为标准的。实际上,是由于法如
的早亡造成法统的分化。切实地说,《坛经》编者法海,也是倾
向于分头并弘的,如(大正四八·三四三中)说:

> "大师言:汝等拾弟子近前。汝等不同余人,吾灭度
> 后,汝各为一方头。"

法海就是十人中的第一人,传授《坛经》的第一人。十弟
子,原是模仿佛的十大弟子。但佛的十大弟子只是弟子中最卓
越的,没有付法的意义。弘忍门下,与慧能门下的法海,却在

"分头并弘"的倾向中,对十弟子给与付法传道的意义。东山法门形成的一代一人、禅法中心的大理想,显然是陷于支离破碎了!

中原的弘忍门下,陷于多头化的倾向中。神会代表了东山法门以来一代一人的付法说,起来批评神秀的门下。如《南宗定是非论》(《神会集》二八二——二八三)说:

> "从上已来六代,一代只许一人,终无有二。纵(原作'终')有千万学徒,只许一人承后。"

> "远法师问:何故一代只许一人承后?和上答:譬如一国,唯有一王。一世界唯有一佛出世。"

> "远法师问:诸人总不合说禅教化众生不?和上答:总合说禅教化众生。……从秀禅(师)……已下,有数百人说禅教化,并无大小,无师资情,共争名利,元无禀承,乱于正法,惑诸学道者,此灭佛法相也。能禅师是的的相传付嘱人。"

神会的立场,就是印度固有的付法说,是东山法门建立起来的一代一人的付嘱制。所以神会不只是否定神秀,为慧能争一六祖的地位;更重要的是,反对"分头并弘"而致禅法陷于分崩离析的倾向。神会说:"为忍禅师无传授付嘱在秀禅师处,纵使后得道果,亦不许充为第六代。"(《神会集》二八三)。这可见付嘱承后,是与证悟无关的。

神会对法统的论辩,终于确定了慧能为六祖。贞元十二年(七九六),神会又被敕定为第七祖。然这种祖统说,已缺少生前摄导大众、构成领导中心的实际意义，因为被公认时，慧能与神会早已去世。一代一人的法统失去实际意义，而中国禅者又倾向于多头分化，终于南岳、青原门下，不再说八祖、九祖，而以"分灯接席"的姿态，实行"当理与法"、分头并弘的付法制，一直传到现在。东山法门所形成的一代一人、禅门定于一的付法理想，在中国是完全消失了。

一代一人的付法说，到弘忍为止，是没有异说的。弘忍以后，神秀门下的普寂、慧能门下的神会，都先后为此而努力。道信付与弘忍，到底弘忍付与谁呢？依《坛经》，神秀与慧能都曾作偈以表呈自己的见地，而慧能得到了弘忍的付法。一代一人的付法，一向是临终（不一定是将死）付嘱，所以《传法宝纪》不是说"临终付嘱"，就是说临终"重明宗极"，这是北宗所传一代一人的最好证明。然弘忍的开法，平时就"齐速念佛名，令净心。密来自呈，当理与法。犹递为秘重，曾不昌言"（《传法宝纪》）。这是在平时，以"密来自呈，当理与法"而作秘密的传授了。"当理"（见性，悟入）就付"与法"；"当理"是不止一人的，所以这种师资间的密授并不等于一代一人的付嘱。然当时学众都不免有点混淆了，如《坛经》（大正四八·三三七中）所传：

> "自取本性般若之智，各作一偈呈吾。吾看汝偈，若悟大意者，付汝衣法，禀为六代。"

这是龙朔元年（六六一），神秀五十六岁、慧能二十四岁那一年的事。弘忍以"当理与法"来接引学人，与神秀门下的传说相合。《坛经》的记者法海，也误以"当理与法"为付嘱了。"当理

与法"并不就是付嘱,然而那一年,弘忍倒确有付嘱这回事。上面曾引《大通禅师碑》说:

> "逮夫知命之年,自拔人间之世。企闻蕲州有忍禅师,禅门之法胤也。……乃不远遐阻,翻然请谒。……服勤六年,不舍昼夜。大师叹曰:东山之法,尽在秀矣!命之洗足,引之并座。于是涕辞而去,退藏于密。"

神秀是五十岁(永徽六年,六五五)来黄梅亲近忍大师的。"六年服勤",到了五十六岁(龙朔元年,六六一)那一年,弘忍"命之洗足,引之并座",正是付嘱正法的意思。这一年,也正是慧能在黄梅踏碓八个月的那一年。据《坛经》,慧能得了法就走了,而神秀也就"涕辞而去"。这不是传说的巧合,应有传说所依据的事实。神秀为什么涕辞而去,是谦辞不受吗?还是弘忍有意付法,而后来没有付嘱,神秀这才涕辞而去呢?神秀的涕辞而去,不知道为了什么。据《传法宝纪》,神秀离黄梅后,"后随迁适,潜为白衣"。六十岁左右,又一度恢复了在俗的生活,也不知道他究竟为了什么?一直到神秀八十五岁,因法如死了(六八九年),中原的学众没有宗主,才集合到神秀的度门兰若来。如法如的法化延续,那神秀在佛教史上的光荣,"两京法主,三帝门师",怕完全要改写呢!弘忍在平时,要学众"密来自呈,当理与法"。而龙朔元年,在"密来自呈"(呈偈)中,发现卓越的法器,而密授付嘱。从神秀的"涕辞而去"、"潜为白衣"来考察,这一次的付嘱,不会是属于神秀的!

总之,一代一人的付法,是存在于黄梅门下的。龙朔元年,慧能与神秀同在黄梅;弘忍确曾有过付法这回事。呈是"密呈",付是"密付"。"曾不昌言",等到传述出来,就不免有异说了。

## 传　衣

　　弘忍付法与慧能,同时还传衣为凭信。开元二十年(七三二),神会在滑台召开论定禅门宗旨的大会。神会在大会上宣告:"外传袈裟以定宗旨","其袈裟今现在韶州",证明慧能曾受弘忍的付嘱。在佛教中,传衣也是有根源与前例的。传衣说的古老渊源,就是受佛付嘱的大迦叶,如《杂阿含经》卷四一(大正二·三〇三中——下)说:

　　　　"佛告迦叶:汝当受我粪扫衣。……若有正问,谁是世尊法子,……付以法财?……应答我(迦叶)是。"

　　大迦叶受佛所付的衣,与"佛命并座",同为迦叶为佛法子(佛的长子,继承佛的教化事业,摄导大众)的表示之一。禅者的付法传衣,显然与此古说有关。"付衣",在当时的佛教界,现有文记可证的,如李知非为净觉《注般若波罗蜜多心经》所作的《略序》说:

　　　　"其赜大师所持摩衲袈裟、瓶、钵、锡杖等,并留付嘱净觉禅师。"

　　玄赜于景龙二年(七〇八)入京,净觉就依止参观,一共"十有余年"。净觉受玄赜的付嘱,而玄赜付与衣、钵,约在七二〇年顷。玄赜是弘忍的弟子,所以付给净觉的衣钵,也许说是弘忍所传的。即使是玄赜自己的,在师资授受中附以衣钵——“付法传衣”,这是早在神会北上(七三〇年顷)以前,禅门中早有的先例、早有的传说。

慧能受弘忍的“付法传衣”,决不是为了争法统而“造出”来的。神龙二年(七〇六),中宗征召慧能入京,现存《召曹溪慧能入京御札》(《全唐文》卷一七)说:

> “朕请安、秀二师,宫中供养。万几之暇,每究一乘。二师并推让云:南方有能禅师,密受忍大师衣法,可就彼问。今遣内侍薛简,驰诏迎请。愿师慈悲,速赴上京!”

当时,慧能没有进京,所以奉“摩衲袈裟”等为供养。王维在《六祖能禅师碑》(《全唐文》卷三二七),也说到这一事实:

> “九重延想,万里驰诚。思布发以奉迎,愿叉手而作礼。则天太后、孝和皇帝,并敕书劝谕,征赴京城。禅师……竟不奉诏。遂送百衲袈裟,及钱帛等供养。”

久视元年(七〇〇),则天征召神秀进京。景龙二年(七〇八),又召玄赜入京。据《历代法宝记》(大正五一·一八四上)说:当时还请有资诜、老安、玄约。在一再征召东山门下声中,征慧能入京,是并不突兀的。推引同门,也是事理之常。《别传》还说到神龙三年(七〇七),诏修六祖所住的寺院,赐额“法泉寺”,于六祖新州的故宅建国恩寺。建寺的事,鉴真于天宝九年(七五〇)去广州时,得到了证实。如《唐大和上东征传》(大正五一·九九一下)说：

> "韶州官人又迎引入法泉寺，乃是则天为慧能禅师造
> 寺也，禅师影像今见在。"

则天为慧能造寺，王维虽没有说到，但的确是事实。慧能受
则天及中宗的征召，也是事实。征召，当然有征召的诏文。诏文
所说"能禅师密受忍大师衣法"，王维虽没有说到，也不能因此
而否定是事实。《别传》所引诏文，有些润饰，但依（九世纪集成
的）"坛经古本"而来的"至元本"《坛经》所引的诏文，简明翔
实，不能因《别传》的有所润饰而否定一切。诏文说到"衣法"，
可见慧能在世时（征召为七〇五年），"付法传衣"说已为北方所
知。而且，在禅宗所有文献中，从没有人出来否认，北宗学者也
没有否认，"传衣"成为教界公认的传说，这都是值得注意的事！
没有人否认"传衣"，玄赜也在传弟子衣钵，这怎么能说神会个
人造出来的传说呢！

神会于开元二十年（七三二），在滑台大云寺论定南宗宗
旨，说到"其袈裟今见在韶州"。天宝十二年（七五三），神会被
谪迁流放了。后因安史之乱，神会又回到了洛阳。就在这个时
候，慧能的传法袈裟被国王请入大内供养，如《别传》（续一四
六·四八七）说：

> "敕曹溪山六祖传（法）袈裟，及僧行瑫，及俗弟子（五
> 人），韦利见令水陆给公乘，随中使刘楚江赴上都。上元二
> 年十二月十七日下。"

> "袈裟在京总持寺安置，经七年。"

"敕杨鉴：卿久在炎方，得好在否？朕感梦送能禅师传
法袈裟，归曹溪。寻遣中使镇国大将军杨崇景，顶戴而送。
传法袈裟，是国之宝，卿可于能大师本寺如法安置。专遣众
僧亲承宗旨者，守护勿令坠失。朕自存问。永泰元年五月
七日下。"

上元二年（七六一）到永泰元年（七六五），是不足七年的。
从《别传》叙列的次第来说，不应该是上元二年，应为乾元二年
（七五九），这是肃宗与代宗时代的事。虽年代与有关人名各本
小有出入，而到底可以看作事实。《别传》作于七八一年，离传
法袈裟的迎请与送还不过二十年，与本朝宫廷有关的事迹，到底
是不能凭空捏造的。依此，神会说"其袈裟今见在韶州"，不能
说不是事实。远在五千里外的韶州，总不能因神会这么一说，就
预备一件，等国王来迎请！

## 作偈呈心

慧能与神秀作偈呈心，而独得弘忍的付与衣法，这是出于
《坛经》的，是慧能自己叙述的。这一部分，近人怀疑的不少：
《神会语录》（《历代法宝记》）没有说：神会宣称慧能得五祖的
衣法，也没有说到作偈。这部分文字，有贬抑北宗神秀的意味，
所以或推论为：这是受神会评难北宗的影响，为神会门下所作。

神秀与慧能的作偈呈心，是否《坛经》旧有的部分，是值得
研究的。神会宣扬慧能的顿教，不是以《坛经》为教材的。《坛
经》是曹溪门下所传的手写秘本，传到菏泽门下手中，《坛经》已
有过"南方宗旨"的添糅。荷泽门下，利用其手写的秘传的特

性,更增饰而成为"传宗"的依约(如下章说)。从《坛经》这一流传演变来说,《神会语录》(《历代法宝记》是依据《神会语录》的)没有,神会批评神秀门下而也没有说到,这只能说神会及神会门下起初还没有见到《坛经》,不能说那时的《坛经》还没有作偈的部分。

龙朔元年(六六一),神秀与慧能同在弘忍会下。那一年,弘忍有传法的意图,神秀与慧能都就在这一年走了。弘忍要学众"密来自呈,当理与法",与《坛经》说相近。所以,呈心、付法,我们没有理由来否认这回事。当时有没有作偈呈心的可能呢?"偈",是印度文学形式之一:通称为偈、颂,而实有好多类。在经典的传译中,五言、七言、四言,也偶有六言的偈颂,到唐代已有六百年的历史了。唐代新文学——诗的日渐隆盛,中国佛教的应用偈颂,也就受影响而盛行起来。早在鸠摩罗什与慧远(西元五世纪初)的时代,已用偈来表达心境了,如《高僧传》(卷六)《慧远传》(大正五○·三五九下)说:

> "本端竟何从,起灭有无际,一微涉动境,成此颓山势。惑想更相乘,触理自生滞。因缘虽无主,开途非一世。时无悟宗匠,谁将握玄契?来问尚悠悠,相与期暮岁!"

禅者是直观的,与艺术者的意境相近。所以禅者的文学,不是说理的、条理严密的散文,多数表现为诗偈的形式。慧可早就是"乍托吟谣";答向居士书,就是七言十句的偈颂(大正五○·五五二上——中)。在敦煌本的《坛经》中,发现说话部分而含有偈颂一类的句子。可以举证的,略有三则:

1."摩诃般若波罗蜜,最尊最上第一! 无住无去无来,三世诸佛从中出。"(大正四八·三四〇上)

2."解义离生灭,著境生灭起(原作'去'),如水有波浪,即是于三界。离境无生灭,如水永(原作'承')长流,即名到彼岸,故名波罗蜜。"(大正四八·三四〇上)

3."迷即佛众生,悟即众生佛。愚痴佛众生,智慧众生佛。……我心自有佛,自佛是真佛。自若无佛心,向何处求佛。"(大正四八·三四四下)

1. 是脱落了两个字的七言四句偈。《坛经》举此四句,而又一一地解说,有引用成语的意味。在《坛经》的别本及《坛经》中,都是七言四句。2. 是五言八句,是完整的偈颂体。3. 敦煌本没有"偈曰"字样,而书写者却写成每行二句的偈颂形式。在至元本中,这不是偈。此外,如无相忏悔的"前念后念及今念,念念不被愚迷染"等,也是偈。这可以看出,《坛经》的说者——慧能,在说话中杂有可以讽诵的偈颂,这对于不识字的禅师是非常适合的。总之,这类偈子是没有必要去设想为后起的。

关于神秀作偈部分,虽说是慧能所说,但由学人记录下来,总不免多少有失原意(一切都是这样,并不限于作偈部分)。然大体说来,敦煌本的叙述,并没有严重诬辱的意味,如(大正四八·三三七中——下)说:

"门人得(五祖)处分,却来各至自房,递相谓言:我等不须呈心,用意作偈,将呈和尚。神秀上座是教授师,秀上座得法后自可依(原作'于')止,请不用作。诸人息心,尽不敢呈偈。"

"上座神秀思惟：诸人不呈心偈，缘我为教授师。我若不呈心偈，五祖如何得见我心中见解深浅。我将心偈上五祖呈意，求法即善（原作'即善求法'），觅祖不善；却同凡心，夺其圣位。若不呈心，终（原作'修'）不得法。良久思惟：甚难甚难！甚难甚难！夜至三更，不令人见，遂向南廊下中间壁上，题作呈心偈，欲求于法。"

"偈曰：身是菩提树，心如明镜台，时时勤拂拭，莫使有尘埃。神秀上座题此偈毕，归房卧，并无人见。"

"大师遂唤门人尽来，焚香偈前。人众入见，皆生敬心。汝等尽诵此偈者，方得见性（原作'姓'）。依此修行，即不堕落。门人尽诵，皆生敬心，唤言善哉！"

"五祖遂唤秀上座于堂内，问（原作'门'）：是汝作偈否？若是汝作，应得我法。秀上座言：罪过！实是神秀作，不敢求祖，愿和尚慈悲，看弟子有小智慧识大意否！五祖（原作'禑'）曰：汝作此偈，见即来到，只到门前，尚未得入。凡夫依此修行，即不堕落。作此见解，若觅无上菩提，即未可得。须入得门，见自本性。汝且去，一两日来思惟，更作一偈来呈吾。若入得门，见自本性，当付汝衣法。秀上座去，数日作不得。"

这部分文句，并没有严重的贬毁意义。文意是：大家都仰望着神秀，神秀在当时处教授师的地位，是不能不作偈的。神秀以为：如不作偈，五祖就不知自己见解的浅深。神秀是有意求法，却无意求祖，所以说："求法即善，觅祖不善。"求法是印证自己的见解浅深,求授与更深的法门;而求祖,却是庄严的神圣责任,多少有点权威名望的功利意味。所以,如为了求法,应该作偈;为了求祖,那是不应该的。作,还是不作,是神秀的犹豫所在,所以说:"甚难甚难。""当理与法"的求法,代代相承的付法,这是神秀所能明了分别的(《坛经》的记录者,多少有点混淆不清)。

神秀所作偈,与神秀思想是吻合的。"身是菩提树",与《大乘无生方便门》的"心色俱离,即无一物是大菩提树"、《大乘五方便》的"身寂则是菩提树"相合。"心如明镜台",也与《大乘五方便》的"净心体犹如明镜,从无始以来,虽现万象,不曾染著"相合。神秀五方便的"总彰佛体",也名"离念门",主要是依《大乘起信论》的。着重"离念",所以有"时时勤拂拭"的"加行"话。弘忍对于这首偈,要人焚香读诵,也是相当推重的。而神秀却说"不敢求祖",只求五祖的开示。张说《大通禅师碑》说弘忍曾"命之洗足,引之并座",是付嘱的表示,而神秀却"涕辞而去",去了还一度"潜为白衣"。要将佛法付给神秀而中止,应有当时的实际原因。我以为:除慧能偈意的深彻而外,主要为神秀没有担当祖位的自信。"求法即善,觅祖不善",与张说——神秀门下的传说,没有太大的矛盾。

总之,敦煌本《坛经》这部分的文句,即使记录者略有增损,但还没有过分贬黜的敌视意味。惠昕本以下,对神秀作恶意的形容,那是南岳、青原门下,后代禅者的事了。

## 第三节　南归与出家

### 大庾岭夺法

慧能在黄梅得法,当夜就走了。过长江,到九江驿,然后直回岭南。东山门下,知道衣法付与慧能,有些人就向南追来。其中有名慧明的,一直到大庾岭上,追到了慧能。慧明曾任四品将军,有军人的气质。当时,慧能就将衣给慧明,慧明是"远来求法,不要其衣"。是的,传衣是表征了传法,但有衣并不就有法。慧明要的是法,慧能便为慧明说法(说法的内容,古说不明。后来才传说为:"不思善,不思恶,正与么时,那个是明上座本来面目"),慧明言下大悟。慧能就要他向北去化人,慧能这才平安地回到岭南。

大庾岭夺法一幕,《坛经》以外,《神会语录》(石井本)、《历代法宝记》、《曹溪别传》都有记录。慧明后来住袁州的蒙山(今江西新余)。《别传》作"濛山",《历代法宝记》作"象山",都是蒙山的讹写。《历代法宝记》说:慧明的弟子,也还是"看净"的,似乎没有能摆脱东山的一般传统。慧明本是弘忍弟子,因为夺法,听慧能说法而作为慧能弟子,一向没有异说。但存心否定《坛经》为六祖说的学者,找到了一位湖州佛川慧明,以为蒙山慧明根本是虚造的,只是影射佛川慧明而故意造出来的。佛川慧明,《宋僧传》(卷二六)有传(大正五〇·八七六上——下)。清昼《唐湖州佛川寺故大师塔铭并序》(《全唐文》卷九一七)说:

"俗姓陈氏。陈氏受禅,四代祖仲文有佐命勋,封丹阳公。祖某,双溪、谷熟二县宰。父某,兰阳('阳'应为'陵'字的误写)人也。"

佛川慧明的四代祖,当陈氏(霸先)受禅时,有过功勋而被封丹阳公;姓陈,但不是帝裔。而蒙山慧明:"姓陈氏,鄱阳人也。本陈宣帝之孙,国亡散为编氓矣。"(《宋僧传》)二人的先世不同。蒙山慧明是鄱阳人(今江西鄱阳),住于江西的袁州。佛川慧明是兰陵人(今江苏武进),住在浙江的湖州,这是分明不同的二人。佛川慧明卒于建中元年(七八〇),年八十四,慧能去世时(七一三年)他还只十七岁,不可能是慧能的弟子。清昼的碑文说:

"降及菩提达摩,继传心要,有七祖焉。第六祖曹溪能公,能公传方岩策公,乃永嘉觉、荷泽会之同学也。方岩,即佛川大师也。"

碑以方岩策为佛川大师,显然是传写的错误。据《宋僧传》及碑文,都说佛川慧明是从方岩策公而顿明心地的。方岩策即婺州玄策,是慧能弟子,所以碑文有脱文,应为"方岩即佛川之师也",或"方岩即佛川大师之师也"。《神会语录》成立于神会生前(卒于七六二年),《历代法宝记》作于七七五年顷。《坛经》有关慧明争法部分比《语录》更简要,成立更早。慧明夺法的传说,决不是后起的。《初期禅宗史书之研究》以为,佛川慧明生前,《神会语录》就影射佛川慧明,造出慧明夺法的故事。然神会为慧能的祖位而努力,佛川慧明有什么不利于南宗慧能呢! 佛川慧明是慧能的再传,神会的后辈,神会有什么必要要影射一位后辈,诬说他与慧能争法呢? 其实,这不是神会影射佛川慧明而伪造夺法说,而是存心要否定《坛经》为慧能所说,不能不将韦据、法海、慧明等一起否认而引起的幻想呢!

## 五年法难

"三年(五年)勿弘此法",慧能曾有一期的隐遁,是《坛经》以来一致的。原本是五(三)年,为了符合弘忍(六七五年)入灭,慧能(六六七年)出家的继承不断的理想,才形成十六年隐遁说。这五(三)年(六六二——六六六年)中,慧能回到了岭南,到底有什么障碍?《坛经》、《神会语录》、《历代法宝记》都没有说明。《别传》(续一四六·四八四)才这样说:

> "能大师归南,略(疑'路'之讹)到曹溪,犹被人寻逐,便于广州四会、怀集两县界避难。经于五年,在猎师中。"

此后,《坛经》惠昕本、《祖堂集》等,大抵采用《别传》所说,然详情也不大明白。弘忍付法时曾说:"自古传法,气如悬丝;若住此间,有人害汝。"禅者传法有争,弘法还有难,这并不是夸张虚构的。付法(传衣表示传法,争衣实际是争法),如是"当理与法",得法的人多,当然皆大欢喜,不会引起严重的纷争。但一代一人的付嘱制(或继承一个寺院),在名位心未尽的,就不免引起纷争。付法而有争执,早在神秀门下传说开来,如《传法宝纪》说:

> "门人知(四祖)将化毕,遂谈究锋起,争希法嗣。及问

将传付,信喟然久之曰:弘忍差可耳。"

大家争论而希望继承祖位,正是一代一人的继承。道信虽说"弘忍差可耳",而部分弟子未必完全同意。道宣《续僧传·道信传》说"生来付嘱不少"(大正五〇·六〇六中),就是分头并弘者的传说。道信在破头山建寺,经常五百余众。而弘忍却在东面的凭墓山另建寺院,这可能是原住僧众部分不接受领导,而不得不独自创建吧! 以慧能的年龄及身份——二十四岁的在家行者,如公开付法,想不争不害,怕是不可能的!

禅师而弘法有难,如《高僧传》卷二《佛陀跋陀罗传》,被长安的僧众所驱摈而到庐山(大正五〇·三三五上)。卷一七《玄高传》:觉贤的弟子玄高,在麦积山率众修禅。有人"向河南王世子曼,谗构玄高,云蓄聚徒众,将为国灾。……乃摈高往河北"(大正五〇·三九七中)。《续僧传》所说的更多,如卷一六《僧可(慧可)传》:"天平之初(五三四——　)……时有道恒禅师,先有定学,王宗邺下,徒侣千计。……恒遂深恨谤恼于可,货赇俗府,非理屠害,初无一恨。几其至死,恒众庆快。"(大正五〇·五五二上)卷一七《慧思传》:"众杂精粗,是非由起。怨嫉鸩毒,毒所不伤;异道与谋,谋不为害。……以齐武平之初(五七〇——　),背此嵩阳,领徒南游。"(大正五〇·五六三上)那提三藏,为嫉忌者三次毒害(《续僧传》卷四,大正五〇·四五九上),道宣为之慨叹不已。菩提达摩传禅,也"多生讥谤",或说为人毒害(《传法宝纪》)。弘法,特别是弘阐禅法,超越时流,是最容易受讥谤、受诬控、受毒害、受驱摈的。慧能以前诸祖及慧能门下的神会,所遇的法难都很重。这可见一种独到

的法门的弘开,是太不容易了。慧能受法而有争、有难的传说,
应有事实的成分。

## 出家与受戒

慧能过了五年遁迹于劳苦的生活,终于因缘成熟而出家了。
《瘗发塔记》及《略序》说:那年的正月初八日,慧能到了广州的
法性寺。法性寺,就是宋代以来的制旨寺,近代的光孝寺。印宗
正在讲《涅槃经》,慧能在座下参听。"因论风幡语,而与宗法师
说无上道。"印宗非常欣奇,问起来,才知东山大法流传岭南的,
就是这一位。于是非常地庆幸,在正月十五日,普集四众,由印
宗亲为慧能落发。二月初八日,以西京的智光律师为授戒师,取
边地五师受具的律制,为慧能授具足戒。这一年,《略序》等说
是仪凤元年丙子。这是符合弘忍入灭、慧能出家开法的先后衔
接而来的,其实那年是乾封二年(六六七),慧能三十岁。受戒
后,就在法性寺"开单传宗旨",普利群生。

敦煌本《坛经》、《神会语录》、《历代法宝记》的慧能传部
分,没有说到在法性寺出家。在法性寺听经,为印宗所发见、所
赞扬,因缘成熟而出家受戒,为当时极普遍的传说。至于出家年
岁的不符,那只是传说的不合而已。慧能在广州出家说法,从敦
煌本"韶广二州行化四十余年"来说,可说相符。曾在广州行
化,应指在法性寺出家说法而言。

传说中的慧能出家受戒的年月,出于《瘗发塔记》,这是着
重于慧能与法性寺戒坛的关系,如该记(《全唐文》卷九一
二)说:

"昔宋朝求那跋陀（罗）三藏，建兹戒坛，预谶曰：后当有肉身菩萨受戒于此。天监二年，又有梵僧智药三藏，航海而至，自西竺持来菩提树一株，植于戒坛前。立碑云：吾过后一百六十年，当有肉身菩萨来此树下，开演上乘，度无量人。"

《略序》依《瘞发塔记》，对宝林寺与慧能的关系记述得更详，认为宝林寺也是智药三藏创开的，并预言说：

"可于此建一梵刹，一百七十年后，当有无上法宝于此演化。"

《别传》承受智药三藏创开宝林寺的传说，而对法性寺的戒坛，改正为求那跋摩所建；菩提树是真谛三藏持来的。《别传》更着重于宝林寺与唐帝室的关系、寺中所藏六祖袈裟的事。《瘞发塔记》重于慧能出家受戒源于广州法性寺的传说；《别传》重于宝林寺，可说是宝林寺方面的传说。这些传说，在王维撰《能禅师碑》时代都已存在。曹溪顿禅，由神会而震动中原，江西、湖南、江东，也大大地开展。在慧能顿教的开展中，不应忽略了岭南——广州、韶州，慧能所住所化地区的余风。

## 第四节　行化四十余年

### 从广州到韶州

慧能在广、韶二州，行化四十多年（六六七——七一三年）。禅者的生活是平淡的、安定的，所以传述下来的事迹并不太多。

弘化而有记录可考的,有广州法性寺、韶州(城内的)大梵寺,当
然还有曹溪的宝林寺。《略序》说:慧能受戒后,就在法性寺的
菩提树下,开单传宗旨(《别传》作四月八日)。依《略序》,次年
春,慧能去曹溪山的宝林寺,"印宗法师与缁白送者千余人"。
曹溪属韶州,与广州相去七百多里。慧能得印宗的赞扬,受到广
州方面缁素的崇敬。依佛教常例,不能凭慧能自己的意见或广
州方面的拥护,而到曹溪宝林寺,成为宝林寺的主导者。《别
传》说:慧能没有去黄梅时,曾经在曹溪小住。从黄梅回来,又
到过曹溪。《略序》说"归宝林",也有到过曹溪的意思。从广州
经大庾岭而到黄梅,一定要经过韶州。慧能在往来时,可能在曹
溪小住,有多少相识的人。过去,"虽犹为恶人所逐",不能安定
地住下来。现在出了家,受了具足戒,在广州受到缁素的崇敬,
曹溪僧众也就表示欢迎了。这应该是慧能回曹溪的原因。

　　《坛经》但说慧能住曹溪山,没有说到寺院的名称。《略序》
与《别传》明说是梁天监年间开山的"故宝林寺"。《略序》说:

　　　"师游境内山川胜处,辄憩止,遂成兰若一十三所。今
　　日华果院,隶籍寺门。"

　　慧能住在曹溪山,并不定住在宝林寺;住过的地方,就成立
多少别院。依中国佛教一般情形来判断,名山大寺,都有主体的
大寺;此外有许多茅蓬、别院,属大寺所管辖。《略序》的"隶籍
寺门",就是属于宝林寺的意思。慧能所住的故宝林寺,如《别
传》(续一四六·四八六)说:

　　　"又神龙三年十一月十八日,敕下韶州百姓,可修大师

中兴寺佛殿及大师经坊,赐额为法泉寺。"

中宗神龙元年(七〇五)二月复位,敕于天下诸州立(或改名为)中兴寺。到三年(七〇七)十一月,称为中兴寺的古宝林寺,又赐名而改为法泉寺,这是佛教向来的传说。然《唐书·方伎传》说"慧能住韶州广果寺"。又唐宋之问有《自衡阳至韶州谒能禅师》诗、《游韶州广界(或作"果")寺》诗。日僧圆珍(八五三——八五八年)从唐请去经籍的《智证大师将来目录》,中有《大唐韶州广果寺悟佛知见能禅师碑文》。这么看来,慧能确是住在广果寺的。然佛教所传的宝林寺(改名法泉寺),并没有错。《唐大和上东征传》,是鉴真东渡日本的行程实录。天宝七年出发,没有成功,却漂到了南海,这才经广州、韶州而回到扬州。经过韶州的情形,如《传》(大正五一·九九一下)说:

> "乘江七百里,至韶州禅居寺,留住三日。韶州官人又迎引入法泉寺,乃是则天为慧能禅师造寺也,禅师影像今见在。后移住开元寺……是岁天宝九载也。……后游灵鹫寺、广果寺,登坛受戒。至贞昌县,过大庾岭。"

天宝九年(七五〇),鉴真在韶州经历的寺院,法泉寺是则天为慧能造的,与《别传》所说相合。法泉寺以外,别有广果寺。可见慧能的住处,是不止一处的;《略序》的"兰若十三所",应有事实的根据。慧能在曹溪,住的寺院不一定,所以《坛经》等只泛说曹溪山。法泉寺与广果寺,是规模大而居住时间多的两寺吧!

慧能到韶州大梵寺说法,是《坛经》所明记的。刺史韦据等到曹溪宝林寺,礼请慧能出山,在城内的大梵寺说法,听众一千余人,是当时的盛会。慧能"说摩诃般若波罗蜜,授无相戒",记录下来,就是《坛经》的主体部分。虽经过不少增损,但慧能顿教的内容、特色及其渊源,仍可依此而有所了解。韦据是当时的韶州刺史,传记不明。州刺史一类的官吏,在国史上没有记录的本来很多。但否定《坛经》为慧能说的学者,韦据当然也与法海、慧明等同一命运,而被认为没有这个人了。韦据为慧能造碑,是《坛经》所说。《神会语录》作"殿内丞韦据",《历代法宝记》作"太常寺丞韦据",《别传》作"殿中侍御史韦据"。同说韦据立碑,而韦据的官职不同,可见这不是辗转抄录,而是同一传说的传说不同。张九龄(曲江人)撰《故韶州司马韦府君墓志铭》说:韦司马(名字不详)"在郡数载","卒于官舍","开元六年冬十二月葬于(故乡)少陵"(《全唐文》卷二九三)。这极可能就是韦据。开元七年(七一九)葬,韦司马在郡的时间,正是慧能的晚年及灭后。唐代官制,每州立刺史,而司马为刺史的佐贰。韦据任司马,或曾摄刺史,《坛经》就称之为刺史了吧!

## 德音远播

　　慧能四十多年的禅的弘化,引起了深远的影响。弟子们的旦夕请益,对顿教的未来开展给予决定性的影响而外,更影响到社会,影响到皇室。虽然僻处蛮荒,但影响也可说"无远勿届"了。王维《六祖能禅师碑铭并序》(《全唐文》卷三二七)说:

　　　　"既而道德遍覆,名声普闻。泉馆卉服之人,去圣历劫;涂身穿耳之国,航海穷年。皆愿拭目于龙象之姿,忘身于鲸鲵之口。骈立于门外,跌坐于床前。"

"故能五天重迹,百越稽首。修蛇雄虺,毒螫之气销。跳殳弯弓,猜狠之风变。畋渔悉罢,蛊鸩知非。多绝腥膻,效桑门之食。悉弃罟网,袭稻田之衣。"

这虽经文人词藻的润饰,但到底表示了:慧能的德化,不但百越(浙东、闽、粤、越南等)氏族,连印度、南洋群岛,都有远来礼敬请益的。慧能弟子中,有"西天竺崛多三藏",就是一项实例。佛道的影响,使猜疑、凶悍、残杀、凶毒的蛮风,都丕变而倾向于和平仁慈的生活。慧能弘化于岭南,对边区文化的启迪、海国远人的向慕,都有所贡献。所以王维称誉为"实助皇王之化"。

慧能在岭南弘化,竟引起了中原皇室的尊重。《能禅师碑铭并序》又这样说:

"九重延想,万里驰诚。思布发以奉迎,愿叉手而作礼。则天太后,孝和皇帝,并敕书劝谕,征赴京城。禅师子牟之心,敢忘凤阙;远公之足,不过虎溪。固以此辞,竟不奉诏。遂送百衲袈裟及钱帛等供养。"

王维所传述的,其后《历代法宝记》、《曹溪别传》都有所叙述。虽然年月参差,莫衷一是,而对皇室礼请及供养的事实,并没有实质的改变。《历代法宝记》说:长寿元年二月二十日,"敕使天冠郎中张昌期,往韶州曹溪,请能禅师,能禅师托病不去"。到万岁通天元年,"再请能禅师",能禅师还是不去,所以请袈裟入内道场供养(请袈裟是虚伪不实的)。"则天至景龙元年十一月,又使内侍将军薛简至曹溪能禅师所。……将磨衲袈裟一领,及绢五百匹,充乳药供养。"(大正五一·一八四上——中)长寿元年(六九二),万岁通天二年(六九七),神秀等还没有入京,就先请慧能,似乎不可能。何况还杂有迎请袈裟的虚伪传说!而景龙元年(七〇七),则天又早已去世了。《别传》以为"神龙元年正月十五日,高宗大帝诏敕,"遣中使薛简迎请"(续一四六·四八五)。神龙元年(七〇五)正月,则天让位,二月复国号为唐,这决不是高宗大帝时代的事。依王维《能禅师碑铭并序》,可见当时所传,则天与中宗——孝和皇帝,都有征召的传说,这可能就是《历代法宝记》长寿元年及景龙元年再度征召六祖的意思。年月的传说纷乱,难以定论。《别传》所传的迎请诏,慧能辞疾表,敕赐磨衲袈裟等文字,都有过润饰的痕迹。然传说中的事实,王维所作碑铭明白说到,是不能看作虚构的。依碑文及《历代法宝记》说,极可能为则天晚年(长安年间),曾征召慧能。到中宗景龙元年十一月,派薛简再请。《别传》所传神龙三年十一月十八日(九月改元景龙元年)诏修宝林寺等,似属同一时间的事。

《别传》有一独自的传说:神龙三年十一月十八日,敕韶州百姓修中兴寺,赐额为"法泉寺"。慧能新州的故宅,建为国恩寺(续一四六·四八六)。《唐大和上东征传》说:"韶州官人,又迎引入法泉寺,乃是则天为慧能禅师造寺也。"(大正五一·九九一下)鉴真和尚在天宝九年(七五〇)经过韶州,证实了法泉寺与唐室有关。则天崇信佛道,中宗、睿宗都仰体母后的德意,而信佛护法。赐额"法泉寺",即使则天已经去世,而民间传为则天所造,也还是合于情理的。总之,皇室的礼请慧能,敕建寺院,致送供养,都是事实;而传说的年月纷乱,是很难决定的。

## 第五节　入灭前后

### 末后的教诫

传为慧能所说的,除大梵寺说法、弟子的问答机缘外,都是晚年的末后说法。依《坛经》所传,有三部分:

一、为"十弟子"说,如说(大正四八·三四三中):

> "吾教汝说法,不失本宗。举三科法门,动用三十六对,出没即离两边。说一切法,莫离于性相。若有人问法,出语尽双,皆取法对,来去相因,究竟二法尽除,更无去处。"

这是指示为人说法的方便。三科法门,即阴、界、入。在界法门中,说明"自性含万法"——十八界;自性起十八邪,起十八正,与"性起"说相通。三十六对,分外境无情的五对、语言法相的十二对、自性起用的十九对,这是经中所没有的分类法。这三大类,大概是依器界、有情(如凡圣、僧俗、老小等)、法,即影取三世间而立的。"三十六对法,解用通一切经。"一切不离文字,也就是一切无非相依相因的对待法。所以"出语尽双","出外于相离相,入内于空离空","出没即离两边",而能"不失本宗"。三科及三十六对中的"有为无为"、"有色无色"、"有相无相"、

"有漏无漏"，与阿毗达磨的自相（三科）、共相（对法）有关。这是以当时论师的法相为对象，扩大分类而引归自宗的。禅师们好简成性，三科三十六对，大概也嫌它名数纷繁，这所以一向少人注意！

二、先天二年(七一三)七月八日(那时实还是延和元年，到八月才改为先天的)，慧能与大众话别。大众都涕泪悲泣，慧能为大众说"真假动静偈"，直指离假即真，"动上有不动"。"众僧既闻，识大师意，更不敢净，依法修行，一时礼拜，即知大师不久住世。""告别"，到这已圆满了。

在告别而大众悲泣中，有一段话说（大正四八·三四三下）：

> "唯有神会，不动亦不悲泣。六祖言：神会小僧，却得善不善等，毁誉不动，余者不得，数年山中更修何道？"

慧能对大众而独赞神会，应该是荷泽门下"坛经传宗"时所附益。

接着，上座法海启问："大师去后，衣法当付何人？"在本章论"传法"时，说到法海对于"付法"，是"当理与法"的；是"十弟子"分头并弘的。"吾灭度后，汝各为一方头"，这就是付嘱，而现在再问"衣法当付何人"，显然是前后矛盾！在这一问答中，说到付法是（大正四八·三四四上）：

> "法即付了，汝不须问。吾灭后二十余年，邪法缭乱，惑我宗旨。有人出来，不惜身命，定佛教是非，竖立宗旨，即是我正法。"

　　这明显是暗示神会于开元二十年(七三二)顷,在滑台大云寺召开定南宗宗旨大会的事。《神会语录》作"我灭度后四十年外"。《坛经》大乘寺本,作"有南阳人出来……即是吾法弘于河洛,此教大行",更明显地暗示神会在洛阳提倡南宗,这分明是荷泽门下所附益的。

　　说到传衣,《坛经》(大正四八·三四四上)说:

> "衣不合传。汝不信,吾与诵先代五祖传衣付法颂。若据第一祖达摩颂意,即不合传衣。听吾与汝颂,颂曰:第一祖达摩和尚颂曰:吾来大唐国,传法救迷情。一花开五叶,结果自然成。"

　　敦煌本历叙六代祖师付法颂,末了,还有能大师的二颂。《坛经》的别本,缺二·三·四·五祖颂,及末了的能大师二颂。这更近于《坛经》古意,敦煌本的增广,连文字也重复不顺。《坛经》原意,可能仅有达摩颂是用来证明"衣不合传"的。其他,是神会门下为了"坛经传宗"而附入的。达摩颂说"吾来大唐国",这分明是唐人所作(后来有人发现了问题,才改为"吾本来兹土")。"五叶",就是五世。神会在洛阳,请"太尉房琯,作六叶图序"(《宋僧传·神会传》)。李邕作《大照禅师塔铭》说:"今七叶矣"(《全唐文》卷二八〇)。大家还要一叶一叶地传下去。本颂只说"五叶",相信是曹溪门下,"分头并弘"者所作。到了弘忍,佛道隆盛,从此"百实皆成",不用再一代一人地传承了。这一颂,被解说为:从初祖传二祖,一直到五祖传六祖——五传而"衣不合传"的明证。这是《坛经》引达摩颂的原意,而荷泽门下,引申为付法传衣偈,增为六代付法颂,以证明"传宗"的可信。到慧能而"衣不合传",《坛经》原意为佛道隆盛,分头弘化,(衣只一件,所以)不用再传衣了。而荷泽及门下的意思,却并不如此。神会《南宗定是非论》(《神会集》二九三)说:

> "因此袈裟,南北僧俗极甚纷纭,常有刀棒相向。"

贾餗撰《杨州华林寺大悲(灵坦)禅师碑铭并序》(《全唐文》卷七三一)说:

> "及曹溪将老,神会曰:衣所以传信也,信苟在,衣何有焉!他日请秘于师之塔庙,以熄心竞。传衣繇是遂绝。"

圭峰《圆觉经大疏钞》卷三之下(续一四·二七七)说:

> "缘达摩悬记,六代后命如悬丝,遂不将法衣出山。"

荷泽与荷泽门下,都以避免诤执为不传衣的理由,这是与《坛经》的旧传不合的。荷泽门下与《坛经》的旧传不合,可见"传衣"的传说是曹溪门下的旧说,而不是神会个人伪造的。

三、慧能是八月三日入灭的。那天食后,慧能又与大众话别。法海问起:"此顿教法传受,从上已来,至今几代?"这才有七佛来四十世的叙述。这是继六代传法偈的意趣而扩展的。这一祖统说是荷泽门下所立(荷泽神会还只说东西十三代),与六代传法偈相结合,为"坛经传宗"的重要部分。

法海又启请大师,留什么法令后代人见性?慧能更说"见真佛解脱颂"——"自性真佛解脱颂"。然后要门人,"莫作世情哭泣,而受人吊问,钱帛,着孝衣",这都符合律制。最后的教诫是(大正四八·三四五上)：

> "如吾在日一种,一时端坐。但无动无静,无生无灭,
> 无去无来,无是无非,无住(无往),但能(原作'然')寂静,
> 即是大道。"

## 入　灭

先天二年(七一三)八月三日,夜三更,慧能"奄然迁化"了。
"端身不散,如入禅定。"这几天,曹溪有"异香氤氲,山崩地动,
林木变白,日月无光,风云失色"等异征。王维《能禅师碑》、《神
会语录》、《历代法宝记》、《曹溪别传》都传说相近。

早在先天元年(其实是延和元年),慧能命人"于新州国恩
寺造塔"。传说中的禅者,因袭性极强。道信将入灭,命弟子弘
忍造塔,是道宣《续僧传》所说。《传法宝纪》(弟子没有名字)、
《历代法宝记》("弟子元一")都有命弟子造塔的记录。到弘
忍,也命弟子玄赜等起塔(见《楞伽师资记》、《历代法宝记》)。
到慧能,也在故乡——新州的(龙山)国恩寺建塔,如《历代法宝
记》(大正五一·一八二下)说：

> "至景云二年,命弟子立楷,令新州龙山造塔。至先天
> 元年,问塔成否? 答:成。其年九月,从曹溪僧立楷、智海等
> 问和尚:已后谁人得法承后,传信袈裟?"

此说与《神会语录》大同。惟《语录》为玄楷,而造塔为"立
楷、智本"二人。这一段,与敦煌本《坛经》相同,惟年月参差(这
就是传说不同)。弘忍造塔,没有半个月就完成了,后来就全身

不散地葬在塔中,塔只是塔龛,不可拟想为大塔。智海等问和尚,与法海问相同,可见传说中的智海与法海,实为一人。

慧能在新州造塔,据《别传》,慧能于延和元年(七一二)归新州国恩寺,到先天二年八月入灭,约有一年时间,慧能住在国恩寺,是在新州国恩寺入灭的。入灭后,新州国恩寺与韶州法泉寺(宝林寺)曾有一番辩论。结果,慧能的遗体从新州迎回曹溪安葬,那是十一月十三日。慧能的塔院,由弟子令滔管理;从上传来的袈裟,也留在塔院供养。塔院,并非本寺,而是附属于本寺的别院。

## 弟子的到处弘化

慧能卒后一百年,柳宗元撰《赐谥大鉴禅师碑铭》就说:"凡言禅皆本曹溪。"曹溪禅的发达、成就,晚唐以来,一般就重于洪州、石头。洪州、石头,诚为晚唐以来的禅宗主流,但曹溪禅风的发展,到笼盖教界,决不只是洪州、石头门下的功绩。近人胡适之,从敦煌出土的有关神会的遗著而说"凡言禅皆本曹溪,其实是皆本于荷泽"(《神会集》九〇)。又有对于南宗的发展,特重"江南般若系统",偏重于江东佛教的影响。这些片面的、过分的偏重,都是不能正确了解曹溪禅开展之全貌的。从曹溪门下的各方面开展去看,大体可分"岭南"、"江南"、"中原"——三区,试从此略窥曹溪禅开展的一斑。

一、"岭南":慧能弟子的分头开展,大体上都向故乡(广义的)去的。慧能在广韶行化四十余年,在慧能入灭后,岭南方面的弟子多数留在广韶——岭南区域,这是当然的事实。佛教的史传,对边区一向是疏略不备。岭南方面弟子的默默无闻,决不是从此衰落不堪。确认岭南方面弟子的继承发展,在《坛经》与禅宗史的研究中,为一必要的前提。

慧能在日,韶州学众,经常有千余人。晚年受皇室的尊敬,敕修寺院。肃宗时,又迎请传法袈裟到宫内供养。这对于慧能游化区的佛教,是莫大的鼓舞。元和十年(八一五),宪宗赐六祖谥为"大鉴禅师"。柳宗元《赐谥大鉴禅师碑》(大正四八·三六三中)说:

> "元和十年十月十三日下,尚书祠部符到都府,公命部吏泪州司功掾,告于其祠。幡盖钟鼓,增山盈谷;万人咸会,若闻鬼神。其时学者千有余人,莫不欣勇奋厉,如师复生。"

到那时,曹溪山还是千百众的道场。岭南方面,应不乏杰出的师僧,不能因传记疏略不备而漠视,或否认其真实存在。

《坛经》的"十弟子",只是晚年随侍在侧的,而且是曹溪法泉寺的弟子。依《传灯录》(卷五),志诚、法达、智常、神会、志彻,都是外来的。惟"韶州法海"、"广州志道"是岭南人,一直在广韶一带行化。此外,"曹谿令韬",即守护衣塔的行滔。"广州吴头陀"、"罗浮山定真"、"广州清苑法真"(或疑为十弟子中的法珍),都是十弟子以外的。《坛经》的原始部分,是法海(或作智海)所记所集,为手写秘本而辗转传授。其传承,敦煌本为:法海——(同学)道漈——(门人)悟真。"悟真在岭南曹溪山法兴("兴",疑为"泉"字草书的误写)寺,见今传受此法。"惠昕本作:法海——志道——彼岸——悟真——圆会。《坛经》是曹溪山僧传出来的。原始部分,经一番补充而成"南方宗旨"。传入中原,流到荷泽门下,演变为"坛经传宗"。《坛经》的记录传出,为慧能门下曹溪山僧对禅宗的重要贡献!

景慕慧能,称之为"生佛"、"肉生菩萨",所说为《坛经》的,正是岭南的僧俗。从充满信仰的热忱中,传说出慧能(及身后)的事迹。关于出家、受戒的,是广州法性寺所传。慧能与曹溪的关系,在曹溪的修建,受皇室尊敬供养,敕建寺院,迎请袈裟,这都是曹溪的光荣,而经常传于人口的。这些,流入大江南北,为荷泽门下所接受的,如《瘗发塔记》、《略叙》、《曹溪大师别传》。这些传说,稍后为江南——洪州门下所承受而改编的,是《宝林传》。《宝林传》叙述从佛,一代一代的二十八祖,又传到东土六祖——曹溪宝林寺慧能。这些传说,部分过于传说性,不免冲淡了史实性。然而传说对宗教来说,正是感召人心、宗教活力的源泉之一。渊源于慧能旧日游化区的传说,从禅宗的发展来说,影响力的巨大是难以想像的!

二、"中原":这是以当时的政教中心——京、洛为中心,而向南北延伸。在禅宗的开展中,东山下的法如在嵩山,神秀在当阳开法,引起则天的征召。以神秀为首的弘忍弟子,纷纷入京、洛,而京、洛成为北宗的化区。禅者,诚然是帝阙不异山林,然在一般来说,弘化京、洛,不免与政治的关系密切,而多少沾有贵族的气息。曹溪禅本富于平民的、劳动者的特色,但在发展中,京、洛的中原也还是教化的重点之一。神会在南阳时代,就开始了定慧不二——顿禅的阐扬。开元二十年(七三二),在滑台召开论定宗旨的大会。天宝四年(七四五),神会入东京洛阳。神会采取了敌前挺进的姿态,抨击北宗,不免引起了北宗的反击。以《坛经》一再告诫的"无诤"的曹溪禅风来说,神会的敌对态度是不足取的。然而顿禅在京、洛的迅速生根而发扬起来,不能不说是神会的勋绩!胡适整理了这方面的资料,使当时南北相抗的局面明确地显示出来。然如以为曹溪禅在中原的流行开始于神会,一切功德归于神会,那就未必然了!

司空山本净,天宝三年(七四四)十二月应召入京,为慧能门下第一人。本净入京,比神会到洛阳还早一年呢!在神会受皇室尊敬时节,传说为慧能的另一弟子南阳慧忠,又于上元二年(七六一),应肃宗的礼请而入西京(长安)。此外,在北方弘禅而与神会同时的,如《历代法宝记》(大正五一・一八六上)说:

> "天宝年间,忽闻范阳到次山有明和上,东京有神会和上,太原有自在和上,并是第六祖师弟子,说顿教法。"

无住于天宝八年(七四九)出家受戒。听说六祖的三位弟子弘顿教法,还是出家以前七四六——七四七年间的事。当时,今河北省的范阳、山西省的太原《(传灯录》作"并州自在"),都有曹溪弟子弘开顿教的踪迹。更早些,慧能弟子净藏《(传灯录》作"嵩山寻",寻为藏字的误写),于慧能入灭(七一三年)后,就来嵩山的会善寺,天宝五年(七四六)去世,如《嵩山(会善寺)故大德净藏禅师身塔铭》(《全唐文》卷九九七)所说。而慧能弟子晓了,也在圌担山弘阐曹溪禅,如北宗弟子忽雷澄作《晓了禅师塔铭》(《全唐文》卷九一三)说:

"师住匾担山,法号晓了,六祖之嫡嗣也。师得无心之
心,了无相之相。……师自得无无之无,不无于无也。吾今
以有有之有,不有于有也。……师住世兮曹溪明,师寂灭兮
法舟倾。师谭无说兮寰宇盈,师示迷途兮了义乘。匾担山
色垂兹色,空谷犹留晓了名。"

忽雷澄以为:晓了"得无心之心,了无相之相"。晓了是"得
无无之无,不无于无",而自己是"以有有之有,不有于有"。虽
意味为实质相同,而明显地表达了曹溪禅与北宗的区别。晓了
传曹溪禅入中原,时间不详,约与神会同时。

三、"江南":泛指五岭以北、长江以南一带。江西、湖南为中
心,是慧能弟子中南岳、青原的主要化区。还有现今的福建、浙
江,及安徽、江苏的南部。对禅宗的发展来说,这是最主要的一
区。今有传记可考的,弟子青原行思(七四○年去世)得法后,就
回本州,住青原山的静居寺。弟子石头希迁(七○○——七九○
年),大大地在湖南发扬起来。又弟子南岳怀让,景云二年(七一
一)离慧能到南岳去,天宝三年(七四四)去世。传有入室的弟子
六人,其中,道峻住扬州大明寺,神照在潮州,而道一(七○九——
七八八年)晚住江西的洪州(今南昌)。道一与希迁的弘扬,人才
济济,曹溪禅达到非常隆盛的境地,不是神会门下可及了!

慧能弟子而在东南的,是永嘉玄觉、婺州玄策,还有事迹不
明的"会稽秦望山善现禅师"、"义兴(今江苏武进)孙菩萨"。
永嘉,即今浙江的永嘉县。天台学盛行于浙东,玄觉(如《永嘉
集》)也受到天台的影响,传说与天台左溪玄朗为同门。《永嘉
集》(第九)有玄朗"招觉山居"之书。玄觉的复友人书,并不同

意玄朗的见地。《传灯录》说玄觉得左溪玄朗的激发，才往韶州参慧能，不如《祖堂集》（及《宋僧传》）所传，得玄策的激发，而同往曹溪为妥。玄觉的参访曹溪，留下"一宿觉"的禅门佳话。玄觉回来，住永嘉开元寺，于先天二年（七一三）就去世了，对东南的佛教，投下了重大的影响。李邕（六七八——七四七年）为玄觉撰碑。婺州玄策，或作智策、神策、大策（策，或写作荣），与玄觉为友。《湖州佛川寺故大师塔铭并序》称之为"方岩策公"。玄策晚年，"却归金华（即婺州），大开法席"。玄策的弟子佛川慧明（六九七——七八〇年）就在湖州（浙西），被称誉为"南宗传教菩萨"。玄觉与玄策，都在浙东天台宗的化区。而六朝故都——金陵为中心的，一向盛行三论宗的地区，在曹溪顿禅（及北宗禅）的光辉下激发而牛头禅大盛起来。

## 南北对抗中的插曲

曹溪与玉泉的禅风，为一事实的南北对立。引发对立而明朗化的，神会是重要的一人。在南北对立中，神会传说了有关慧能而实为贬抑北宗的三事——盗首、磨碑、盗衣。如《南宗定是非论》（《神会集》二八九）说：

> "开（元）二年中三月内，使荆州刺客张行昌诈作僧，取能和上头，大师灵质，被害三刀。"

> "盛续碑铭，经磨两遍。又使门徒武平一等，磨却韶州大德碑铭，别造文报，镌向能禅师碑。（别）立秀禅师为第六代，××××及传袈裟所由。"

开元二年（七一四），为慧能灭后第二年。刺客张行昌，诈作僧人,想取能和尚头,在灵质(遗体)上砍了三刀。这一传说,《别传》预言"五六年后",有人要取大师首(《传灯录》也这样说)。而事实的发生,《传灯录》作"开元十年",《宋僧传》作"开元十一年",《别传》作"开元二十七年"。原始的传说,应在"开元初年"。刺客张行昌,《别传》等作张净满。不说北宗所使,而是新罗僧的指使。张行昌在大师的灵质上砍了三刀;《传灯录》等也说"见师颈有伤",这是一项事出有因的传说。《传灯录》卷五(大正五一・二三六下)说:

> "门人忆念取首之记,遂先以铁叶、漆布,固护师颈。"

以铁叶(或说"铁环")固护师颈,是《别传》、《宋僧传》所同说的。原来,凡身死而色身不散的,一切都维持原状,惟项上筋断,不能维系头部的重量,所以头必下垂,或有折断的可能,不论漆或装金,必先以布缠颈漆固,头才能正直如平常一样。六祖的颈项,以铁叶(一般用漆布就够了)漆布缠固,可能初有脱落可能,这是事实。或者不明铁叶漆布护颈的原因,而有有人盗头的传说。在南北对抗中,容易被传说为北宗所使了。

《传灯录》有张净满盗首事件,而在"志彻"问答中,又说刺客张行昌,在慧能生前,为北宗所使来行刺。"行昌挥刃者三,都无所损。"一事而化为二事,刀砍不伤,传说得更离奇了!传说就是这样的。

《坛经》敦煌本但说:"韶州刺史韦据立碑,至今供养。"神会及其门下,才有磨改碑文的传说,如《神会语录》说:

> "至开元七年,被人磨改,别造文报镌,略除六代师资

授受及传袈裟所由。其碑今在曹溪。"

《神会语录》(及《历代法宝记》)所说,可补《南宗定是非论》的缺文。《语录》只说被人磨改,将六代师资传授及传袈裟事除去。虽说"别造文报镌",而碑还是韦据碑,仍在曹溪,与《坛经》说相合。这是神会的原始说,指北宗磨改碑文,而说得空泛。但晚年改定的《南宗定是非论》却不同。圭峰《圆觉经大疏钞》卷三之下(续一四·二七七)说:

> "传授碑文,两遇磨换。据碑文中所叙,荷泽亲承付嘱。"

《南宗定是非论》的"盛续碑文",依圭峰说,"盛续"应为"传授"二字的讹写。依《神会语录》,只说被磨改,被略除六代相承及传衣,而《南宗定是非论》在"经磨两遍"以外,又说武平一磨碑,不但除去六代相承,而别立神秀为第六代。圭峰进一步说:原碑还说到"荷泽亲承付嘱"。磨碑的传说,应是韦据所立碑文,没有说到"付法传衣",为了避免北宗的反诘,而有北宗人磨碑别镌的话。荷泽的原始说还简单,到晚年门下的传说,更具体地说是武平一磨改,但更显得不可信了。

还有盗衣的传说,如《南宗定是非论》说:景龙三年(七〇九),普寂禅师的同学、西京清禅寺广济到韶州来,夜半进六祖房,想偷传法袈裟,被慧能喝了出去。大家追问,怕有所损害,含糊了事(《神会集》二九二)。《圆觉经大疏钞》也说"法信衣服,数被潜谋",那又不止一次了。慧能生前,有关偷取传法袈裟的事,《坛经》没有说,《神会语录》也没有说,这是荷泽门下的传说。

# 第六章 《坛经》之成立及其演变

## 第一节 《坛经》的主体部分

《坛经》为慧能大师所说,弟子法海所集记,这是《坛经》自身所表明的。过去,以明藏本《坛经》为惟一的《坛经》。到了近代,敦煌写本(斯坦因五四七五号,编入《大正藏》卷四八)发现了,日本的兴圣寺本、大乘寺本等出版了,《坛经》的研究进入了一新的阶段。一般以敦煌本为现存各本中最古的本子。《坛经》(以敦煌本来说)是否慧能所说呢?胡适(一九三〇年)出版《神会和尚遗集》,以敦煌本为最古本,主要为神会(少部分为门下)所作。宇井伯寿(一九三五年)《第二禅宗史研究》,立场比较传统,除去《坛经》中的一部分,其余为慧能所说。关口真大(一九六四年)《禅宗思想史》,对宇井伯寿那种办法不表同意,另从传说中的《金刚经口诀》去研究慧能的思想,而以《坛经》为代表神会的思想。柳田圣山(一九六七年)《初期禅宗史书之研究》,以为"无相戒"、"般若三昧"、"七佛二十九祖说",是牛头六祖慧忠所说、鹤林法海所记的。神会晚年,把它引入自宗,由门下完成,约成立于《曹溪别传》及《宝林传》之间(七八一——
八〇一年)。《坛经》到底是否慧能所说、法海所集所记? 还是
神会(及门下)所造,或部分是牛头六祖所说呢? 我不想逐一批
评,而愿直率地表示自己研究的结论。

## 东山门下的开法传禅

禅宗到了唐初,忽然隆盛起来;禅法的普遍传授,确是使达
摩禅进入新阶段的重要因素。禅法传授的重大演变,如杜朏
《传法宝纪》说:

> "慧可,僧璨,(脱一字)理得真。行无辙迹,动无彰记。
> 法匠默运,学徒潜修。至夫道信,虽择地开居,营宇立(原
> 误作'玄')象。存没有迹,旌榜有闻。而犹平生授受者,堪
> 闻大法,抑而不传。……及忍、如、大通之世,则法门大启,
> 根机不择,齐速念佛名,令净心。密来自呈,当理与法。"

据《传法宝纪》所说,弘忍以下,禅法开始为公开的、普遍的
传授(这含有开宗立派的意思)。这种公开的传授,当时称之为
"开法"、"开禅",或称为"开缘"。在早期的禅学文献中,留下
了明确的记录。属于北宗的,如《唐中岳沙门释法如禅师行状》
(《金石续编》卷六)说:

> "忍传如。……垂拱二年,四海标领僧众,集少林精
> 舍,请开禅法。……谦退三让,久乃许焉。"

垂拱二年(六八六),离弘忍的去世(六七四年,或说六七五

年)约十年。法如为弘忍弟子,是临终时侍奉在身边的一位。法如在嵩山少林寺开法,《传法宝纪》也说:"垂拱中,都城名德惠端禅师等人,咸就少林,累请开法,辞不获免。……学侣日广,千里响会。"但法如开法不久,永昌元年(六八九)就去世了。

法如去世后,在荆州玉泉度门兰若的神秀就起来开法接众,如《传法宝纪》说:

> "(神秀)然十余年间,尚未传法。自(法)如禅师灭后,学徒不远万里,归我法坛。遂开善诱,随机弘济。天下志学,莫不望会。"

神秀开法传禅的盛况,也如《大通禅师碑》(《全唐文》卷二三一)说:

> "云从龙,风从虎;大道出,贤人睹。岐阳之地,就者成都;华阴之山,学来如市:未云多也! ……升堂七十,味道三千,不是过也! 尔其开法大略,则专念以息想,极力以摄心。……持奉《楞伽》,递为心要。"

神秀在玉泉开法的盛况,极为明确。《宋僧传》(卷九)《义福传》说:"神秀禅门之杰,虽有禅行,得帝王重之无以加者,而未尝聚徒开法也。"(大正五○·七六○中)《宋僧传》说神秀没有聚徒开法,是与事实不符的,这大概是曹溪门下的传说!

与神秀同时,而多少迟一些的,有安州玄赜。玄赜也是弘忍门下,是弘忍临终时侍奉在侧、为弘忍建塔的弟子。玄赜的开法,如《楞伽师资记序》(大正八五·一二八三上)说:

"（安州寿山大和尚讳赜）大唐中宗孝和皇帝景龙二
年，敕召入西京。便于东都广开禅法，净觉当即归依，一心
承事。两京来往参觐，向（经十）有余年。"

玄赜在景龙二年（七〇八），受则天的礼请，净觉就在那时
归依。从参觐十有余年来说，大概七二〇年前后，玄赜还在两京
开法。净觉是《楞伽师资记》的作者，为玄赜的入室弟子。净觉
继承了玄赜，也在两京开法。如净觉在开元十五年（七二七）注
《般若波罗蜜多心经》，李知非所作《经序》中说：

"净觉禅师，比在两京，广开禅法。王公道俗，归依者
无数。"

神秀门下，《楞伽师资记》列举了普寂、敬贤、义福、惠
福——四位禅师。其中，普寂（开元二十七年，七三九卒）为神
秀门下最杰出的禅师。《南宗定是非论》说"普寂禅师开法来数
十余年"（《神会集》二九〇），《宋僧传》（卷九）《义福传》也说：
"普寂始于都城传教二十余载，人皆仰之。"（大正五〇·七六〇
中）从法如到普寂（六八六——七三九年），北宗禅在两京开法
的盛况，可说到了极点！

弘忍门下，还有智诜，也曾受到则天帝的礼敬，住资州德纯
寺，长安二年（七〇二）去世。智诜的再传弟子无相，人称"金和
上"（宝应元年，七六二年去世），住成都净众寺。如《历代法宝
记》（大正五一·一八四下——一八五上）说：

"无相禅师，俗姓金。……后章仇大夫，请开禅法，居

净泉(众)寺,化道(导)众生。"

"金和上每年十二月、正月,与四众百千万人受缘,严设道场,处高座说法。"

这是东山下净众寺一流。《圆觉经大疏钞》卷三之下也说到:"无住……游蜀中,遇金和上开禅,亦预其会。"并说这种开禅的法会,名为"开缘"(续一四·二七八)。

被称为"南宗"的慧能门下,在京洛大开禅法的,是神会,如《南宗定是非论》(《神会集》二八三)说:

"能禅师是的的相传付嘱人。已下门徒道俗近有数(应脱落'十'或'百'字)余人,无有一人敢滥开禅门。纵有一人得付嘱者,至今未说。"

"一人得付嘱者,至今未说",就是神会自己。在开元二十年(七三二)左右,神会还没有开法。神会是天宝四年(七四五),因兵部侍郎宋鼎的礼请而到东京(洛阳)的。天宝八年(七四九),神会在洛州荷泽寺定宗旨,但法难就来了,如《圆觉经大疏钞》卷三之下(续一四·二七七)说:

"因洛阳诘北宗传衣之由,及滑台演两宗真伪,与崇远等持(原误作'诗')论一会。……便有难起,开法不得。"

神会在被贬逐(七五三年)以前,还不曾开法。直到安禄山作乱,郭子仪收复两京(七五七年),神会才以六祖付嘱人的资格大开禅门,如《历代法宝记》(大正五一·一八五中)所说:

"东京荷泽寺神会和上,每月作檀场,为人说法,破清净禅,立如来禅。"

## 《坛经》的原始部分

弘忍以来,有公开的开法传禅。传授的方便,彼此都有所不同,但有一共同的形式,那就是戒禅合一。本书第二章指出,道信法门的特色之一,是菩萨戒与禅法的结合。第四章中,曾列举南宗、北宗、净众宗、宣什宗——东山门下的开法情形;南宗与北宗,明显地达到了戒(佛性本源清净)与禅的合一。这是历史的事实,一代的禅风。了解一般开法的特性,就知道《坛经》也有这一部分——大梵寺说法。这一部分,现有的《坛经》不同本子,在次第上、文句上虽有些出入,然分析其组成部分,是大体相同的。敦煌本的次第是:

"善知识!净心,念摩诃般若波罗蜜法。"

"善知识!我此法门,以定慧为本。"

"善知识!我此法门,从上已来,顿渐皆立无念为宗,无相为体,无住为本。"

"善知识!总须自体与受无相戒。一时逐慧能口道,令善知识见自三身佛。"

"今既归依自三身佛已,与善知识发四弘大愿。"

"既发四弘誓愿讫,与善知识无相忏悔三世罪障。"

"今既忏悔已,与善知识受无相三归依戒。"

"今既自归依三宝,总各各至心,与善知识说摩诃般若波罗蜜法。"

大梵寺说法部分，不是一般的说法，是公开的开法传禅，是与归戒、忏悔、发愿等相结合的。明藏本说："于城中大梵寺讲堂，为众开缘说法。"（大正四八·三四七下）"开缘"，正是开法传禅的别名。

宣什与净众宗的开法，没有详细的记录流传下来（《历代法宝记》有金和上开示三句的大意）。神秀有《大乘无生方便门》，神会有《坛语》，慧能有《坛经》的大梵寺说法部分。开法，是不止一次的。无论是神秀、慧能、神会或其他禅师，每次开法，特别是开示法门部分，不可能每次都是一样的。如每次同样，那就成为宣读仪轨，失去了开法的意义。《大乘无生方便门》（现有敦煌出土的，四种大同而又多少增减的本子，就是不同一次的开法、不同记录的例子）、《坛语》，都不是神秀与神会的著作，而是一次一次的开法，由弟子忆持其共通部分而记录下来的。慧能的开缘说法，想来也不止一次。现存的是以大梵寺开法为主（这应该是当时最盛大的一次），由门人忆持记录而成。

《坛经》现存各本的内容，含有其他部分，而不限于大梵寺说法的。然《坛经》的主体部分，即《坛经》之所以被称为《坛经》的，正是大梵寺说法部分，如敦煌本《坛经》（大正四八·三三七上）说：

"慧能大师于大梵寺讲堂中，升高座，说摩诃般若波罗蜜法。……刺史遂令门人僧法海集记，流行后代，……说此《坛经》。"

宋代禅者的意见，也正是这样。如宋道原于景德元年（一

〇〇四)上进的《传灯录》卷五(大正五一·二三五下)说:

> "韶州刺史韦据,请于大梵寺转妙法轮,并受无相心地戒。门人纪录,目为《坛经》,盛行于世。"

《传法正宗记》是契嵩的名著,嘉祐六年(一〇六一)上呈。卷六(大正五一·七四七中——下)也说:

> "韶州刺史韦据,命居其州之大梵寺说法。……其徒即集其说,目曰《坛经》。"

契嵩曾写了一篇《坛经赞》,是至和元年(一〇五四)所作,编入《镡津文集》卷三。所赞的《坛经》内容是:"定慧为本"、"一行三昧"、"无相为体"、"无念为宗","无住为本"、"无相戒"、"四弘愿"、"无相忏"、"三归戒"、"说摩诃般若"、"我法为上上根人说"、"从来默传分付"、"不解此法而辄谤毁"(大正五二·六六三上——下)。契嵩所赞的《坛经》内容,就是大梵寺说法部分,次第完全与敦煌本相同。这是敦煌本《坛经》为现存各本《坛经》中最古本的明证。古人心目中的《坛经》,是以大梵寺说法部分为主体的。所以现存的《坛经》应分别为二部分:一、(原始的)《坛经》——"坛经主体",是大梵寺开法的记录。二、"坛经附录",是六祖平时与弟子的问答,临终付嘱,以及临终及身后的情形。二者的性质不同,集录也有先后的差别。在《坛经》的研究上,这是应该分别处理的。

《坛经》,尊称为"经",当然是出于后学者的推崇。为什么称为"坛"——大梵寺说法部分,被称为"坛经"呢?这是由于开法传禅的"坛场"而来。如《传法宝纪》说："自（法）如禅师灭后,学徒不远万里,归我法坛。"《历代法宝记》说:"荷泽寺神会和上,每月作檀场,为人说法。"（大正五一·八五中）《坛语》也说:"已来登此坛场,学修般若波罗蜜。"（《神会集》二三二）当时的开法,不是一般的说法,是与忏悔、发愿、归依、受戒等相结合的传授。这是称为"法坛"与"坛场"（坛,古代或通写为檀）的理由,也就是被称为《坛经》《坛语》的原因。

　　坛,有"戒坛"、"密坛"、"忏坛"、"（施）法坛"。"戒坛"是出家人受具足戒的坛场;慧能、神会的时代,"戒坛"早已成立。开元中,又有"密坛"的建立,这是传授密法、修持密法的道场。礼忏有"忏坛",如隋智顗所说、灌顶所记的《方等三昧行法》（大正四六·九四五上）说:

　　　　"道场应作圆坛,纵广一丈六尺……作五色圆盖,悬于坛上。"

　　"道场",是行道——忏悔、坐禅等处所。"坛"是道场的主要部分,是陈设佛像、经书,庄严供养的。依天台家所传,忏悔也与归依、受戒、坐禅等相结合。神会的《坛语》,说到"道场",又说到"坛场",这是忏悔、礼拜、发愿、受戒、传授禅法的地方。凡忏悔、受戒、传授密法,都有"坛场"。唐代禅者的开法,也在坛内进行授戒、传禅,这就是"法坛"或"施法坛"了。

　　上来的引述,主要为了证明:东山门下的禅法,取公开的、普遍的传授方式,与忏悔、归戒等相结合。所以仿照"戒坛"（或"忏坛"）而称之为"法坛"、"施法坛"。慧能在大梵寺,"说摩诃般若波罗蜜法,授无相戒"。弟子们记录下来,就称为《坛经》或《施法坛经》。这就是《坛经》的主体,《坛经》的原始部分。

## 第二节　敦煌本《坛经》的成立

慧能在大梵寺,"说摩诃般若波罗蜜法,授无相戒"。传说由弟子法海记录,为《坛经》的主体部分。这在慧能生前,应该已经成立了。等到慧能入灭,于是慧能平日接引弟子的机缘、临终前后的情形,有弟子集录出来,附编于被称为《坛经》的大梵寺说法部分之后,也就泛称为《坛经》。这才完成了《坛经》的原型,可称为"曹溪原本"。

以现存《坛经》本来说,敦煌本最古。但敦煌本已不是《坛经》原型,而有过补充、修改,这是古人所曾经明白说到的。

### 荷泽门下的"坛经"传宗

《坛经》是先后集成的,并有过修改与补充,但《坛经》代表了慧能南宗的顿禅,一向是大家(禅者)所同意的。到近代,才有神会或神会门下造《坛经》的见解。其中一项文证,是韦处厚(卒于八二八年)所作《兴福寺内供奉大德大义禅师碑铭》(《全唐文》卷七一五)所说:

> "秦者曰秀,以方便显。"
>
> "洛者曰会,得总持之印,独曜莹珠。习徒迷真,橘枳变体,竟成坛经传宗,优劣详矣!"
>
> "吴者曰融,以牛头闻,径山其裔也。"

"楚者曰道一,以大乘摄,(大义)大师其党也。"

韦处厚叙述当时的禅宗四大派,说到在洛阳的是神会。神会的习徒,"竟成坛经传宗",这确实说到了《坛经》与神会门下的关系,但"竟成坛经传宗",是什么意义?应有充分的理解,才不会因误解而想入非非。这句话,在《坛经》的敦煌本中,发现了明确的解说,如说:

"刺史遂令门人僧法海集记,流行后代。与学道者,承此宗旨,递相传授,有所依(原作'于')约,以为禀承,说此《坛经》。"(大正四八·三三七上)

"若论宗旨,传授《坛经》,以此为依(原作'衣')约。若不得《坛经》,即无禀受。须知法处年月日姓(原作'性')名,递(原作'遍')相付嘱。无《坛经》禀承,非南宗弟(原作'定')子也。未得禀承者,虽说顿教法,未知根本,终(原作'修')不免诤。"(大正四八·三四二上)

"大师言:十弟子!已后传法,递(原作'迎')相教授一卷《坛经》,不失本宗。不禀受(原作'授')《坛经》,非我宗旨。如今得了,递(原作'迎')代流行。得遇《坛经》者,如见吾亲授。"(大正四八·三四三下)

"大师言:今日已后,递(原作'迎')相传授,须有依约,莫失宗旨。"(大正四八·三四四下)

"此《坛经》,……悟真在岭南曹溪山法兴寺,见今传受此法。如付此(原作'山')法,……持此经以为依(原作'衣')承,于今不绝。……不得妄付《坛经》。"(大正四敦煌本《坛经》，如上所引述的，一再明确地说到："若不得《坛经》，即无禀受"；"不禀受《坛经》，非我宗旨"。在传法同时，要传一卷《坛经》。《坛经》不只代表慧能的宗旨，又是作为师弟间授受的"依约"（依据，信约），凭《坛经》的传授，以证明为"南宗弟子"的。《坛经》是被"传"被"付"的，是传授南宗宗旨的"依约"，这就是"坛经传宗"。

圭峰《禅源诸诠集都序》（卷上）说："荷泽洪州，参商之隙。"（大正四八·四〇一中）洪州——道一门下，荷泽——神会门下，当时是有些嫌隙的。韦处厚为大义禅师作碑铭；大义是道一弟子，所有对神会门下的批评，正代表道一门下的意见。照韦处厚的碑文所说，神会"得总持之印，独曜莹珠"，对神会是存有崇高敬意的。即使神会不是独得慧能的正传，也是能得大法的一人（那时的洪州门下，还不敢轻毁神会）。但神会的"习徒，迷真"向俗，如"橘逾淮而变枳"一般。看起来，还是弘传神会所传的南宗顿禅，而实质上是变了，"竟"然变"成"用"坛经"来作为"传宗"的依约。失去传法——密传心印的实质，而换来传授《坛经》的形式。所以神会是"优"越的，神会的习徒是低"劣"的，优劣是非常明白了。这是当时道一门下对神会门下的责难，因而造成嫌隙。神会门下未必专重传授《坛经》的形式，然以传授《坛经》为付法的依约，从敦煌本《坛经》看来，是确实如此的。神会门下应用《坛经》为付法的依约，所以在当时手写秘本的《坛经》上，加上些禀承、依约的文句。依大义禅师碑铭，说神会门下对《坛经》有什么改变，那只能证明是"坛经传宗"这部分。

神会门下为什么要用《坛经》来作"传宗"的依约？从迹象看来，当时神会门下，在禅法的传授上有一重大的困扰。起初，神会责难北宗门下，确定慧能为六祖，当时最有力的一着，就是传衣，如《南宗定是非论》(《神会集》二八一——二八二、二八四——二八五)说：

> "经今六代，内传法契以印证心，外传袈裟以定宗旨。从上相传，一一皆与达摩袈裟为信。其袈裟今见在韶州，更不与人。余物相传者，即是谬言。"

> "法虽不在衣上，表代代相承，以传衣为信，令弘法者得有禀承，学道者得知宗旨不错谬故。"

神会以弘忍传衣给慧能，证明慧能为六祖。袈裟是"信衣"，是证明"得有禀承"、"定其宗旨"的。然而神会自己，慧能并没有传衣给他。神会没有传衣为禀承，那怎能证明是代代相传的正宗？在神会责难神秀门下的时候，应该已多少感觉到了。所以在定宗旨的大会上，不能明说自己得慧能的传授，只能隐约地说："能禅师已后……传授者是谁？（会）和上答：已后应自知。""纵有一人得付嘱者，至今未说。"(《神会集》二八六、二八三)四川的净众、保唐门下，看透了这一问题，因而提出意见，神会没有传承慧能的正宗，如《历代法宝记》(大正五一·一八五中——下)说：

> "会和上云：若更有一人说，会终不敢说也。为会和上不得信袈裟。"

> "远法师问(神会)禅师：上代袈裟传不？会答：传。若

不传时,法有断绝。又问:禅师得不? 答:不在会处。"

　　"有西国人迦叶,贤者安树提等二十余人,向会和上说
法处。问:上代信袈裟,和上得不? 答:不在会处。"

　　神会在动乱中成功(天宝战乱以前,神会还没有开法),没
几年又在动乱中去世。到了神会门下,没有信袈裟,那与北宗禅
师们有什么差别? 而四川的保唐门下,正传说衣在无住处,证明
慧能的法统在四川,这应该是神会门下最感困扰的事了! 在这
种情形下,发生了"坛经传宗"的事实。当时,《坛经》是手写秘
本。在传法付嘱时,附传"一卷《坛经》","以此为依约",对外
宣称,慧能说,衣不再传了,以后传授一卷《坛经》以定宗旨。
《坛经》代替了信袈裟,负起"得有禀承"、"定其宗旨"的作用。
这就是"坛经传宗"的意义,也就是道一门下责难荷泽门下的问
题所在。神会死于七六二年,德宗贞元十二年(七九六),敕定
神会为七祖。《历代法宝记》约作于七七五年。大义禅师死于
八一八年。所以神会门下修改《坛经》,以《坛经》为传宗的依
约,大抵在七八〇——八〇〇年间。

　　与"坛经传宗"有关的,敦煌本还有一大段文(大正四八·
三四四中——下):

　　"此顿教法传受,从上已来,至今几代? 六祖言:初传
受七佛,释迦牟尼佛第七。大迦叶第八,阿难第九,……南
天竺国王子第三子菩提达摩第三十五。唐国,僧慧可第三
十六,……慧能自身当今受法第四十。(原误作'十四')"

　　"大师言:今日以后,递相传受,须有依约,莫失宗旨。"

说到传法的统系,经律旧有各种不同的传承。与禅宗传法统系相关的,有三:一、佛陀跋陀罗——觉贤三藏来中国传禅,在庐山译出《达摩多罗禅经》(约四一一年译出),慧观作序(见《出三藏记集》卷九)。《禅经》(及《经序》)叙述禅法的传承,说到大迦叶、阿难、末田地、舍那婆斯、优波崛(五师)、婆须蜜、僧伽罗叉、达摩多罗、不若蜜多罗。二、后魏吉迦夜等(约四七二年顷)传出的《付法藏传》六卷,也是从大迦叶等五师起,到师子尊者止,共二十四人。三、梁僧祐(五一八年卒)撰《出三藏记集》(卷十二)有"萨婆多部记目录",中有两种大同小异的传说。1."旧记"所传:从大迦叶到达摩多罗(后五师,都是《禅经序》所说的),共五十三世。2."长安城内齐公寺萨婆多部佛陀跋陀罗师宗相承略传",从阿难第一起,到僧伽佛澄,共五十四世。比"旧记"所说,在达摩多罗后,又增出四人。僧祐是律师,所以看作律的传承,其实与佛陀跋陀罗所传有关,是参照《付法藏因缘传》而补充集成的。这三种(四说)法统谱系,为后代禅者的主要依据。

自道信、弘忍以来,禅风大盛,达摩以来的传承也就自然地传说出来。统论禅宗法统说的发展,略有三个时期。

第一,弘忍门下的早期传说(六八〇—— ):中国方面,从菩提达摩、僧可、僧璨、道信、弘忍到神秀,或说慧能。天竺方面,引《达摩多罗禅经》,以说明远承天竺。代表北宗的是这样,如《唐中岳沙门释法如行状》、《传法宝纪》。代表南宗的神会也是这样,如《南宗定是非论》(《神会集》二九四——二九五)说:

　　"和上答：菩提达摩西国承僧伽罗叉，僧伽罗叉承须婆
蜜，须婆蜜承优波崛，优波崛承舍那婆斯，舍那婆斯承末田
地，末田地承阿难，阿难承迦叶，迦叶承如来付。唐国以菩
提达摩而为首，西国以菩提达摩为第八代。西国有般若蜜
多罗承菩提达摩后，唐国有慧可禅师承菩提达摩后。自如
来付，西国与唐国，总经有一十三代。"

　　神会的东西十三代说，只是将菩提达摩以来的六代，与《禅
经》说相结合。《禅经》说："尊者达摩多罗，乃至不如蜜多罗。"
神会说："西国有般若（与'不如'音相近）蜜多罗承菩提达摩后，
唐国有慧可禅师承菩提达摩后。"这可见神会是以达摩多罗为
菩提达摩的。禅者都注重修持，精思密察的法相、翔正确实的历
史，是他们所忽略的。禅者的传法统系（古代的），虽引用古说，
但没有经过严密的考订，而是在充满热心的传说中，逐渐发展而
来的。西国的传承，引用《禅经序》；中国的传承，菩提达摩以
来，已有六代。这是当时禅者的一般意见，神会也只是采用当时
的传说而已。神会依《禅经序》，以达摩多罗为菩提达摩，可说
错得有点意义。如《出三藏记集》卷九《修行地不净观经序》（慧
观所作）（大正五五·六六下——六七上）说：

　　"昙摩多罗菩萨与佛陀斯那，俱共咨得高胜，宣行
法本。"
　　"昙摩（多）罗从天竺来。"

又，《达摩多罗禅经序》（慧远所作）（大正一五·三〇一中）说：

"达摩多罗与佛大先,其人西域之后,禅训之宗。"

"达摩多罗阐众篇于同道,开一色为恒沙。其为观也,明起不以生,灭不以尽,虽往复无际,而未始出于如。故曰:色不离如,如不离色;色则是如,如则是色。佛大先以为:澄源引流,固宜有渐。"

佛陀跋陀罗(觉贤)的禅学,含有两个系统:一、罽宾(北方)的渐禅,是佛大先(即佛陀斯那)所传的。二、天竺(南方)来的顿禅,是达摩多罗所传的。"色不离如,如不离色",是直观一切法皆如的。达摩多罗是菩萨,是天竺而不是罽宾,是顿禅而不是渐禅,这是引起禅者以达摩多罗为菩提达摩的原因吧!

第二,西天二十八祖说形成时期(约七三〇—— ):初期禅者的粗略传说——西国七代说,略加注意,就会发觉到一千多年而只有七代,决定是不妥当的,于是二十八代(或二十九世)说兴起。二十八世与二十九世,原则是一样的,都是《付法藏传》与《禅经序》的结合(梁僧祐《出三藏记集》所出的二说,用意相同)。在《付法藏法》的基础上,加上《禅经序》的(除去迦叶、阿难、末田地——三师,因为是重复的)舍那婆斯、优波崛、婆须蜜、僧伽罗叉,及达摩多罗(或作菩提达摩、菩提达摩多罗)——五师。从(《付法藏传》的)迦叶到师子尊者——二十四世,加(《禅经序》的)舍那婆斯等五世,成二十九世说。如李华所作《左溪大师碑》(左溪玄朗卒于七五四年)说:"佛以心法付大迦叶,此后相承,凡二十九。至梁、魏间,有菩萨僧菩提达摩禅师。"(《全唐文》卷三二〇)《历代法宝记》也用二十九世说,为成都保唐宗的传说,约作于七七五年顷。二十八世说,是流行于京、洛的神会门下所说的。或不取末田地,或没有弥遮迦,所以为二十八世。如荷泽门下别派(七八一年)所作的《曹溪大师别传》,立二十八祖。《坛经》敦煌本,从七佛到慧能,共四十世。如除去七佛,中国的慧可到慧能,那么从迦叶第八到菩提达摩第三十五,也正是二十八世。荷泽神会门下,为了"传宗"而对《坛经》有所添糅,二十八世是合于荷泽门下所说的。这个二十八世说,一直为荷泽宗所采用。圭峰(八二三年)造《圆觉经大疏钞》,也还是采用这一说。当时虽有二十九及二十八世说,但"二十八"数,渐为后代的禅者所公认。

第三,西天二十八祖改定时期:二十八世或二十九世说,流行于八世纪。然如注意到内容,就会发现含有重大的谬误,原来《付法藏传》的商那和修与优波罗掘多,与《禅经序》的舍那婆斯及优波崛,只是译语不同,而并非别人。所以旧有的二十八祖说,以商那和修、优波掘多为第三、第四,舍那婆斯、优波崛为第二十四、二十五,看作不同时代的禅师,那不能不说是错误了。贞元十七年(八〇一),金陵沙门慧炬(或作智炬、法炬)作《宝林传》十卷,沿用了二十八代的成说而加以内容的改定。对《禅经》的舍那婆斯与优波崛,因重复而删去了。婆须蜜,参照僧祐的传说,而提前为第七祖。僧伽罗叉,被解说为旁支,而从二十八世中除去。《宝林传》改写的后四祖为:

第二十五祖 婆舍斯多

第二十六祖 不如蜜多

第二十七祖 般若多罗

第二十八祖 菩提达摩

婆舍斯多,据说梵名婆罗多那,可能是影取《禅经序》的婆罗陀,而实为舍那婆斯的改写。不如蜜多与般若多罗,就是《禅经序》中的富若密罗、富若罗。从富若罗受法的昙摩多罗,一向就是看作菩提达摩的。所以《宝林传》的后三祖,还是采用《禅经》。二十五祖婆舍斯多,就不免有信手创作的感觉。

《宝林传》作者慧炬,无疑为一位文学的禅者。八世纪以来,江东一带,以诗文著名的僧人不少。如为《宝林传》作序的灵彻,就是一位著名的诗僧。《宝林传》继承敦煌本《坛经》七佛以来的法统,而加以改定。《宝林传》有二十八祖传法偈(现存本缺初品,七佛偈大概是有的),有从来没有听见过的更多故事。据说是依支疆梁楼《续法记》、吉迦烟《五明集》等,但这都是说说而已。据近人的研究,《宝林传》作者,属于洪州门下(如《初期禅宗史书之研究》五·一)。自《宝林传》问世,西天二十八祖的传统,渐成为(禅家的)定论。此后,如唐华岳玄伟,于八九八——九〇〇年间作《玄门圣胄集》五卷。南唐静、筠二禅德,于九五二年作《祖堂集》二十卷。宋道原于一〇〇四年,上呈《景德传灯录》三十卷。宋契嵩于一〇六一年,奏上《传法正宗记》及《传法正宗定祖图》共十卷。这都是以《宝林传》的(七佛)二十八祖传法偈及事迹为基础的。《宝林传》不失为伟大的创作!

敦煌本《坛经》,有关七佛到慧能——四十代的相承(明藏本《坛经》,依《宝林传》改正),是荷泽门下所传,与"坛经传宗"有关,所以接着说:"今日已后,递相传受,须有依约,莫失宗旨!"荷泽门下的"坛经传宗",不只是"教授一卷《坛经》",而且是:"须知法处、年月日、姓名,递相付嘱。无《坛经》禀承者,非南宗弟子也。""坛经传宗",实与后代传法的"法卷"意义相同。禅宗有传法典礼,一直流传到现在。传法的仪式是:法师——传法者登高座,法子——受法者礼拜、长跪、合掌。传法者宣读"法卷",然后将"法卷"交与受法者。"法卷"的内容是:先叙列七佛。次从西天初祖大迦叶,到二十八祖菩提达摩(就是东土初祖),再叙列到六祖大鉴慧能(列祖的付法偈,有全录的,有略录的)。如传授者属于临济宗,那就从南岳怀让到"临济正宗第一世临济义玄禅师"。这样的二世、三世,一直到当前的传法者——"临济正宗四十×世×××禅师"。付法与某人,并说一付法偈,然后记着"××××年,岁次××,×月×日"。这就是传授所用的"法卷"内容。敦煌本《坛经》,不但列举了六代的付法偈、七佛到第四十世慧能的传承,还说:"若不得《坛经》,即无禀受,须知法处、年月日、姓名,递相付嘱。""坛经传宗"的实际意义,岂不是与传法所用的"法卷"一样吗?洪州门下责难荷泽门下的"坛经传宗",然而从上已来,师资授受的法统次第还是不能不有的。到后来,还是模仿"坛经传宗",改为"法卷"而一直流传下来。"坛经传宗"为荷泽门下法门授受的特有制度。《坛经》中有关"坛经传宗"部分,当然是荷泽门下所补充的了。

## 南方宗旨

在八世纪末,神会门下的"坛经传宗"以前,南阳忠国师已说到《坛经》被添改了,这就是"南方宗旨"。南阳慧忠的事迹,见《宋僧传》卷九《慧忠传》(大正五〇·七六二中——七六三中),《传灯录》卷五(大正五一·二四四上——二四五上)。《传灯录》卷二八,附有"南阳慧忠国师语"(大正五一·四三七下——四三九中)。慧忠是越州诸暨(今浙江诸暨)人。上元二年(七六一)正月,神会去世的前一年,应肃宗的礼请入京,到大历十年(七七五)才去世。在没有入京以前,开元年间(七一三——七四一)起,住在南阳龙兴寺,这是神会住过的道场。他曾住南阳(今河南南阳县)白崖党子谷四十多年,曾历游名山——"五岭、罗浮、四明、天目、白崖"等地方。《宋僧传》作"武当山慧忠",湖北武当山是他住过的地方。总之,这是一位年龄极高(可能超过一百岁)、游历极广的禅师。慧忠的师承,传说不一。1.《慧忠传》说:"少而好学,法受双峰。"双峰是道信(通于弘忍)的道场,所以有人据此而推论为弘忍的弟子。2.《祖堂集》、《传灯录》都说是慧能的弟子。3. 是行思的弟子,如《泉州千佛新著诸祖师颂》作:"国师慧忠和尚法嗣司和尚。"(大正八五·一三二二中)"司"是青原行思(该书作"行司")。4. 是神会的弟子,如《宋僧传》卷一〇《灵坦传》说:"此人(灵坦)是贫道同门,俱神会弟子。敕赐号曰大悲。"(大正五〇·七六七中)灵坦曾来见慧忠,如贾悚《杨州华林寺大悲禅师碑铭并序》(《全唐文》卷七三一)说:

"(灵坦)以为非博通不足以圆证,故阅大藏于庐江浮槎寺。非广闻不足以具足,故参了义于上都忠国师。繇是名称高远,天下瞻企。将弘吾道,因请出关。天子降锡名之诏,以显其德,时大历八年。"

贾悚碑撰于宝历元年(八二五),没有"贫道同门"的话。"参了义于上都忠国师"(僧传作"礼觐之"),也不像同门相见的模样。白居易作《西京兴善寺传法堂碑铭并序》,以"武当山忠,东京会"为同辈。慧忠在当时(肃宗、代宗时)是很有影响力的禅师:传说灵坦的赐号"大悲",是慧忠代奏的。径山法钦(七六八——七七〇年在京)的赐号"国一",是得到忠国师赞同的。慧忠的传承不大明白,所以谁也想使他属于自己一系。说慧忠与灵坦同门,"俱神会弟子",是神会系灵坦门下的传说。说慧忠"法嗣司和尚",是青原系千佛省僜的传说。说是慧能弟子,当然是曹溪门下了(慧忠曾游五岭、罗浮,可能参礼过慧能)。从传说的慧忠语句而论,慧忠有独立的禅风,出入于东山及牛头、南宗与北宗之间。《宋僧传》说:慧忠"论顿也不留朕迹,语渐也返常合道"。在当时(神会)南顿与北渐的对抗中,慧忠与神会不同,是顿渐并举的。他说"即心是佛",与东山门下相合;而在答常州(今江苏武进)僧灵觉时,又称"无心可用","本来无心",与牛头宗相同。他立"无情有性","无情说法",与牛头宗相同,而与神会、(百丈)怀海、慧海说不同。听人传说马大师说"非心非佛","不是心,不是佛,不是物",这才"笑曰:犹较些子"。这都可见慧忠的思想与曹溪有关,而又近于当时牛头宗学的。

《传灯录》卷二八,传慧忠有这么一段问答(大正五一·四三七下——四三八 上):

"南阳慧忠国师问禅客:从何方来? 对曰:南方来。师曰:南方有何知识? 曰:知识颇多。师曰:如何示人? 曰:彼方知识直下示学人:即心是佛,佛是觉义。汝今悉具见闻觉知之性,此性善能扬眉瞬目,去来运用,遍于身中。挃头头知,挃脚脚知,故名正遍知。离此之外,更无别佛。此身即有生灭,心性无始以来未曾生灭。身生灭者,如龙换骨,蛇脱皮,人出故宅。即身是无常,其性常也。南方所说,大约如此。"

"师曰:若然者,与彼先尼外道无有差别。彼云:我此身中有一神性,此性能知痛痒。身坏之时神则出去,如舍被烧舍主出去,舍即无常,舍主常矣。审如此者,邪正莫辨,孰为是乎? 吾比游方,多见此色,近尤盛矣! 聚却三五百众,目视云汉,云是南方宗旨。把他《坛经》改换,添糅鄙谭,削除圣意,惑乱后徒,岂成言教? 苦哉! 吾宗丧矣! 若以见闻觉知为佛性者,净名不应云:法离见闻觉知,若行见闻觉知,是则见闻觉知,非求法也。"

《传灯录》中,问答的全文很长。代表"南方宗旨"——"南宗"的禅客,还引用了"法华了义,开佛知见",以证明见闻觉知是佛性。又引《涅槃经》"离墙壁(瓦砾)无情之物,故名佛性","佛性是常,心是无常",以说明身(心)无常,佛性(心性)是常。南方禅客又说:"有善知识示学人:但自识性了,无常(来)时抛却毂漏子一边着,灵台智性,迥然而去,名为解脱。"这种离却身心、灵智独存的解脱观,也与身心无常、(佛、心)性是常的见地完全相合。这是忠国师所呵责的,自称"南方宗旨"的见地。

"把他《坛经》改换,添糅鄙谭,削除圣意":依忠国师的明文所说,并非别的,正是这"身(心)无常,性是常"的南方宗旨。这种见地,是否外道一般? 忠国师的呵责,是否恰当? 这是另一问题,而忠国师所见的《坛经》,已有身无常而(佛)性常的话,是当时的事实。这种身无常而性常的见地,从慧忠时代(七五〇年前后),一直到现在,都保存在《坛经》里。敦煌本明白地表示了这种见地,如说:

"无住者,为人本性念念不住,前念今(原误作'念')念后念,念念相续(原误作'读'),无有断绝。若一念断绝,法身即是离色身。"(大正四八·三三八下)

"莫百物不思,念尽除却。一念断,即死(原误作'无'),别处受生。"(大正四八·三三八下)

"色身是舍宅,不可言归。向者三身,在自法性,世人尽有,为迷不见,外觅三如来,不见自色身中三身佛。"(大正四八·三三九上)

"皮肉是色身,是舍宅,不在归依也。"(大正四八·三三九中)

"性在身心存,性去身坏。"(大正四八·三四一中)

敦煌本《坛经》,明白表示了色身与法身(又从法身说三身)的差别。皮肉的色身,如舍宅一样;死就是法身离去了色身。这与忠国师所呵责的南方宗旨——色身无常性是常,完全一样。《坛经》以"无念为宗","无相为体","无住为本"。对此要义的开示,也表达了色身无常而性常的意见,明藏本所说更为具

体,如:

| 敦煌本(大正四八·三三八下) | 明藏本(大正四八·三五三上——中) |
|---|---|
| 无者无何事?念者何物? | 无者无何事?念者念何物? |
| 无者离二相诸尘劳。 | 无者无二相,无诸尘劳之心。念者念真如本性。 |
| 真如是念之体,念是真如之用。 | 真如即是念之体,念即是真如之用。 |
| | 真如自性起念,非眼耳鼻舌能念。真如有性,所以起念。真如若无,眼耳色声当时即坏。 |
| 性(原作"姓")起念,虽即见觉知,不染万境(原作"镜")而常自在。 | 善知识!真如自性起念,六根虽有见闻觉知,不染万境而真性常自在。 |

依《坛经》说,"无念",不是什么都不念。人的本性,就是"念念不住"的(这名为"无住为本")。可说"念"是人的本性,是人本性——真如所起的作用。所以"无念"不是什么都不念,不念,那就是死了。眼耳鼻舌是不能念的;六根有见闻觉知,实在是自性——真如的用。所以只要"不住"(住就是系缚),只要"于一切境上不染",那就是"无念"、"解脱自在"。见闻觉知不是六根所有的,是自性(真如,佛性)的用。离见闻觉知,去来屈伸以外,哪里有佛可得!这与忠国师所说的"南方宗旨",大意是相同的,充其量,说得善巧不善巧而已!

色身无常而性是常,忠国师所见的《坛经》,"自称南方宗旨",在"南方禅客"来问答时,更为兴盛了!那位禅客是从"南方"来的。色身无常而性常,是"南方禅客"所传。"南方",不是岭南,就是长江以南。神会宣扬南宗顿教,也说"无情无佛性",

但身心无常而性是常的对立说,在神会的语录中没有明确的文证。不能因荷泽门下的"坛经传宗",而说"南方禅客"代表洛阳神会的宗旨。忠国师所说的"南方宗旨",洪州门下要接近得多。其实,这是东山所传的禅门隐义,是南宗、北宗所共有的,不过南方特别发扬而已。

"坛经传宗"的添改,为洛阳神会门下,约为七八〇——八〇〇年间。"色身无常而性是常"的添改,应比"坛经传宗"的添改为早。因为敦煌本——"坛经传宗"本,是在"南方宗旨"本上,增补一些传承依约而成的。那么,"南方宗旨"本是谁所添改的呢? 敦煌本《坛经》末,有《坛经》传受的记录说(大正四八·三四五中):

> "此《坛经》,法海上座集。上座无常,传同学道漈。道漈无常,付门人悟真。悟真在岭南曹溪山法兴寺,见今传受此法。"

这是《坛经》的附记(与后记一样)部分。这一早期的传受记录,与荷泽神会的传承无关,这是应有事实根据的。道漈为法海的同学,所以悟真是慧能的再传,约为慧能去世三十年后(七四三年前后)的实在人物。这一附记,兴圣寺本作:

> "泊乎法海上座无常,以此经付嘱志道,志道付彼岸,彼岸付悟真,悟真付圆会,递代相传付嘱。一切万法不离自性中现也。"

兴圣寺本虽有五传,但没有明说是同学或者是门人,所可以知道的，比敦煌本的悟真，又多传付了一人，时代应迟一二十年。二本的传授（不完全是师与弟子的传承）次第，虽小有不合，但仍有共同性，那就是从法海而传到悟真。法海与悟真间，敦煌本是法海的同学道漈，兴圣寺本为志道与彼岸，志道也是慧能弟子——十弟子的一人。《坛经》传到悟真（敦煌本），已有了"南方宗旨"。如真像忠国师所说，南方宗旨是为人增入的，那一定是在法海与悟真之间了，或就是志道吧！《传灯录》卷五（大正五一·二三九中），有志道见六祖的问答：

> "广州志道禅师者，南海人也。初参六祖，曰：学人自出家，览《涅槃经》仅十余载，未明大意，愿和尚垂诲！"
>
> "祖曰：汝何处未了？对曰：诸行无常，是生灭法；生灭灭已，寂灭为乐——于此疑惑。"
>
> "祖曰：汝作么生疑？对曰：一切众生，皆有二身，谓色身、法身也。色身无常，有生有灭。法身有常，无知无觉……"

志道是广州南海人，他的"色身无常，法身是常"的对立说，与慧忠所知的"南方宗旨"、《坛经》中"色身无常而性是常"的见解相近。《坛经》的色身无常、法身是常说，如作为志道所传的添改本，应该是非常合适的。慧能是岭南人，在岭南曹溪开法。慧能的弟子，或早已离去，或在慧能去世后离去。过长江而北还河洛传禅的，是神会、慧忠、本净、自在等。在长江以南——湖南、江西弘传的，是怀让、行思等。以曹溪为中心的岭南，禅风并没有息迹。在传说中，有法海、志道他们。南方宗旨，推定为六祖的晚年（或再传）弟子，从曹溪流传出来。

## 《坛经》的初期流变

敦煌本《坛经》,为现存各本中最古的,然至少已经过"南方宗旨"、"坛经传宗"的改补。"坛经传宗"为七八〇——八〇〇年间。早在七五〇年顷,慧忠见到了"南方宗旨"的添改本。据此可见慧忠早年曾见过《坛经》原本,否则怎么知道有了添改呢!《坛经》从成立而到敦煌本阶段,再叙述如下:

一、《坛经》有原始部分,附编部分。《坛经》从大梵寺开法——"法坛"或"施法坛"的开法记录得名,是主体部分。大梵寺开法到底在什么年代,没有明文可考,大抵为慧能晚年。这一部分的成立,是慧能生前。附编部分,是慧能入灭以后,将慧能平日接引弟子的机缘、付嘱、临终的情形、身后安葬等,集录而附编于《坛经》,也就称为《坛经》了。敦煌本所说,付嘱十弟子及记录少数弟子的问答,那只是集录者就慧能晚年随侍的弟子记录一二,并非全部(应更有慧能的事迹、问答机缘,传说在众弟子间)。这决非如或者所说,荷泽门下故意将南岳、青原的机缘删去了。

《坛经》是弟子法海所记(附编部分,应说是"所集"),是《坛经》自身所表明的。敦煌本末了说"和尚本是韶州曲江县人",指集出而传授《坛经》的法海,就是《传灯录》"韶州法海禅师者,曲江人也"的根据。《历代法宝记》说:"曹溪僧玄楷、智海等问和上:已后谁人得法承后?"(大正五一・一八二下)智海,应就是《坛经》的法海。法与智,传说不一,如《宝林传》作者法炬,也有传为智炬的。

《坛经》延祐(一三一六年)本,在德异的《六祖大师法宝坛经序》后,有"法海集"的《略序》。这篇《略序》,(一二九一年)宗宝本属于《坛经》的附录,题为《六祖大师缘起外纪》。明藏本(一四四〇年)相同,作"门人法海等集"。《略序》,编入《全唐文》卷九一五,都是看作法海所作的(《略序》所说,与《坛经》每每不合,决非《坛经》记录者法海所作。这是与法才的《瘗发塔记》、《别传》为同一系的作品)。《全唐文》在《略序》前,编者附记说:

> "法海,字文允,俗姓张氏,丹阳人。一云:曲江人。出家鹤林寺,为六祖弟子。天宝中,预杨州法慎律师讲席。"

鹤林寺法海,《宋僧传》(卷六)有"吴兴法海"传。鹤林法海为鹤林玄素(六六八——七五二年)弟子。李华撰《润州鹤林寺故径山大师碑铭》,说到"门人法励、法海"(《全唐文》卷三二〇)。鹤林法海与昙一(六九二——七七一年)、灵一(七二八——七六二年),参与杨州龙兴寺法慎律师(七四八年去世)的讲席。与杼山皎然为"忘形之交"。颜真卿撰《湖州乌程县杼山妙喜寺碑铭》,说到大历年间(大历八年到十二年,七七三到七七七,颜真卿在湖州),集《韵海镜源》三百六十卷,"金陵法海"与皎然,都是主持编务的(《全唐文》卷三三九)。鹤林法海约卒于七八〇年顷,在慧能灭后六十多年,不可能是曹溪慧能的弟子。如在曹溪门下,不到二十岁,哪里有记录《坛经》、传授《坛经》的上座资格!曲江人法海,并非丹阳法海。只是《全唐文》编者想从《高僧传》里求得慧能弟子法海的事迹,见到了吴兴的鹤林"法海传",以为就是集记《坛经》的法海,也就臆说为:

"出家鹤林寺,为六祖弟子。"《全唐文》编于嘉庆十九年(一八一四),离慧能入灭一千一百多年了,凭什么说鹤林法海是六祖弟子呢! 这是毫无根据的! 中国佛教的史传,详于江、河一带(中原),对于边区,一向都资料不足。曹溪门下而在岭南弘法的——法海、志道、悟真他们,都传记不备。然而不能为了求证,而乱指为鹤林法海,或否定法海他们。在"坛经传宗"以前,慧忠所见"南方宗旨"本的添糅以前,《坛经》原本早已存在,为慧能门下所知。是谁所记(集)的呢? 总不能没有人,那就是《坛经》所说的曲江法海。

二、法海所记所集的《坛经》原本,流传于曹溪,可称之为"曹溪原本"。敦煌本说到:"此《坛经》,……付门人悟真;悟真在岭南曹溪山法兴寺,见今传受此法。"可见敦煌本所依的底本,是从悟真所传来的。悟真为慧能的再传弟子,弘法的时代,约为七五〇年前后。兴圣寺本小有出入,叙述到悟真传弟子圆会,那是同一本而多传了一代。悟真以前有志道,思想与"南方宗旨"相近,所以推定为:悟真所传、敦煌本所依的底本,是修改过的"南方宗旨"本。由于南方宗旨的增润,引起忠国师的慨叹——"添糅鄙谭,削除圣意"。

三、神会门下为了适应当前的需要,维护神会以来的正统说,所以补充悟真所传的南方宗旨本,成为现存的敦煌本。《坛经》在曹溪,是手抄秘本,在少数人中流传,被重视而尊为《坛经》。这部手写秘本,在曹溪早就有了次第传授的事实。如法海付道漈,道漈付悟真。禅者是不重文记的,所以虽知道有这部《坛经》,也没有过分的重视。等到悟真本传入京洛,神会门下利用这次第传授,而加强其意义。以"禀承《坛经》"为"南宗弟子"的依约,补充付法统系而成为"坛经传宗"本。这一偏重文字、偏重形式的传授,受到洪州门下的抨击,然《坛经》也就从此大大地传开了。

敦煌本《坛经》,是经一再地修改添糅而成的。"南方宗旨"与"坛经传宗"的特色,可以明确地看出,但由于杂糅为一,实已无法明确地逐段分离出来,回复曹溪原本的初形。宇井伯寿作《坛经考》(载《第二禅宗史研究》),在铃木大拙区分全部为五十七节的基础上,保留了三十七节为原本,以其余的为神会门下所增益。但他的方法是主观的,不容易为人所接受。就现存的敦煌本来说,曹溪原本为南方宗旨所杂糅,不易逐段地分别,然对神会来说,这是与神会无关的。敦煌本特别重视"自性","自性变化一切",这是神会禅学所没有的。法身与色身的对立,色身离法身就是死了的见地,在有关神会的作品中也没有发现。神会专提"不作意",而敦煌本却一再说到"作意"。总之,神会决非以经过南方宗旨添糅过的《坛经》为依据的,神会也不会造这南方宗旨所杂糅了的《坛经》。"坛经传宗",是在南方宗旨杂糅了的《坛经》上,增入有关法统传承及赞誉神会部分。至于其他所说,《坛经》与神会所传近似的,那只是神会所禀承的,与《坛经》所依据的,同源于曹溪慧能而已。

《坛经》的一再增改,或是一段一段的,或是插几句进去。好在禅师们是不重文字的,虽一再地添糅补充,却没有注意到文字的统一性,所以有文意重复、文义不衔接、文笔前后不一致的现象。试略举二例:一、从文字的称呼上看出先后形迹:如大梵

寺说法部分,对于慧能,集记者称之为"慧能大师"、"能大师"、
"大师"。慧能自称为"慧能"、"能"。大众称慧能为"和尚"。
慧能称大众为"善知识",称刺史为"使君"。这种称呼,是吻合
当时实情的。偶有二处例外——"六祖言",杂在"释疑"中间,
那就是后来增补的部分。"附录"的弟子机缘部分,对于慧能,
编集者也称之为"大师"、"能大师"、"慧能大师"。学人称慧能
为"和尚"。慧能自称为"吾",称学人为"汝"、"汝等",或直呼
名字。除三处例外——"六祖言",与当时的实际称呼不合(与
志诚问答中,编集者偶称慧能为"慧能和尚",也疑为杂入的)。
临终部分,也合于上述的体例。而告别部分,主要是"坛经传
宗"。编集者称慧能为"六祖",弟子称慧能为"大师",都与当时
的实际称呼不合。又如编集者说"上座法海向前言",更可看出
是后人增附的了。发现了称呼上的差别,对于某些是增补的,多
一层客观的标准。

二、从文字的不统一看出先后的不同:梁武帝与达摩问答部
分,敦煌本一律作"达磨";而有关法统传承部分,却写作"达
摩"。如出于一人手笔,前后不应如此的差别。考神会门下所
记的《南宗定是非论》,是写作"达摩多罗"与"菩提达摩"。写
作"达摩",与神会门下("坛经传宗")增补的法统传承相合。
第一章曾说到,称为"菩提达摩"与"达磨多罗",是传说于南方
的,所以达磨与梁武帝的问答,应该是南方宗旨杂糅本。这一传
说,渊源于曹溪门下,所以神会也传说于《南宗定是非论》,但是
写作菩提达摩的。还有,自称为"我"或"吾",在敦煌本中是大
有区别的。"附录"部分,是一概自称为"吾"的。而大梵寺说

法——"坛经主体"，大体是自称为"我"的，不过也偶尔有几个"吾"字（这可能是为杂糅所乱）。从这两大部分自称为"我"或"吾"的不同，也可见集出的不同一人了。从文字去分别先后，这只是聊举一例，用备研究者的参考。

## 第三节　《坛经》的变化

从《坛经》原本到敦煌本，至少已有过二次重大的修补。此后，流传中的《坛经》，不断地改编，不断地刊行，变化是非常多的。宇井伯寿所作《坛经考》，论究得相当完备。今直依《坛经》本文，不论序、跋、历朝崇奉，略说大概。

### 组织与内容的变化

《坛经》的各种本子，从大类上去分别，可统摄为四种本子：敦煌本、古本、惠昕本、至元本。

**敦煌本**：为近代从敦煌所发现的写本，为神会门下"坛经传宗"的修正本，约成立于七八〇——八〇〇年间。其内容，大体为以后各本所继承。敦煌本所说的无相戒、形神对立、慧能事迹、传承说，都与神会的传述不合。所以，敦煌本所依的底本，不是神会一派所作，只是神会门下依据悟真所传的本子，多少补充而作为"传宗"的依约而已。

**惠昕本**：铃木大拙出版的兴圣寺本《六祖坛经》，有惠昕的序文说：

> "我六祖大师，广为学徒，直说见性法门，总令自悟成

佛。目为《坛经》,流传后学。古本文繁,披览之徒,初忻后
厌。余以太岁丁卯,月在蕤宾,二十三日辛亥,于思迎塔院,
分为二卷,凡十一门,贵接后来同见佛性者。"

惠昕本,分二卷十一门。编定的时间,考定为宋太祖乾德五
年(九六七)五月。惠昕本于政和六年(一一一六)再刊,传入日
本,被称为"大乘寺本"。绍兴二十三年(一一五三)刊本,传入
日本,被称为"兴圣寺本"。大乘寺本与兴圣寺本,品目与本文
虽有多少修改,但分为二卷十一门是相同的,都是惠昕的编本。
兴圣寺本序下一行题:"依真小师邕州罗秀山惠进禅院沙门惠
昕述"。"依真小师"的意义不明,"小师"或是"门师"的讹写。
"邕州",即今广西省的南宁县。"惠进禅院",即序文中的"思迎
塔院",思迎应为惠进的讹写。"惠昕述",其实是改编。由于
"述"字,有人就误解为惠昕所作了。如一一五一年顷,晁公武
《郡斋读书志》,就说《六祖坛经》三卷(或作二卷)十六门(应是
十一门),惠昕撰。惠昕本,对敦煌本来说,有所增订。如增入
"唐朝征召"一分、传五分法身香、慧能得法回来避难等事迹。
次第改定的,是有关授无相戒的次第,如:

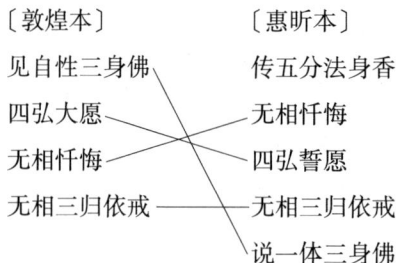

| 〔敦煌本〕 | 〔惠昕本〕 |
|---|---|
| 见自性三身佛 | 传五分法身香 |
| 四弘大愿 | 无相忏悔 |
| 无相忏悔 | 四弘誓愿 |
| 无相三归依戒 | 无相三归依戒 |
| | 说一体三身佛 |

关于"弟子机缘",惠昕本还只是志诚等四人,与敦煌本相

同。"坛经传授",从法海一直传到圆会,主要是多传了圆会一代。而敦煌本中,从二祖到五祖的付法偈,六祖所说的二颂,及末后"如付此法"等附记,惠昕本缺。这可以推见:惠昕本所依的底本近于敦煌本,是圆会所传本。在这个基础上,参考古本而改编成的。

**至元本**:元至元二十七年(一二九○),德异在吴中刊行《坛经》,序文说:

> "《坛经》为后人节略太多,不见六祖大全之旨。德异幼年,尝见古本。自后遍求三十余载,近得通上人寻到古本,遂刊于吴中休休禅庵。……至元二十七年庚寅岁中春月叙。"

德异本,在日本有元延祐三年(一三一六)刻本,称为"元祐本",是经高丽而传入的。德异本翻刻本极多,憨山大师重刻的曹溪原本,也就是这种本子。依德异的序文,所见的《坛经》为"后人节略太多",可能指惠昕本而说。又说从通上人得到的古本,就是三十多年前见过的,就把古本刊出来。到底是刊行古本,还是有所增减呢?德异的至元本与惠昕本相比,显然是文句增广了。凡惠昕本所有的,如"传五分法身香"、"唐朝征召"等,至元本也是有的。内容上,"弟子机缘"是大大增广了,大致与《景德传灯录》相近。组织上,将说般若波罗蜜法与功德及净土的问答,提前而编于"得法传衣"之后。

与德异本相近的,有宗宝本。宗宝的跋文说:

> "余初入道,有感至斯。续见(《坛经》)三本不同,互有

得失,其板亦已漫灭。因取其本校雠,讹者正之,略者详之,
复增入弟子机缘,庶几学者得尽曹溪之旨。……至元辛卯
夏,南海释宗宝跋。"

宗宝自署为"南海释宗宝",传说为"风幡报恩光孝寺"的住
持。依跋说,刊行于至元辛卯夏,即一二九一年。依三本而校为
一本,又加入"弟子机缘"。明太祖(一三六八———一三九八
年)、成祖(一四〇三———一四二四年)刊行大藏经(南藏、北
藏),将宗宝本编入大藏。《大正藏经》的《六祖大师法宝坛经》,
也是依北藏而编入的。从内容看来,宗宝本与德异本,组织上最
为一致。对宗宝的后跋,至少有三点可疑:1. 德异本刊于吴中,
时间是一二九〇年春。宗宝本刊于南海,时间是一二九一年夏。
同一组织系统的本子,在距离那么远的地区,竟几乎同时地先后
刊出,不太巧合吗? 宗宝本能没有依据德异本吗? 2. 即使说,
宗宝依据的三本,有一本就是德异所得的古本。那么,"弟子机
缘"早已有了,宗宝怎么说自己加入呢! 3. 德异刊本,前有德异
序。而宗宝本,将德异序刻在前面,宗宝的跋文刻在后面,这至
少表示了——宗宝本是依据德异本,再加精治:"讹者正之,略
者详之。"宗宝本的刊行,应该迟多少年。跋文说"复加入弟子
机缘","至元辛卯夏",只是为了隐蔽依据德异本的事实,故弄
玄虚!

**古本**:在古人记述中,知道《坛经》有古本(或称"曹溪古
本")存在。如惠昕本惠昕序说:

"古本文繁,披览之徒,先忻后厌。"

惠昕作序为九六七年。惠昕因为古本文繁,才删略为二卷本的。惠昕所见的古本文段繁长,至少是九世纪本。宋契嵩也曾校定《六祖大师法宝坛经》;至和元年(一〇五六),吏部侍郎郎简作序说:

> "六祖之说,余素敬之。患其为俗所增损,而文字鄙俚繁杂殆不可考。会沙门契嵩作《坛经赞》,因谓嵩师曰:若能正之,当为出财模印,以广其传。更二载,嵩果得曹溪古本,校之,勒成三卷,粲然皆六祖之言,不复谬妄。乃命工镂板,以集其胜事。至和元年三月十九日序。"

郎简所见的《坛经》,"文字鄙俚繁杂"。"繁杂",与九十年前惠昕所见的"古本文繁"相同。契嵩得到了"曹溪古本",校为三卷,大抵是依据古本,而作一番文字的修正、润饰。从三卷来说,篇幅不少。契嵩曾作《坛经赞》,所叙述的大梵寺说法部分与敦煌本次第相合,也没有"五分法身香"。所以契嵩的三卷本,可能大梵寺说法部分与敦煌本相同。而在其他部分,大大地增多,与古本相近。到契嵩时,应有繁杂鄙俚的古本,契嵩勒成三卷的曹溪古本。

比对惠昕本、至元本与敦煌本的不同,除次第变动及增"五分法身香"外,主要为二大类:慧能的事迹,弟子的机缘。说到慧能的事迹,敦煌本最为古朴。但在八世纪中,更有不同的传说。如《神会语录》(石井光雄本)、《历代法宝记》(及《圆觉经大疏钞》),是荷泽门下所传的,对《坛经》的影响不大。如法才的《光孝寺瘗发塔记》、《别叙》(即《六祖缘起外纪》)、《曹溪大师别传》：这一系的传说，也渊源于曹溪，成为荷泽门下的别派，所传的慧能事迹更多，与《坛经》大有出入。《别传》的成立，对后来禅宗（洪州、石头门下）的影响很大。《宝林传》修正了《别传》的二十八祖说。《宝林传》的六祖传，虽佚失而没有发现。然从《祖堂集》、《传灯录》、《传法正宗记》等，初祖、二祖、三祖的事迹，都与《宝林传》相合，可推断《传灯录》等所传六祖事迹，都是继承《宝林传》的，都是采录《别传》的传说，而多少修改。如慧能去曹溪，见无尽藏尼等；得法回南方避难，见印宗而出家等；受唐室帝后的礼请，请问、供养等。这些都出于《别传》，为惠昕本、至元本（或多或少）所采录。传说：惠昕嫌繁，节略了古本；德异嫌简，又采取了古本（二本都有次第的改编，文字的修正）。"文繁"与"繁杂"的古本，一定是将《别传》的传说编入《坛经》而成。同时，慧能与弟子的问答机缘，传说在当时的，也采录进去，成为"繁杂"的古本。虽不知编者是谁，但属于洪州门下，与《宝林传》异曲同工，是没有疑问的。这虽被称为古本，而成立的时代，要比敦煌本（七八〇——八〇〇年）、《别传》（七八一年）、《宝林传》（八〇一年）迟些。

## 名称的变化

　　一般来说，《坛经》是最根本的、公认的名称。如《坛经》本文，南阳慧忠、韦处厚、惠昕，《传灯录》、《传法正宗记》都是直称为《坛经》的。现存的敦煌本，题目很长，包含了几个名字（这是模仿经典的），是：

　　　　"南宗顿教最上大乘摩诃般若波罗蜜经"

"六祖慧能大师于韶州大梵寺施法坛经一卷"

"兼受无相　　　　　戒弘法弟子法海集记"

这一题目,应加以分析。《坛经》开端说:"慧能大师于大梵寺讲堂中,升高座,说摩诃般若波罗蜜法,受无相戒。……令门人法海集记。"依经文,"慧能大师于大梵寺……说",是说者与说处。"摩诃般若波罗蜜法,受无相戒",是所说的法门内容。"门人法海集记",是记录者。据此来考察题目:"六祖慧能大师于韶州大梵寺施法坛经一卷",这里面,"六祖慧能大师于韶州大梵寺",是说者与说处。"施法坛经",是一部的主名。"人法双举",是经典的常例。"摩诃般若波罗蜜法……兼受无相戒",是标举法门的内容。敦煌本写作"戒弘法弟子法海集记",《大正藏》才排成"兼受无相戒弘法弟子法海集记",以"兼受无相戒"为法海的学历,显然是误解了。还有"南宗顿教最上大乘",与经末的"南宗顿教最上大乘坛经法"相合。这一名称,一般解说为荷泽门下所附加,大致是正确的。"六祖慧能大师于大梵寺施法坛经",为一部的正名。"施法坛经",或简写为"法坛经"(倒写为"坛经法")《坛经》,都说明了是大梵寺的开法传禅。

惠昕的节略本:惠昕序、晁公武《郡斋读书志》、兴圣寺本作"六祖坛经"。大乘寺本作"韶州曹溪山六祖大师坛经"。这可说是从(敦煌本)"六祖慧能大师于韶州大梵寺施法坛经"简化而来。日僧圆珍来唐取回经像,(八五八年)所作的目录,如《智证大师请来目录》,有"曹溪能大师檀经一卷"(大正五五·一一○六下)。《福州温州台州求得经律论疏记外书等目录》,有"曹溪山第六祖能大师坛经一卷"(大正五五·一○九五上)。

这一名称,都是与敦煌本、惠昕本的取意相近的。

古本与至元本:郎简作《六祖大师法宝坛经记序》说:"法宝记,盖六祖之说其法也。""法宝记"、"法宝坛经记"——以"法宝"为《坛经》的题目,是契嵩所改的古本。后来自称重刊古本的德异本,作"六祖大师法宝坛经序",经末题为"六祖禅师法宝坛经"。宗宝本也名为"六祖大师法宝坛经"。从古本而来的至元本,题目有"法宝"二字,这是依古本"法宝记"而来的。"法宝记"——这一名目,也见于日僧的经录。圆仁(八四四——八四八年)来唐取经所作的《入唐新求圣教目录》,有"曹溪山第六祖慧能大师说见性顿教直了无疑决定成佛法宝记坛经一卷"(大正五五·一〇八三中)。据此推论,改"法坛经"、"施法坛经"为"法宝坛经记",八四四年前已经存在了。古本用此名称,可推见在《别传》《宝林传》成立后,就已开始更多采录而成繁长的古本了。说到"法宝记",在禅书中是有悠久渊源的。开元中(七一三—— ),神秀门下杜朏作《传法宝纪》(一名《传宝纪》)。大历中(七七五—— ),保唐门下作《历代法宝记》。这都是代代相承的灯史,所以"法宝"是人宝,师资相承,利益众生。《历代法宝记》中,诸祖及无住为弟子开示很多,有法宝的意义。建中中(七八一),洪州门下慧炬作《宝林传》。宝林不只是曹溪的宝林寺,也是西天东土历祖相承的宝林。洪州门下编集的古本《坛经》,据郎简序,是名为"法宝记"或"法宝坛经记"的。"宝"为洪州门下所采用,"法宝记"、"宝林传",都从古代的《传法宝纪》《历代法宝记》的"法宝"演化而来。

# 第七章　荷泽神会与南宗

## 第一节　神会的一生

曹溪慧能发展了东山法门,还只是东山门下的一流。自慧能去世(七一三年),弟子们禀承曹溪法门而充分地发展起来,中国禅宗进入了第三阶段。这是以曹溪南宗为中心,而为东山与牛头(或南宗、北宗、牛头宗)的混融,而到达"凡言禅皆本曹溪"(元和十年,八一五,柳宗元撰《赐谥大鉴禅师碑》所说)的时代。到会昌灭法(八四五年),禅宗进入了"越祖分灯"的时代,才是一般人所知道的禅宗。

慧能去世后的一百年里(七一三——八一五年),曹溪禅的大发展,在中国文化史、中国佛教史上的成就,真是一件大事!在这期的禅宗史中,首先见到了神会向中原传播南宗顿教,形成了荷泽一流。

### 生卒年龄考

神会的传记,主要为《宋僧传》卷八《神会传》(大正五〇·

七五六下——七五七上)，《圆觉经大疏钞》卷三之下(续一四·
二七七)，《传灯录》卷五(大正五一·二四五上——中)。神会
的年龄与去世年月，传有不同的异说，如：

　　《圆觉经大疏钞》　七十五岁　乾元元年五月十三日卒

　　《景德传灯录》　　七十五岁　上元元年五月十三日卒

　　《宋高僧传》　　　九十三岁　上元元年建午月十三日卒

　　胡适据《传灯录》、《圆觉经大疏钞》的"五月十三日"及《宋
僧传》的"建午月十三日"，而考订为：神会应死于肃宗末年(七
六〇)的五月。那年是没有年号的元年；惟有这一年的五月，才
是"建午"的。后人没有注意没有年号那回事，所以写作"乾元
元年"，或"上元元年"(《神会集》三七〇——三七六)。这一考
证，是精确可信的！

　　神会的生年多少，有九十三岁说、七十五岁说。近代学者大
抵采取九十三岁说，因为王维受神会所托，作《六祖能禅师碑
铭》(《全唐文》卷三二七)，曾这样说：

　　　"弟子曰神会，遇师于晚景，闻道于中年。"

　　慧能于先天二年(七一三)去世。如神会生年七十五岁，那
时仅有二十六岁，便不能说是"中年"。如为九十三岁，那时神
会四十四岁。三十多岁来见慧能，便与"闻道于中年"相合。然
"生年七十五"是早期的传说，神会门下的传说，应该给予有利
的考虑。宗密《圆觉经大疏钞》所说"年七十五"，是与"襄州神
会，姓高，年十四，来谒"慧能的传说相结合，并非"中年"。《曹
溪别传》(七八一年作)说：神会来参慧能，是十三岁的小沙弥。

这虽是一部年月极杂乱的书，但足以说明神会少小来参慧能的传说，在离神会去世不过二十年的时候，已经存在。石井光雄影印本《神会语录》，末段有《大乘顿教颂序》说：

> "我荷泽和尚，……在幼稚科，游山访道。……因诣岭南，复遇曹溪尊者。……昔年九岁，已发弘愿，我若悟解，誓当显说。今来传授，遂过先心。"

这些早期记录，神会门下所传的，都不是"闻道于中年"。还有，神会于天宝十二年（七五三），受到卢奕的诬奏，过了四五年的流放迁徙生活。当时的罪嫌是"奏会聚众，疑萌不利"；"被谮聚众"。古代僧侣，尤其是道士（元明以来的白莲教等都是），每有假借宗教，蛊惑人心，引起暴动甚至造反的。"聚众"，可能有不利于国家的企图，是一项可轻又可以极重的罪嫌，所以神会受到了流放的处分。如依九十三岁说，那年神会已八十四岁。八十四岁的老和尚，在国家承平时代，政府会怀疑他有不利于国家的异图，实在有点使人难以相信。如依七十五岁说，那时六十六岁，这就比较说得过去了。

神会年七十五岁，十四岁那年（七〇一年）来参谒慧能。这虽不合于"闻道于中年"，却合于"遇师于晚景"。我以为：在古代抄写中，"中年"可能为"冲年"的别写。中与冲，是可以假借通用的。如"冲而用之"，就是"中用"。"冲和"与"中和"，"冲虚"与"中虚"，都音义相通。"冲人"、"冲年"、"冲龄"——冲是从婴孩到成年（二十岁）的中间。神会十四岁来谒六祖，正是"闻道于冲年"。冲年，或通假而写为"中年"，或偏旁脱落而成为"中年",这才与神会门下的传说不合,与神会被流放的实际年龄不合。如读为"冲年",就一切都没有矛盾了。而且,"中年"一般解说为四十岁左右。神会即使生年九十三岁,在七〇一年顷来见慧能,也只有三十二岁,与"中年"也并不太切合。如"中年"而是"冲年"的转写,那么神会生年七十五岁,应生于垂拱四年(六八八)。慧能入灭时,神会二十六岁,受具足戒不久,所以有"神会小僧"的传说。

## 参学生涯

神会,襄州(今湖北襄阳)人,姓高。《坛经》敦煌本作"南阳",兴圣寺本作"当阳",都是传说的错误。起初,从当阳玉泉寺的神秀禅师修学。神秀被征召入京(七〇一年),神会才到岭南来参慧能,那时才十四岁。神会来见慧能,当时的问答,传说不一,可以分为二大类。第一类的传说变化很多,今略举五说,如:

1. 敦煌本《坛经》(大正四八·三四三上)说:

"神会,南阳人也。至曹溪山,礼拜问言:和尚坐禅,见亦不见? 大师起把杖打神会三下,却问神会:吾打汝痛不痛? 神会答言:亦痛亦不痛。六祖言曰:吾亦见亦不见。神会又问大师:何以亦见亦不见? 大师言:吾亦见,常见自过患,故云亦见。亦不见者,不见他人过罪,所以亦不见也。汝亦痛亦不痛如何? 神会答曰:若不痛即同无情木石,若痛即同凡夫即起于恨。大师言:神会! 向前见不见是两边,痛不痛是生灭。汝自性且不见,敢来弄人! 神会礼拜,礼拜,更不言。"

　　"神会作礼,便为门人,不离曹溪山中,常在左右。"

　　这一段师资相见的问答,对神会来说,没有暗示神会的伟大,也没有蓄意地讥贬,只是禅师平常接人的一则范例。神会是聪明人,可是不知道"自知自见",却向外作弄聪明,要问慧能的禅心,见还是不见。杖打三下,正要他向自己身心去自知自觉,这是禅师用棒的榜样。一经慧能反诘,神会就自觉错误——痛与不痛,都落于过失。所以慧能责备他:"汝自迷不见自心,却来问慧能见否! ……何不自修,问吾见否?"神会这才向慧能礼谢,死心塌地地在曹溪修学。

　　2.《别传》(续一四六·四八五)记载:

　　慧能开示:"我有法,无名无字,……无头无尾,无内无外,……此是何物?"神会答:"此之(疑'是'之讹)佛之本源。……本源者,诸佛本性。"慧能打神会几下。至夜间,问神会:"吾打汝时,佛性受否? 答云:佛性无受。……岂同木石? 虽痛而心性不受。"慧能许可他说:"汝今被打,心性不受。汝受诸触如智证,得真正受三昧。"于是密授付嘱。

　　《别传》的问答,与《坛经》不同,但有传说上的连络。如《别传》也打了几下,又问神会痛不痛,这是与《坛经》类似的。神会说"知痛而心性不受",慧能认可了,所以就密授付嘱。《别传》所说,是重于佛性的。如慧能未到黄梅以前,就与无尽藏尼论涅槃佛性。弘忍付慧能衣法时,也是问答佛性。与神会问答,又是问"佛性受不"。所以《别传》在神会门下,代表特重佛性那一派的传说。

3. 圭峰宗密的《师资承袭图》，引《祖宗传记》(续一一〇·四三三)说：

> "和尚问：知识！远来大艰辛，将本来否？(神会)答：将来。若有本，即合识主！答：神会以无住为本，见即是主。大师云：遮沙弥争敢取次语！便以杖乱打。神会杖下思惟：大善知识历劫难逢，今既得遇，岂惜身命！"

宗密的《圆觉经大疏钞》卷三之下也说："因答无住为本，见即是主(原作'性')，杖试诸难，夜唤审问，两心既契，师资道合。"宗密所传的问答，"无住为本，见即是主"，为神会所传的荷泽禅的特色。这是将神会传禅的要义，作为初见六祖的问答了。在杖打以后，夜间又唤去审问，两心契合，与《别传》所说相同。但宗密所传，要等神会外游，再来曹溪，才"默授密语"。这是神会门下的传说，与《别传》一样。在神会初来曹溪的问答中，就显露头角，意味着神会的利根顿契，为南宗顿教的传承者。

4.《传灯录》，是比较迟出的禅宗史书，深受《宝林传》的影响。《传灯录》(卷五)有关神会来参慧能的问答，可分二节：起初，与宗密《禅门师资承袭图》所说相同。其次又这样说(大正五一·二四五上)：

> "他日，祖告众曰：吾有一物，无头无尾，无名无字，无背无面，诸人还识否？(神会)师乃出曰：是诸佛之本源，神会之佛性。祖曰：向汝道无名无字，汝便唤本源佛性！师礼拜而退。"

这一问答,分明是引用《别传》的。但删去了《别传》的夜唤审问,默授付嘱。

5.《坛经》宗宝本——一般通行的《六祖大师法宝坛经》,编定于元至元年间(一二九一顷)。宗宝本将上来的各种不同传说,结合为一。一、"无住为本,见即是主"问答,全同《禅门师资承袭图》所说。二、六祖杖打三下,"打汝痛不痛"的问答,与敦煌本相合。三、六祖告众,"吾有一物,无头无尾"问答,与《传灯录》相同,但又加上了两句,如说(大正四八·三五九中——下):

> "师曰:向汝道无名无字,汝便唤作本源佛性! 汝向去有把茆盖头,也只成个知解宗徒!"

宗宝本比《传灯录》更多一层诃责。这两部书引用神会学系的传说,却删去了原有的"师资道合"、"默授付嘱",加上了诃斥的词句。由于这两部书的编集者,属于曹溪门下的另一系统,反荷泽的洪州、石头门下的关系。神会的确是一位"知解宗徒",但这里是不满神会的禅者假托慧能所说,以贬抑神会而已。

上来五项的不同传说,有一项事实,那就是神会来参见时,受到慧能的杖试。神会受到杖责,因而有"痛不痛"的问答。尽管传说不同,称誉与贬抑不同,而这一事实,始终如一。4 与 5只是援引古说,加以结合,删去对神会的称誉,而加上主观的评语。2 与 3 是神会门下的传说,所以有称誉神会的话。1 为敦煌本的传说,是不属于神会系的。对于神会,没有贬抑语,也没有称扬赞叹的话,只是慧能平实地接引学人,诱导神会自己去体悟。这一事实,这一问答,平易而近情,没有宗派的意味。神会初见慧能的问答,这应该是近于当时实况的。

第二类传说,出于《宋僧传》,如说(大正五〇·七五六下):

"及见,能问会曰:从何所来?答曰:无所从来。能曰:汝不归去?答曰:一无所归。能曰:汝太茫茫。答曰:身缘在路。能曰:由自未到。答曰:今已得到,且无滞留。"

这是另一传说,从来不曾受到禅者的重视。《宋僧传》的编成(九八八年进上),离神会已二百多年,不知有关神会的问答依据什么传说!不能以"《宋僧传》多采碑传",而轻率地认为可信。从问答的语意来说,大有作家相见的气概,可能为神会门下的又一传说。比之原始的传说——敦煌本所传,不及多了!

神会就这样地住在曹溪修学。据宗密所传,神会曾一度外出游学,如《圆觉经大疏钞》说:

"神会北游,广其见闻,于西京受戒。景龙年中,却归曹溪。大师知其纯熟,遂默授密语。"

景龙年中(七〇七——七〇九),神会受戒(二十岁,七〇七年)回来,才受慧能的付嘱。神会在曹溪门下,是年轻的一位。他的精勤苦行,大有慧能在黄梅时砍柴踏碓的模样。《圆觉经大疏钞》曾这样说:"会和上行门增上:苦行供养,密添众瓶,斫冰济众,负薪担水,神转巨石等。"古代禅者,都从为法忘身、勤苦琢磨而成为大器。神会从受戒回来,常在慧能左右,为慧能晚年的得意弟子。至于受慧能的付嘱，那是密付密授，非局外人所知。如怀让、行思，都说得慧能的付嘱，大抵由门下传述出来，因门下的发扬而被公认为事实。依《坛经》，神会为十弟子之一，"汝等不同余人，吾灭度后，汝各为一方头"。这是分头普化，与神会及门下所传的一代一人说不同。慧能将入灭时，大家涕泪悲泣，唯有神会没有悲泣，慧能赞叹为："神会小僧，却得善不善等，毁誉不动！"神会经多年的精进，应该大有进益，但这似乎是"坛经传宗"者添附的。《坛经》敦煌本曾这样说（大正四八·三四四上）：

> "上座法海向前言：大师去后，衣法当付何人？大师言：法即付了，汝不须问。吾灭后二十余年，邪法缭乱，惑我宗旨。有人出来，不惜身命，定佛教是非，竖立宗旨，即是吾正法。"

这一问答，与"十弟子"说相矛盾。这是影射慧能灭后二十年（七三二年），神会于滑台大云寺开无遮大会，定佛教是非，竖立南宗顿教的事实。这显然是神会的"习徒迷真，橘枳变体，竟成坛经传宗"所增入。

## 南宗顿教的传布

慧能入灭后，神会的行踪，及其为南宗顿教的努力，略如《宋僧传》所说：

> "居曹溪数载，后遍寻名迹。开元八年，敕配住南阳龙兴寺。续于洛阳，大行禅法，声彩发挥。……会之敷演，显

发能祖之宗风,使(神)秀之门寂寞矣!"

慧能去世后,神会曾过了数年的游历生活。开元八年(七二〇),奉敕配住南阳的龙兴寺。神会在南阳,住了较长一段时期,所以大家都称他为"南阳和上"。从刘澄所集的《南阳和上问答杂征义》(近人称之为《神会语录》),见到神会与南阳太守王弼、内乡县令张万顷的问答。王赵公——王琚,问三车义。应侍御史王维的请求,在临湍驿与同寺的慧澄禅师共话禅理。神会发扬南宗顿教的运动,从此逐渐地展开。到了开元二十年(七三二),神会四十五岁,在滑台(今河南滑县)大云寺开无遮大会。现存《南宗定是非论》,叙录当时论议的情形。神会当时向大众宣告(《神会集》二六七):

"神会今设无遮大会,兼庄严道场,不为功德,为天下学道者定(宗)旨,为天下学道(者)辨是非。"

这是公开的、僧尼道俗都来参加的大会。神会召开大会的目的,是针对当时以嵩洛为中心的、推神秀为六祖的、得王家崇奉的北宗而发。神秀的弟子——义福、普寂、降魔藏等,继承神秀的禅门,盛极一时,如《圆觉经大疏钞》卷三之一说:

"能大师灭后二十年中,曹溪顿旨,沉废于荆吴;嵩岳渐门,炽盛于秦洛。普寂禅师,秀弟子也,谬称七祖。二京法主,三帝门师,朝臣归崇,敕使监卫。"

面对这样盛极一时的北宗,神会出来指证:在菩提达摩法系中,神秀是旁支;真正受五祖付法传衣的,是韶州曹溪的慧能,慧能才是六祖。论到法门，神秀是渐门，不是祖祖相承的顿教。这一切，如《南宗定是非论》(《神会集》二八一、二八五——二八八)说：

> "从上已来，具有相传付嘱。……唐朝忍禅师在东山，将袈裟付嘱于能禅师。经今六代，内传法契以印证心，外传袈裟以定宗旨。从上相传，一一皆与达摩袈裟为信。其袈裟今见在韶州，更不与人。"

> "今言不同者，为秀禅师教人凝心入定，住心看净，起心外照，摄心内证。……从上六代以来，无有一人凝心入定，住心看净，起心外照，摄心内证，是以不同。……我六代大师，一一皆言单刀直入，直了见性，不言阶渐。夫学道者，须顿见佛性，渐修因缘，不离是生而得解脱。……今言坐者，念不起为坐；今言禅者，见本性为禅。"

滑台在洛阳的东北，神会到这里来召开无遮大会，论定佛法宗旨，一定是由于多年来在南阳的宣扬顿教得到(曾来南阳的)滑台大云寺僧的同情，邀到那边去召开大会的。如不得当地僧众的有力支持，任何有名的大德，都不可能在别处别寺召开这样的大会。在这次大会的进行中，不是没有阻碍的，如《南宗定是非论》(《神会集》二六四——二六五)说：

> "即时(?)人侣，×卷屏风，称有官客，拟将著侍。和上言：此屏风非常住家者，何乃拆破场，将用只承官客！"

庄严会场的屏风并非常住公物，而是私人的(可能向信徒借来)。到了临时,有人以招待官客的名义将屏风带去,这是故意的"拆破场"(拆台)。可见当时大云寺内也有反对的力量存在,但神会终于完成了这一次庄严的盛会。从此,南顿北渐,显著地对立起来。慧能为六祖,"是的的相传付嘱人",更普遍地传扬开来。

神会在滑台召开的大会不止一次,开元二十年是最成功的一次。此后,神会大概以南阳(洛阳之南)为根本,而往来于滑台(洛阳东北)一带。神会也到过邢州(今河北巨鹿县)开元寺。天宝七年,神会请宋鼎作《唐曹溪能大师碑》(《金石录》卷七),就立在邢州。直到天宝四年(七四五),神会五十八岁,应兵部侍郎宋鼎的礼请,到洛阳,住荷泽寺,这才进入北宗的教化中心。如《圆觉经大疏钞》卷三说:

"天宝四载,兵部侍郎宋鼎,请入东都。然正道易申,谬理难固。于是曹溪了义,大播于洛阳;荷泽顿门,派流于天下。"

神会到了洛阳,也曾召开定两宗是非的大会。据宗密的传说,是天宝四年(《历代法宝记》作"天宝八年")。神会不断地评论两宗的傍正。当北宗普寂在世时(七三九年去世),曾"在嵩山竖碑铭,立七祖堂,修法宝纪,排七代数"(《神会集》二八九)。神会也就立祖堂,立碑记,如《宋僧传》卷八《慧能传》(大正五〇·七五五中)说:

"会于洛阳荷泽寺,崇树能之真堂;兵部侍郎宋鼎为碑焉。会序宗脉,从如来下西域诸祖外,震旦凡六祖,尽图缋其影。太尉房琯作六叶图序。"

宋鼎作碑，是天宝十一年。立六代祖师的影堂，作六叶图，当时的北宗、南宗，都是重祖师（甚至比佛更重要），也就是重传承的宗派。在神会这样的弘传下，南宗顿教——曹溪禅在洛阳，大大地传开了。《宋僧传》说"普寂之门，盈而后虚"；胡适说神会是"北宗禅的毁灭者"，不免夸大失实！大历七年（七七二），独孤及等上表，为三祖僧璨乞谥并塔额，肃宗赐谥为镜智禅师，塔名觉寂。独孤及为北宗信徒，撰《舒州山谷寺觉寂塔隋镜智禅师碑铭并序》（《全唐文》卷九〇），说到弘忍传法于神秀、慧能。"能公退而老曹溪，其嗣无闻焉。"而秀公法嗣普寂门下万人，升堂者六十三人，得自在慧者宏正。宏正门下的龙象，比普寂更多。独孤及撰碑时，神会、普寂都已去世了。独孤及漠视神会学系的存在，夸张普寂及其弟子宏正门下的兴盛。至少，当时的北宗，并没有衰落、毁灭。不过神会来洛阳后，由于神会政治上的成功（如下说），跃居禅门主流；而普寂门下失去了领导的地位，倒是事实。至于北宗的衰落，从史传所见，是与神会禅系——荷泽宗的命运相同。那就是经历武宗的灭法（八四五年），晚唐及五代的军政混乱，民生凋敝，引起中原文化的全面（不但是佛教）衰落。北宗与荷泽宗，也就渐归于泯灭，独让南方的禅者盛行中国。

神会努力于慧能为六祖正统的鼓吹，不只是为了争法门正统。神会代表了一代一人的付嘱制，反对分灯普化的付法制，在禅宗史中有深远的意义，而不是捏造的。从代表曹溪禅风的《坛经》来看，与《大乘无生方便门》等北宗禅，显有重大的区别。

神会立顿教(如来禅)而斥渐教(清净禅),不能说没有自己的见地而只是争一法统。神会在《南宗定是非论》(《神会集》二八三、二九一)说:

> "(和)上答:从秀禅(师)……说禅教人……以下有数百余人说禅教人,并无大小,无师资情,共争名利,元无禀承,乱于正法,惑诸学道者,此灭佛法相也。"

> "和上告远法师及诸人等:莫怪作如此说,见世间教禅者多,于学禅者极其缭乱。恐天魔波旬及诸外道入在其中,惑诸学道者,灭于正法,故如此说。"

从这段文看出,禅门大启以来,人人自称得法,处处开法立宗。从来一系相承的禅法,显然陷于分化,分化为形形色色。尤其是神秀一系,受到国家尊重,自不免有依傍禅门、"共争名利"的现象。这对于服膺曹溪禅风,坚信一代一人付法制充满了护法真诚的神会,实有不能不大声疾呼的苦心。神会是慧能门下的"狂"者,"狂者有所进取"。《证道歌》说:"圆顿教,勿人情,有疑不决直须争。不是山僧争人我,修行恐落断常坑。"神会的"为天下学道者定宗旨,为天下学道者辨是非",正是那种为佛法、为众生的真诚。如以世俗眼光,看作形式的法统之争,那是与事实相去远了!

### 为法的挫折与成功

从神秀入京(七○一年)以来,经普寂等继踵弘扬,到天宝初年(七四二),北宗在当时的政教中心——洛阳、长安,以及大河南北,已有深广的基础。神会北上,发表震动当时、批评北宗的宏论,当然是不能没有阻碍的。在滑台大云寺召开大会,就有人临时"拆破场"了。《圆觉经大疏钞》卷三之一说:

> "侠客沙滩五台之事,县官白马。卫南卢郑二令文事,三度几死。商旅缦服,曾易服执秤负归。百种艰难,具如祖传。达摩悬丝之记,验于此矣!因淮上祈瑞,感炭生芝草,士庶咸睹,乃尽今(命?)建立无退屈心。"

所说的这些艰难,是在到洛阳以前的。文字过于简略,不能完全明了当时的情形。"县官白马",是为白马的官府所拘系(县与悬同)。白马在滑台东,当时滑台是属于白马县的;起因是"侠客沙滩五台之事"。"三度几死",是为了"卫南卢郑二令文事"。卢、郑是二位县令。"卫南",应是卫河(又名南运河)以南,不知是哪二县的县令。上是武侠的牵累,这里是文字引起了麻烦。"商旅缦服"以下,似乎是受到处分,脱去僧衣而服劳役!神会在滑台、邢州一带,已遭遇种种的打击,但并不气馁,进一步地到了洛阳——北宗的中心地带。敢说敢为,终于遭遇了更大的挫折,如《宋僧传·神会传》说:

> "天宝中,御史卢奕阿比于寂,诬奏会聚徒,疑萌不利。玄宗召赴京,时驾幸昭应,汤池得对,言理允惬。敕移住均部;二年,敕徙荆州开元寺般若院住焉。"

关于神会的被徙移,《圆觉经大疏钞》卷三之一,说得更为分明:

　　"天宝十二年,被谮聚众。敕黜弋阳郡,又移武当郡。
十三载,恩命量移襄州。至七月,又敕移荆州开元寺,皆北
宗门下之所致也。"

　　这一次的问题,极为严重。天宝十二年(七五三),神会六
十六岁,御史卢奕奏神会聚众,怕有不利于国家的企图。卢奕是
北宗的护持者,对神会运用了政治的力量。神会的门下多了,分
子就可能复杂。当时曾在汤池面见玄宗,接受询问。但结果,被
贬放到弋阳郡(今江西弋阳)。又移到武当郡(今湖北均县)。
第二年(十三年),又移住襄州(今湖北襄阳)。到七月里,又移
住荆州开元寺。不到二年,就迁徙了四次,艰困是可以想像的!
在神会再回洛阳以前,就住在荆州。

　　时局的突然变乱,神会得到了再起的机会。天宝十四年
(七五五)十一月,安禄山反了。第二年(七五六年),洛阳、长安
沦陷,玄宗去了四川,太子在灵武即位(即肃宗)。到至德二年
(七五七),郭子仪等恢复了东西两京。这时候,神会出来了,被
公推来主持开坛度僧的事,如《宋僧传》说:

　　"副元帅郭子仪率兵平殄,然于飞輓索然。用右仆射
裴冕权计,大府各置戒坛度僧,僧税(百)缗,谓之香水钱,
聚是以助军需。……群议乃请会主其坛度。于时寺宇宫
观,鞠为灰烬,乃权创一院,悉资苫盖,而中筑方坛。所获财
帛,顿支军费。代宗郭子仪收复两京,会之济用,颇有
力焉。"

　　当时的度僧,是纳税得度的。纳税得度的情形,如《佛祖历

代通载》卷一三(大正四九·五九八中——下)说：

> "听白衣能诵经五百纸者度为僧。或纳钱百缗，请牒
> 剃落，亦赐明经出身。及两京平，又于关辅诸州，纳钱度僧
> 道万余人。进纳自此而始。"

《唐书·食货志》也说到："度道士僧尼不可胜计；纳钱百
千，赐明经出身。"当时的立坛度僧，对民众来说，免了兵役、劳
役。对政府来说，得到了军需的支应。在政府军费的迫切下，神
会出来主持号召，获得大量金钱上的供应，当然对神会特别重视
起来。神会受到了皇帝的供养，如《宋僧传》说：

> "肃宗皇帝诏入内供养。敕将作大匠，并功齐力，为造
> 禅宇于荷泽寺中。"

神会在那时，念念不忘南宗顿教，为南宗做了两件大事。

一、由郭子仪出面申请，请为菩提达摩——初祖立谥，如陈
宽《再建圆觉塔志》(《唐文拾遗》三一)说：

> "司徒中书令汾阳王郭子仪，复东京之明年(七五八
> 年)，抗表乞大师谥。代宗皇帝谥曰圆觉，名其塔曰空观。"

二、由广州节度使韦利见启奏，请六祖袈裟入内供养，如
《别传》(续一四六·四八七)说：

> "上元二年，广州节度韦利见奏，僧行滔及传袈裟入
> 内。孝感皇帝依奏，敕书曰：敕曹溪山六祖传袈裟，及僧
> 行滔并俗弟子，韦利见令水陆给公乘，随中使刘楚江赴上

都。上元二年十二月十七日下。('上元'应是'乾元'的误写）"

从韶州请得传法袈裟，到宫内去供养，这是付法传衣，慧能为六祖的最好证明。在兵荒马乱中，郭子仪与韦利见为禅宗奏请，可断论为与当时主持坛度、受到政府崇敬的神会有关。神会是"狂"者，是富有英雄气概的禅僧。支持他的，如兵都侍郎宋鼎、太尉房琯（作"六叶图序"）、郭子仪、韦利见，都是与军队有关的人，也许是气分相投的关系！

神会为曹溪顿教而献身，不避任何艰险，坦然直进，终于达成了：韶州慧能为禅宗六祖，永为后代的定论。神会也该为了圆满所愿而熙怡微笑了！以后的事，如《圆觉经大疏钞》卷三之下所说：

"乾元（应是上元）元年（七六〇）……五月十三日示灭，年七十五。"

"二年（七六一），迁厝于东京龙门，置塔宝应。二年，敕于塔所置宝应寺。"

"大历五年（七七〇），敕赐祖堂额，号真宗般若传法之堂。"

"七年（七七二），敕赐塔额，号般若大师之塔。"

"贞元十二年（七九六），敕皇太子集诸禅师，楷定禅门宗旨，遂立神会禅师为第七祖。"

## 第二节　有关神会的著作

有关神会的作品，过去仅从《传灯录》（卷三〇）知道《显宗记》短篇。直到敦煌所藏的有关神会作品唐写本的发现，经胡适等校跋而发表出来，神会的禅学及那个时代的禅宗史，才有较正确的理解。从事神会禅学的研究者，虽不一定能恰当地叙述，或不免偏颇的论断，然从资料的整理公布来说，是不能不表示钦佩的！

现存有关神会的作品，有《南阳和上顿教解脱禅门直了性坛语》、《菩提达摩南宗定是非论》、《南阳和尚问答杂征义》、《顿悟无生般若颂》。在这几部中，虽胡适说《显宗记》为"禅八股"，却可能为神会所作；其余都是门下的记录或编集。早期的禅宗大德，很少有自己著述的。

### 《南阳和上顿教解脱禅门直了性坛语》

胡适依巴黎国家图书馆所藏伯希和二〇四五号第二件为底本，对勘日本铃木大拙（铃木贞太郎）校刊的国立北平图书馆所藏的敦煌写本，发表于《中央研究院历史语言研究所集刊》二十九本，现又附入《神会和尚遗集》。文中说到："登此坛场，学修般若波罗蜜。"这是在坛场中开法传禅（般若）的一项记录，对神会的禅学来说，最为体系完整。《历代法宝记》（大正五一·一八五中）说到：

"东京荷泽寺神会和上，每月作檀场，为人说法，破清

净禅,立如来禅,立知见,立言说。为戒定慧不破言说,云:
正说之时即是戒,正说之时即是定,正说之时即是慧。说无
念法,立见性。"

这是神会在坛场所说的主要内容。《坛语》虽没有具备,而
重要的也都在了。特别是"立知见",如《坛语》(《神会集》二三
七、二三八)说:

"心有是非不? 答:无。心有来去处不? 答:无。心有
青黄赤白不? 答:无。心有住处不? 答:心无住处。和上
言:心既无住,知心无住不? 答:知。知不知? 答:知。"

"今推到无住处立知,作没? ⋯⋯无住心不离知,知不
离无住。知心无住,更无余知。⋯⋯无所住者,今推知识无
住心是。而生其心者,知心无住是。"

神会以启发式的问答,层层推诘,推到"知心无住"。这就
是"自本空寂心";"知之一字,众妙之门"的知;"惟指佛心,即心
是佛"的心。

《坛语》是神会在洛阳开法传禅的记录。开元二十年(七三
二)在滑台召开无遮大会,责神秀门下人人开法,然后说(《神会
集》二八三):

"能禅师是的的相传付嘱人。已下门徒道俗,近有数
(应缺一字)余人,无有一人敢滥开禅门。纵有一人得付嘱
者,至今未说。"

"纵有一人得付嘱者",当然指神会自己,但那时神会还没

有立宗旨,开禅门。后来在洛阳,"每月作坛场"开法。《圆觉经大疏钞》说"便有难起,开法不得",可见洛阳"开法",主要是天宝乱后的事。胡适见标题写"南阳和上",而推论为"这是滑台定宗旨以前的讲义",是不对的。这是开法传禅,不可能是南阳时代的记录。神会僧籍在南阳龙兴寺,所以被称为"南阳和上"。

### 《菩提达摩南宗定是非论》

这部论的敦煌写本,已发见的,有巴黎国家图书馆所藏的伯希和本三〇四七号第一件,又三四八八号,又二〇四五号第一件——三本。胡适校定,收为《神会和尚遗集》卷二、卷三,及《新校定的敦煌写本神会和尚遗著两种》的一种。散在三处的论文,经胡适的校定配合,恰为《南宗定是非论》的全部。论题"独孤沛撰",独孤沛的经历不明,依论文,自称"弟子","叨陪学侣,滥预门徒",这是一位神会的在家弟子。这部论,起初是记录当时滑台召开大会的情形,但后来显然利用了这一出名的会议,造成一部论,作为荷泽宗的宣传资料。如论末赞偈说(《神会集》三一七):

"大乘大论,流行四方,法幢再建,慧日重光。爱河舟楫,苦海津梁。闻者见者,咸悟真常!"

这部论,可分为"序说"、"本论"、"结赞"——三部分。现存的论本,不是当时大会的忠实记录。分析全论的内容,可见曾一再地附加,所以有头上安头、脚下添脚、身内有身的现象。

什么是"头上安头"？佛法的一般常例，论文以归敬（三宝）及叙述造论意趣开端。本论说（《神会集》二六〇——二六四）：

> "归命三宝法，法性真如藏，……出世破邪宗。"
> "问曰：有何因缘而造此论？……所以修论。"

这是"归敬叙造论意"部分。但在"归命三宝"以前，又附上一段说：

> "弟子于会和尚法席下，见与崇远法师论义，便修。从开元十八、十九、廿年，其论本并不定；为修未成，言论不同。今取廿载一本为定。后有师资血脉传，亦在世流行。"

这不是论文，是后来附加的造论经过，等于一般书籍的"自序"。说到"后有师资血脉传"，显见这一段是后来附加的。

什么是"脚下添脚"呢？论的末后部分说（《神会集》三一二——三一四）：

> "（崇远）法师既得此语，结舌无对。非论一己屈词，抑亦诸徒失志。胜负既分，道俗嗟散焉。"
> "和上慧池春水……故得入讲论处，邪幢必摧。定是非端，胜幡恒建。……谨录所闻，藏之箧笥。"
> "'发心毕竟二不别，如是二心先心难'八句。"

"胜负既分，道俗嗟散"，大会的论议，到此结束了，也就是"本论"的结束。"和上慧池春水"以下，是结赞。到"谨录所闻，藏之箧笥"，"结赞"部分也完毕了。"发心毕竟二不别"八句，出于《大般涅槃经·迦叶菩萨品》，对这部论来说，是不必要的附

录(《坛语》也附有这八句)。论文应该就此完结,但此下又接着
"言菩提达摩南宗定是非论者"一段,序赞这部论;末了又有十
五赞偈。这不是论文,正如一部书的后跋、后叙一样。在末后的
长行、偈颂中,有这样的话(《神会集》三一六——三一八):

> "去开元二十年正月十五日,共远法师论议。"
>
> "论之兴也,开元二十。比日陵迟,今年法立。"
>
> "德超河洛,芳流京邑。"

　　"去开元二十",是从前开元二十年的意思。"比日陵迟,今
年法立",显然是由于神会的被贬逐,大法一时衰落,到今年才
重新建立起来。这是至德二年(七五七),神会出来主持"坛度"
以后的事。"芳流京邑",是受到京中皇家的尊重。这一部分是
后来追加的,附于"结赞"以下,约与"归敬三宝"前一段同时。

　　什么是"身内有身"呢? 这部论,是以神会与崇远法师共
论——滑台大云寺召开的大会为主体的。"先陈激扬问答之
事,……后叙师资传授之言"——这二大段,就是"本论"。《论》
(《神会集》二九六——三一二)说:

> "远法师问曰:禅师修何法,行何行? 和上答:修般若
> 波罗蜜法,行般若波罗蜜行。……修学般若波罗蜜(法),
> 能摄一切法。行般若波罗蜜行,是一切行根本。(如说):
> 金刚般若波罗蜜,最尊最上最第一,无生无灭无去来,一切
> 诸佛从中出。"
>
> "和上言:告诸知识……获无所得,一时成佛。"
>
> "和上问远法师言……胜负既分,道俗嗟散焉。"

崇远法师问神会："修何法，行何行？"神会告诉他：修般若法，行般若行。并引《坛经》的四句，以说明般若能摄一切法门，为一切行根本。后来神会反问崇远，讲什么经？而结束了这次大会。在这问答中间，插入了"和上言：告善知识"，有近四千字的长篇。这是长篇开示，与全论的问答体例不合。这一大段，广引《胜天王般若》、《小品般若》、《金刚般若》，赞说持诵《金刚经》的功德，中间曾这样说（《神会集》三一〇）：

> "敬白十方诸佛，诸大菩萨摩诃萨，一切贤圣：今舍身命修顿悟最上乘论，愿一切众生闻赞叹金刚般若波罗蜜，决定深信，堪任不退故。"

赞叹《金刚般若波罗蜜经》部分，原名《顿悟最上乘论》。"修顿悟最上乘论"，是造论，而不是大会的论义，与《南宗定是非论》根本不同。这是另一部论文而被编进去的。

除了前序、后序、《顿悟最上乘论》，其余部分，以滑台的无遮大会为底本，也不完全是当时的问答。如《论》（《神会集》二九三——二九四）说：

> "远法师问曰：普寂禅师名字盖国，天下知闻，众口共传为不可思议，何故如此苦相非斥，岂不与身命有仇？和尚答曰：读此论者，不识论意，谓言非斥。普寂禅师与南宗有别。我自料简是非，定其宗旨。我今为弘扬大乘，建立正法，令一切众生知闻，岂惜身命？"

> "远法师问：修此论者，不为求名利乎？和上答曰：修此论者，生命尚不惜，岂以名利关心？"

这哪里是崇远所问、神会所说！神会与崇远在大会共论，怎么会说"读此论者"、"修此论者"？这分明是造论者所增附的。"岂惜身命"，"生命尚且不惜"，可推定为：神会被贬逐回来，受到朝野的尊敬，改写这部论，用作宣传资料。不了解这部论的改编，难怪胡适会说："这种气概，这种搏狮子的手段，都可以震动一时人的心魄了。"

了解这部论的增附、改写，才可以解说一个事实。论前说："从开元十八、十九、廿年，论本并不定。"宗密在《圆觉经大疏钞》卷三之一说：

> "因洛阳诘北宗传衣之由，及滑台演两宗真伪，与崇远等持论一会，具在《南宗定是非论》中。"

《历代法宝记》(大正五一·一八五中)也说：

> "开元中，滑台寺为天下学道者定其宗旨。……天宝八载中，洛州荷泽寺亦定宗旨，被崇远法师问。"

滑台召开的大会，似乎不止一次；而洛阳也曾举行定宗旨的大会。现存本，是作为"开元二十年正月十五日，在滑台大云寺"大会的论议。那一次大会，与崇远法师问答，是较成功的出名的一次。独孤沛是以这一次论议为底本的。每次论议的要点，后来都编集进去，也就都作为与崇远的问答。贬逐回来，又有所改写，再增加前序、后序。这是历次论议的综集，经过增附与改写的。胡适怀疑："何以两次皆有崇远的质问？"晚年更参照西方神教而想像为："很可能的，崇远法师是神会和上请来的一位有训练的配角!"(《神会集》三六九)这未免太信赖文章的表面记录,而没有注意到这部论的不断修正与补充!

崇远是一位讲经法师,不是禅师,并不代表北宗。即使崇远的论辩失败,也并不等于北宗的失败。这部《南宗定是非论》,为什么由崇远来与神会进行论辩呢? 中国佛教,从两晋以来,凡讲经法会,必先有人出来,与主讲问难一番。有名的"支许"问答,就是这种问答。讲经以外,也有论辩法义的法会。如三国论师僧粲(《续高僧传》卷九)与嘉祥吉藏(《续高僧传》卷一一)在齐王府的问难。任何法会(除传戒),都有主持的大德,通例有人出来问难,原意是为了究明法义所作的友谊的论辩。"无遮大会",本为布施大会,任何人都可以来参加的大会。神会召开无遮大会,是"为天下学道者定宗旨,为天下学道者辨是非"。崇远是当地有名的讲经法师,也就自负地出来问难一番。在崇远与神会的问难中,禅师胜过了法师。神会并因崇远的发问,而发表达摩宗旨的正统是慧能的顿教;而盛极一时的神秀门下,"师承是傍,法门是渐"。这一大会,对于禅的南宗北宗不同,傍正、顿渐,引起了当时的重视。而崇远与神会的问答,也就被传说开来。如以崇远的论难失败作为北宗的失败,那就误解了!

## 《南阳和尚问答杂征义》

日本人入矢义高在一九五七年发现大英博物馆所藏的敦煌写本斯坦因本六五五七号,题作《南阳和尚问答杂征义》,附有残"序","前唐山主簿刘澄集"。除序,共十四章。这部神会的问答集,除序及第一章多一段外,与日本石井光雄所藏的敦煌写本前十四章相合。石井本前面没有题目，影印本题作《敦煌出土神会录》，共分五十六章。早在民国十九年（一九三〇），胡适将巴黎国家图书馆所藏敦煌写本伯希和本三〇四七号第一件，原本也是没有题目的，题作《神会语录》而刊出，分为五十章。这三本，虽增减多少不同，次第还大致相合。胡适本的前五章、后一章，是石井本所没有的。而石井本，与胡适本相同部分，除增入九、三四、三九、四〇几章外，更增四五——五六共十一章于后。五〇——五五章，是六代祖师的传记。末章，是《大乘顿教颂》附序，也就是神会传。这三本的出入不同，胡适曾有所解说（《神会集》四〇三——四二〇）。

这一部，是神会与人问答为主的集子。如刘澄序说（《神会集》四二六——四二七）：

"南阳和尚，斯其盛焉。禀六代为先师，居七数为今教。……贵贱虽问，记录多忘。若不集成，恐无遗简。更访得者，遂缀于后。勒成一卷，名曰《问答杂征义》。"

刘澄集本，与石井本相合，只是现存本残缺了。"禀六代为先师，居七数为今教"：从序意看来，编集的时代，是并不太早的。"六代"与"七数"，正是石井本末七章的内容。神会被许为"七数"，至少是贬逐回来的事。称为"南阳和尚"，只是习惯上的称呼，并不就是南阳时代所集成的。这部集子，除问答外，将《南宗定是非论》（《顿悟最上乘论》已编集在内，更可见这部集子并不太早）部分编入。如胡适本的一、二〇章；石井本的九、一四、四七、四八、四九章，都是。以问答为主，而将别部论的部分编入，所以胡适推论石井本的五〇——五五（应为五六）章，是将《师资血脉传》编入（《神会集》四一八），极为可能。胡适本不取祖师传记，将《南宗定是非论》的一部分删去，更增加部分的问答，从文字的更通顺来说，是比较迟一些集成的。

日本圆仁（八三八年）入唐求法，留学十年，取回的经籍中，有"南阳和尚问答杂征义一卷，刘澄集"，与入矢义高所见本的题目相合。迟一些，圆珍（八五三——八五八年）来中国，请得《南宗荷泽禅师问答杂征》一卷，都是这部问答集。近人称之为《神会语录》，也很好。

## 《顿悟无生般若颂》

伦敦大英博物馆所藏的敦煌写本斯坦因二九六号，又四六八号，题名《顿悟无生般若颂》，是一篇而被分散在两处的，与《传灯录》（卷三〇）的《显宗记》同本。这一短篇，先标"宗本"说：

> "无念是实相真如，知见是无生般若。般若照真达俗，真空理事皆如：此为宗本也。"

然后敷畅这一宗本义，而成一短篇。先标"宗本"，是模仿《肇论》的。在阐明宗义后，次明传授：

> "三世诸佛，教旨如斯。菩萨大悲，转相传授。至于达摩，届此为初；递代相传，于今不绝。……衣为法信，法是衣宗；衣法相传，更无别付。"

体裁不是偈颂,不知为什么称为"颂",不如称为《显宗记》的好。这正代表了神会对于禅及禅门传授的立场。《传灯录》本——《显宗记》,有"西天二十八祖,共传无住之心,同说如来知见"的话。《南宗定是非论》仅说西土八祖,是神会晚年的定本,所以《显宗记》的二十八祖说,应该是神会门下所增入的。

## 第三节  南顿北渐

神会为了慧能"南宗顿教"的正统性,与神秀门下对抗,是当时禅宗的重要事实。关于"南宗",第三章已经说过了。隋、唐的大统一,政治是北方胜过了南方,而南方文化,在南北统一中却非常活跃。有南方特色的绘画、道教,都在那个时代发展出南宗。佛教的南宗,也在这个时代隆盛起来。虽然达摩传来的"南天竺一乘宗"一向就称为南宗,然在南方精神有力的扩展下,神会自然会觉得,岭南慧能才是名副其实的南宗。慧能门下,有的自称"南方宗旨",也就是这种意义。所以在本来就是南宗的南天竺一乘宗中,又演化为南宗与北宗的对立。

神会称慧能的法门为南宗,神秀所传的是北宗:"师承是傍,法门是渐",而南北从此对立起来。南北对立,不只是师承傍正的争执,"南顿北渐"才是法门对立的实质。说到顿与渐,至少要明白两点:一是理的顿悟渐悟,一是行的顿入渐入。谛理,小乘有渐入四谛、顿悟灭谛的二派。大乘以"一切法本不生"为究极,中国虽有过渐悟、顿悟的辩论(如刘虬《无量义经序》所说),而大乘经义从来都是"悟理必顿"的。如《楞伽阿跋

多罗宝经》卷一(大正一六·四八六上)说:

> "譬如明镜顿现一切无相色像,如来净除一切众生自
> 心现流,亦复如是顿现无相无所有清净境界。"

这就是理的顿悟。不过在顿悟中,古说七地悟无生忍(小顿
悟),或说初地顿悟,或说初住就证悟,初信就证悟(后二者,比道
生的时代略迟)。这就是证悟以后,还有一层层的深入。古人的
解说,或多少不同,但依大乘,所证法是没有层次可说的;依智慧
就可说,这所以"三乘皆依无为法而有差别"。道生是针对这悟入
又悟入的见解,所以立大顿悟说。道生的顿悟说,保存于谢灵运
的《辩宗论》,如《广弘明集》卷二〇(大正五二·二二五上)说:

> "有新论道士(指道生),以为鉴寂微妙,不容阶级。积
> 学无限,何为自绝!"

嘉祥在《二谛义》中,也曾有所引述:"大顿悟义,此是竺道
生所辩。彼云:果报是变谢之宅,生死是大梦之境。从生死至金
刚心,皆是梦。金刚后心,豁然大悟,无复所见。"(大正四五·
一一一中)道生以为,"积学无限",不悟则已,"一悟则纷累都尽
耳",究竟成佛。所以,道生是积学无限的渐修顿悟说,与后代
禅宗的见地恰好相反。近代人欢喜将道生的顿悟与禅宗的顿悟
说相混合(其实,禅者早已不自觉地混而为一了),所以略为分
别。扼要地说,一切大乘法门,都认为真如法性是顿悟的。

说到行的顿入渐入,主要是从初发心到证悟成佛,如一定要
历位进修,经三大阿僧祇劫,就是渐。如直捷的证入、成佛,"不

历僧祇获法身"，就是顿。弥勒系的唯识学，马鸣的《大乘起信论》(论文分明说)，决定要三祇成佛，是没有顿的。龙树论依《必定不定印经》，约根机利钝，说有渐入的，也有一发心就顿入无生、广度众生的。在中国佛教界，天台宗立四十二位，初发心住就分证实相(以上是圆修)。与(三论宗)嘉祥同门的均正，在《四论玄义》中，立初信位悟入义；后来贤首宗也如此说。大乘经中，《法华经》的龙女，发心就成佛道。《涅槃经》说"发心毕竟二不别"。《楞伽经》说"无所有何次"(有什么次第可说)！中国佛教到了隋唐之间，发心顿入佛道，已是多数学者的共信了。

北方禅师以《楞伽》、《思益经》为无相教，是不立次第的顿禅。顿，是说发心能现生顿入佛慧，与佛不二。东山宗的"即心是佛"，"心外无佛，佛外无心"，都可说是顿禅。如代表神秀所传的《大乘无生方便门》(大正八五·一二七三下)说：

"诸佛如来有入道大方便，一念净心，顿超佛地。"

从神秀弟子义福修学的大乘和尚，曾到西藏去教授禅学。大乘和尚与印度来的莲华戒辩论，失败了，被禁止传授。这就是宗喀巴书中所说的"支那堪布"。现存敦煌本(斯坦因本二六七二号)《顿悟大乘正理诀》，就是大乘和尚的宗义。前河西观察判官朝散大夫殿中侍御史王锡为该书作序说：

"我大师忽奉明诏曰：婆罗门僧等奏言：汉僧所教授顿悟禅宗，并非金口亲说，请即停废。"

依上引二文，可见北宗也是自称"顿悟"的。那么，曹溪门下为什么自称为顿,以神秀所传的为渐呢？"顿"的意义,神会曾一再地说到：

> "出世间不思议者,十信初发心,一念相应,便成正觉。于理相应,有何可怪！此明顿悟不思议。"（《神会和尚遗集》一〇〇）

> "发心有顿渐,迷悟有迟疾。迷即累劫,悟乃须臾。若遇真正善知识,以巧方便直示真如,用金刚慧断诸位地烦恼,豁然晓悟。……恒沙妄念,一时顿尽。无边功德,应时等备。"（《神会和尚遗集》一二一）

> "众生见性成佛道。又龙女须臾发菩提心,便成正觉。又欲令众生入佛知见。……唯存一念相应,实更非由阶渐。相应义者,谓见无念者,谓了自性者,谓无所得。以无所得,即如来禅。"（《神会和尚遗集》一三一）

> "见诸教禅者,不许顿悟,要须随方便始悟,此是大下品之见。"（《神会和尚遗集》二五二）

> "学道者须顿见佛性,渐修因缘,不离是生而得解脱。譬如母顿生子,与乳,渐渐养育,其子智慧自然增长。顿悟见佛性者,亦复如是,智慧自然渐渐增长。"（《神会和尚遗集》二八七）

宣说"南顿北渐"的神会,当时是有根据的。初发心"一念相应","唯存一念相应,实更非由阶渐"。"一念相应",就是"无念"。只此"无念","单刀直入","直了见性",不假其他方便的,是顿。如以为"须随方便始悟",也就是要经种种方

便——摄心方便、观察次第方便,才能悟入的,就是渐。传说神
秀的禅法是"专念以息想,极力以摄心。……趣定之前,万缘尽
闭;发慧之后,一切皆如"。普寂他们是"凝心入定,住心看净,
起心外照,摄心内证"。这都显然有进修的层次,就是渐。"迷
悟有迟疾",渐悟当然是有的。但如以为"须随方便始悟"——
非渐不可,即就是"大下品之见"了! 神会所说,约根机的利钝
说,更着重于法门的直捷。神会说"直了见性",南方说"直指人
心,见性成佛"。"直了"、"直指",南宗学者自觉得比起北宗来,
更有资格称为"顿教"。

《坛经》有关顿渐的意见,与神会所说大致相合,如说:

"法无顿渐,人有利钝。迷(原作'明')即渐契(原作
'劝'),悟人顿修。"(二三八中——下)

"迷来经累劫,悟则须臾间。"(三四二上)

"何以渐顿? 法即一种,见有迟疾。见迟即渐,见疾即
顿。法无渐顿,人有利钝,故名渐顿。"(三四二中)

"神秀师常见人说:慧能法疾直指路。秀师遂唤门人
僧志诚曰:汝聪明多智,汝与吾至曹溪山,到慧能所礼拜。
但听,莫言吾使汝来。所听意旨,记取却来,与吾说,看慧能
见解与吾谁迟疾。"(三四二中)

《坛经》的顿渐说,与神会大意相合。顿与渐,是根机的利
钝问题,不是"法"的不同。钝根累劫渐修,等到悟入,还是一样
的"自性般若"。从应机的利钝说,直捷的开示悟入,是顿;须种
种方便,渐次修学而悟入的,是渐。如"定慧等学"、"三学等"是

顿；戒、定、慧的分别次第进修，是渐。所以南宗的称为"顿教"，是不假方便，直指直示的。"念佛名，令净心"的北宗，本渊源于道信的《入道安心要方便》，无念是念佛，契入心地明净。东山门下，不一定是非渐不可的，如《法如行状》(《金石续编》卷六)说：

> "今唯以一法，能令圣凡同入决定。……众皆屈申臂顷，便得本心。(如禅)师以一印之法，密印于众意。世界不现，则是法界。此法如空中月影，出现应度者心。"

法如的开法方便，"以一印之法，密印于众意"，不能说不是顿教。"法如乃祖范师资，发大方便，令心直至，无所委曲。""众皆屈申臂顷，便得本心"，不能说不是顿悟。然从神秀以来，"以方便显"，门下都在方便渐修中用力。所以《传法宝纪》的作者杜朏，对神秀门下有说不出的慨叹，如说：

> "今之学者，将(念佛名，令净心)为委巷之谈。……悲夫！岂悟念性本空，焉有念处！净性已寂，夫何净心！念净都忘，自然满照。於戏！僧可有言曰：四世之后，变成名相，信矣！……今大通(神秀)门人，法栋无挠，伏膺何远？裹足宜行，勉哉学流，光阴不弃也！"

从当时(法如开法以来，慧能还在世，比神会北上早得多)的情形看来，"净心"方便的次第化，已失去了东山法门——即心是佛的顿入气息。神秀所传，是有顿悟入道成分的，而"以方便显"，逐渐落入了渐修的情况。这难怪杜朏要慨叹，神会要专提"直了见性"，以"南宗顿教"宣告于天下了！

# 第八章　曹溪禅之开展

## 第一节　曹溪流派

慧能在韶州行化四十多年，予禅宗以极深远的影响。当时僻处岭南的弟子，虽传下法海、志道等名字，但事迹不详。他们的贡献，是《坛经》的集成与传出，及有关慧能事迹的传说。发展曹溪顿教而成为大宗的，属于中原及江南的弟子。

### 中原的荷泽宗

荷泽宗，以神会住在洛阳荷泽寺而得名。慧能去世以后的五十年（七一三——七六二年），是神会北上，努力于发扬南宗顿教，确定慧能为六祖的时代。神会的一生，已在上一章说过了。神会的门下，在京洛一带的，竟没有卓越的禅师。在这政治中心地带，与北宗尖锐的对立，"相见如仇"，结果是谁也占不了便宜，仅留下"坛经传宗"等口实。少数行化到江南的，恰好洪州、石头、牛头禅盛行，也难有卓越的表现。惟磁州法如一系，传入成都，后来有圭峰宗密（七八○——八四一年）为荷泽宗的殿军大师。但宗密"教禅一致",荷泽宗与华严教合一,失去了南宗顿教——简易的特色。

## 江南的洪州宗与石头宗

　　青原行思与南岳怀让所传出的法系,到十世纪,被认为曹溪禅门的正统。行思(或作"行司")的传记,附见于《宋僧传》卷九《义福传》下(大正五〇·七六〇下),《传灯录》卷五(大正五一·二四〇上——下)。行思是吉州(今江西吉安,就是庐陵)人,开元二十八年(七四〇)去世。在曹溪会下,行思被称为"上座",是一位年龄较长的弟子。慧能生前,行思早已离开曹溪,住在故乡的青原山静居寺。传说"四方禅客,繁拥其堂",而现在能知道名字的,仅石头希迁一人而已。希迁的传记,见《宋僧传》卷九《希迁传》(大正五〇·七六三下——七六四上),《传灯录》卷一四(大正五一·三九〇中——下)。希迁卒于贞元六年(七九〇),年九十一岁,应生于久视元年(七〇〇)。希迁是岭南高要(今广东高要)人,起初在曹溪会下做沙弥。慧能去世(七一三年)时希迁只有十四岁。他曾"上下罗浮,往来三峡",到处去参访。开元十六年(七二八),受具足戒。然后到青原山来依止行思,终于成为一代的大禅师。天宝初年(七四二),希迁到南岳来,在一石台上结庵,所以人称"石头和尚"——石头宗由此得名。广德二年(七六四),曾到梁端(今湖南长沙)住了一个时期。从七四二到七九〇年,希迁弘禅的时间长达半个世纪。门下的法嗣,《传灯录》列二十一人。如荆州的天皇道悟(八〇七年卒),澧州的药山惟俨(八二八年卒),潮州的西山大颠（八二四年卒），都是有名的禅师。云门宗、法眼宗、曹洞宗，传说都是从石头系统出来的。

慧能的另一弟子怀让，传记见张正甫（八一五年）所作的《衡州般若寺观音大师碑铭并序》（《全唐文》卷六一九）、《宋僧传》卷九《怀让传》（大正五〇·七六一上——中）、《传灯录》卷五（大正五一·二四〇下——二四一上）。怀让于天宝三年（七四四）去世，世寿六十八，应生于仪凤二年（六七七）。怀让是金州安康（今陕西安康）人，起初从荆州恒景律师出家。与同学坦然，参访嵩山老安。二十三岁（六九九年）时，来曹溪参慧能。在曹溪门下十二年（或说十五年），景云二年（七一一）辞去。先天二年（七一三），怀让到南岳来，住般若寺。怀让的弟子，《宋僧传》举道峻、道一——二人，《传灯录》列九人。其中，严峻就是道峻，后来住扬州大明寺；神照住广东潮州的西山。药山惟俨、潮州大颠、百丈怀海，都是从神照（或作"慧照"）出家的。怀让的弟子中，留有事迹的，也只有洪州道一。道一的传记，有权德舆（约七九一年）所作的《唐故洪州开元寺石门道一禅师碑铭并序》（《全唐文》卷五〇一）、《宋僧传》卷一〇《道一传》（大正五〇·七六六上——下）、《传灯录》卷六（大正五一·二四五下——二四六下）等。道一卒于贞元四年（七八八），终年八十岁，是生于景龙三年（七〇九）的。道一是汉州（今四川广汉）人，俗姓马，被尊称之为"马大师"，后世又称之为"马祖"（其实"马祖"是牛头下鹤林玄素——"马素"的俗称）。宪宗谥为大寂禅师，所以或称之为"大寂"。道一本为成都净众寺金和尚无相的弟子，后到南岳来，从怀让修学。天宝初年（七四二），道一住

建阳（今福建建阳）的佛迹岭，开始聚徒教化。不久，迁到临川
（今江西临川）的西山，南康（今江西南康）的龚公山。大历年间
（七六六——七六九）移住洪州（今江西南昌）开元寺，所以人们
称之为"洪州宗"。道一的门下盛极了，称"八十八位善知识"，
如南泉普愿（八三四年卒）、西堂智藏（八一四年卒），以百丈怀
海（八一四卒）最有名。怀海下出了沩山灵祐（八五三年卒）、黄
檗希运（八五六年顷卒），为沩仰与临济二宗的根元。

　　行思与怀让，当时只是与少数学人度着禅的生活，没有公开
开法传禅。《圆觉经大疏钞》说："让和上是六祖弟子，本不开
法，但山居修道。"（续一四·二七九）。神会在滑台大会上说：
"能禅师……门徒道俗，近有数（百？）余人，无有一人敢滥开禅
门。"（《神会集》二八三）到了希迁与道一，禅风才大盛起来。
《宋僧传·希迁传》引刘轲碑（八二〇年顷作）说："自江西主大
寂，湖南主石头，往来憧憧，不见二大士为无知矣！"这可以想见
当时的盛况。然在会昌法难（八四五年）以前，石头一系的兴
盛，是比不上荷泽与洪州的。石头一系的思想，也没有被认为是
曹溪的正宗，这可以举当时的文记为证。

　　一、韦处厚（八二八年卒）所作《兴福寺内供奉大德大义禅
师碑铭》（《全唐文》卷七一五）说：

　　　"自脉散丝分，或遁秦，或居洛，或之吴，或在楚。"

　　大义是道一的门下，死于八一八年。韦处厚作碑，说到禅的
分散，是代表洪州宗当时的意见。碑中所说的"秦者曰秀"，是
北宗；"洛者曰会"，是荷泽宗；"吴者曰融"，是牛头宗；"楚者曰

道一",是洪州宗。叙述当时的禅分四大支,却没有提到石头。碑文虽不满神会门下的"坛经传宗",而称神会为"得总持之印,独曜莹珠",大有曹溪门下第一人的意思。那时的洪州门下,对神会还是表示尊敬的。

二、贾餗(八二五年)所作《杨州华林寺大悲禅师碑铭并序》(《全唐文》卷七一五)说:

> "菩提达磨,始来中土。代袭为祖,派别为宗。故第六祖曹溪慧能,始与荆州神秀分南北之号。曹溪既没,其嗣法者,神会、怀让,又析为二宗。"

大悲禅师是神会的弟子灵坦(死于八一六年)。碑文承认了怀让为曹溪门下,荷泽与洪州——二宗并立,也没有说到石头。

三、白居易(八四七年卒)所作《西京兴善寺传法堂碑并序》(《全唐文》卷六七八)说:

> "自四祖以降,虽嗣法有冢嫡,而支派犹大宗小宗焉。以世族譬之,既师(指兴善惟宽)与西堂藏、甘泉贤、勒潭海、百岩晖,俱父事大寂(道一),若兄弟然。章敬澄,若从兄弟。径山钦,从祖兄弟。鹤林素、华严寂,若伯叔然。(武)当山忠、东京会,若伯叔祖。嵩山秀、牛头融,若曾伯叔祖。"

《传法堂碑》,是为道一的弟子兴善惟宽(卒于八一七年)作的。所叙的谱系有点杂乱,然代表了洪州门下当时的意见。碑中说到了洪州大寂、牛头法融、嵩山（神）秀、东京神会，所叙述的，都属当时四大宗，并没有提到石头一系。

四、《圆觉经大疏钞》卷三之下，列举七家："拂尘看净，方便通经"，是北宗；"三句用心为戒定慧"，是净众宗；"教行不拘而灭识"，是保唐宗；"触类是道而任心"，是洪州宗；"本无事而忘情"，是牛头宗；"藉传香而存佛"，是宣什宗；"寂知指体，无念为宗"，是荷泽宗（续一四·二七七——二八〇）。叙述当时的七家（除去四川方面的净众、保唐、宣什，也还是四大宗），却没有石头的地位。

五、宗密的又一著作《禅源诸诠集都序》卷上之二（大正四八·四〇〇下）说：

> "宗义别者，犹将十家（原误作'室'），谓江西、荷泽、北秀、南侁、牛头、石头、保唐、宣什，及稠那、天台等。"

宗密列举十家，连（不属达摩系统的）稠那、天台都在内，才提到了石头。统摄诸家的禅为三宗，其中"泯绝无寄宗……石头、牛头，下至径山，皆示此理"（大正四八·四〇二下）。洪州与荷泽同属"直显心性宗"，而石头却与牛头相同，这意味着石头宗的不彻底，不足以代表曹溪的正统。

上述的五项文证，都是会昌法难以前的实录。到会昌法难止，荷泽与洪州，互相承认为曹溪门下的二大流。石头宗的早期意义，应好好地加以研究。

## 剑南的保唐宗

保唐宗的成立者，是成都保唐寺无住。《传灯录》卷四有无住的机缘语句,得法于净众寺的无相(大正五一·二三四中——二三五上)。宗密也把他看作五祖下的一支,如《圆觉经大疏钞》卷三之下(续一四·二七八)说:

> "其先亦五祖下分出,即老安和上也。……有一俗弟子陈楚章,时号陈七哥。有一僧名无住,遇陈开示领悟,亦志行孤劲。后游蜀中,遇金和上开禅,亦预其会。但重咨问见,非改前悟。将欲传之于未闻,意以禀承俗人,恐非宜便,遂认金和上为师。"

老安是嵩山慧安;金和上是净众寺无相,为智诜的再传弟子。老安与智诜,都是弘忍门下,所以说保唐是五祖下的一系。然现存属于保唐宗的《历代法宝记》,所说并不如此,如(大正五一·一八六上——下)说:

> "和上……法号无住。……遇白衣居士陈楚璋,……说顿教法。和上当遇之日,密契相知,默传心法。"
>
> "天宝年间,忽闻范阳到次山有明和上,东京有神会和上,太原府有自在和上,并是第六祖师弟子,说顿教法。和上当日之时,亦未出家,遂往太原礼拜自在和上。自在和上说:净中无净相,即是真净佛性。和上闻法已,心意快然。欲辞前途,老和上共诸师大德苦留,不放此真法栋梁,便与削发披衣。天宝八载,受具戒。"
>
> "乾元二年正月,到成都府净众(原误作'泉')寺。初到之时,逢安乾师,引见金和上,和上见非常欢喜。……其时正是受缘之日,当夜随众受缘,经三日三夜。"

　　依《历代法宝记》，无住还没有出家时，从老安弟子陈楚璋得法。天宝八年(七四九)前，从六祖弟子(并州)自在，受法出家。乾元二年(七五九)，在成都金和尚处，也随众"受缘"三日夜。依此明确的记载，无住初与老安门下有关，而出家是慧能的再传弟子，与净众寺的金和尚无相仅有极短暂的、形式上的关系。《历代法宝记》肯定地以慧能为六祖，受到神会所传的顿教的影响。无住并以传衣为据，自以为直承慧能的顿法，这应该是(至少是依附)曹溪门下的一流。无住住成都的保唐寺，受相国杜鸿渐的尊信。传禅的时代并不长，从永泰二年(七六六)到大历九年(七七四)，只有九个年头，时代与道一、希迁相当。

## 第二节　禅风的对立

　　曹溪门下，以"南宗顿教"为名而弘传的，不在少数，前面所说的，只是形成大宗的四家。现在来看看这四家与曹溪禅有什么关联？有什么进一步的发展？说到曹溪禅，现在只能以《坛经》为代表，以《坛经》来观察各家。但这在研究上，是并不太容易的。因为《坛经》是弟子所集记，而现存最古的敦煌本，已经过了"坛经传宗"、"南方宗旨"的多少杂糅——这是《坛经》自身的问题。《坛经》为慧能晚年的一项开法记录，起初是流传在少数人手中的秘本，神会、怀让他们，都不一定见到过《坛经》。即使见到了，曹溪门下是禅者，禅者是以自己体验的那个事实为主的，应时应机来接引学人，决不是奉《坛经》为范本而照本宣扬的——这是有关《坛经》与曹溪门下间的问题。以《坛经》来观察各家,只能说《坛经》的主要部分,与门下所弘传的南宗,有着一定程度的关系罢了!曹溪门下的禅书,如与荷泽有关的《神会语录》、《坛语》,与保唐有关的《历代法宝记》,都能提供当时的实际情形。而青原行思、南岳怀让等某些机缘语句,都经过长期传说而后集录出来。如漫无简别地,引用为会昌以前的,南岳、青原下的早期禅学,也不容易精确。所以这里只能从大体上理解各家的趋向与特色,而曹溪禅成为一般人心目中的禅宗,留到下章去论究。

## 直说与巧说

《坛经》的主体,是当时开法传禅的记录,是继承东山弘忍以来的公开的、普通的开法。《坛经》附编中的弟子机缘部分,是个别的当机接引。敦煌本仅附录智诚、法达、智常、神会——四人的问答。《传灯录》共录十九人的机缘,多数为《坛经》至元本所采录。慧能当时的问答机缘,也还是重在说明——“直说”的。然传说中的神会、玄觉等机缘,已有反诘的、启发的,甚或用棒打的,让学人自己去领悟(北宗也是有这种作略)的特色,这姑且称之为“巧说”。从这接引学人的方便去观察,那神会的“每月作坛场”,也是一般的开法,如《坛语》(《神会集》二五一)说:

>　　“我于此门,都不如是。多人少人,并皆普说。……过去诸佛说法,皆对八部众说,不私说,不偷说。……上中下众,各自领解。”

神会重于普说。他批评"偷说"、"私说",显然是继承黄梅家风的。对人(或少数弟子)的问答,被集于《南阳和尚问答杂征义》的,也是重在说明。保唐无住与神会的态度相近,如《历代法宝记》(大正五一·一八五下)说:

> "保唐寺无住和上,每为学道四众百千万人及一人,无有时节,有疑任问,处座说法,直至见性。"

无住的说法,是不定期的。普说或应机说法,也主要是直说的。这是上承弘忍以来的不择根机、普为大众的开法方式。青原行思与南岳怀让,当时都没有开法,也就没有开法的直说。道一、石头以下,在记录中所见到的,是"开堂"、"上堂"。当时有"法堂"的建立,所以改称"开法"为"开(开是创开)堂"、"上堂"。这虽取普说的形式,却以僧众为主。道一与石头门下,着重于僧众的陶冶,也就更重视个别的启发。传录下来的,以机缘问答为多。"多是随问反质,旋立旋破",并以行动来表示。师弟子间、同参道友间的问答,多数是悟入的机缘与禅心深入的表示。洪州、石头门下,显然是在固有的普说形式上,倾向于个别摄受、方便巧说。

## 随相与破相

东山门下,已有破相的倾向,曹溪门下更具体地表现出来。自道信以来,法门是戒禅合一,念佛与成佛合一。慧能不用"齐念佛名,令净心"的一般方便,而采用"净心、念摩诃般若波罗蜜",渊源于黄梅的直捷的法门。从此,曹溪门下的传法,不再念佛了（唐末以来的禅师，又与念佛相结合，那是他力的念佛，与黄梅的念佛方法不同）。至于戒法，神会的《坛语》还是有戒有禅，而且说"若求无上菩提，要先护持斋戒，乃可得入"（《神会集》二二九），保存了东山门下的传统。但是一般的斋戒，不仅不是《坛经》的"受无相戒"，也没有北宗以"佛性为菩萨戒"的意义。神会的斋戒，是适应一般的。

　　慧能是一位承先启后的大师。《坛经》"受无相戒"，说到见佛、忏悔、发愿、归戒，而这都销归自性，结归于"戒本源自性清净"与"还得本心"的不二。这是有"受无相戒"的名目，而并无一般禅外授（菩萨）戒的特殊内容。所以，虽依佛教常例，说戒、说定、说慧，而其实是："得悟自性，亦不立戒定慧。……自性无非、无乱、无痴，念念般若观照，当离法相，有何可立！"（大正四八·三四二下）

　　继承这一精神而发展起来，保唐、石头、洪州门下，直指人心，见性成佛，不再提戒法的传授了。保唐无住是最偏激的，他对于戒律（依出家的戒律说）的看法，如《历代法宝记》（大正五一·一九四中）说：

　　　　"律是调伏之义，戒是非青黄赤白，非色非心是戒体。戒是众生本（性），众生本来圆满，本来清净。妄念生时，即背觉合尘，即是戒律不满足。念不生时，即是决定毗尼；念不生时，即是究竟毗尼。念不生时，即是破坏一切心识。若见持戒，即大破戒。戒非戒二是一相，能知此者，即是大道（疑是'导'或'律'）师。"

　　　　"今时律师，说触说净，说持说犯。作相（原作'想'）受戒,作相威仪,及以饭食皆作相。假使作相,即与外道五通等。"

无住的"教行不拘",达到了否定一般(出家)戒律的边缘。《圆觉经大疏钞》卷三之一,说他"释门事相,一切不行。……礼忏、转读、画佛、写经,一切毁之,皆是妄想。所住之院,不置佛事"(续一四·二七八)。这是曹溪门下破相(源于黄梅)的最极端者!洪州、石头门下,对出家、受戒、念诵,大体随顺一般的习例,少数人的任性行为,也在所难免。石头门下,有几则特出的例子,如《传灯录》卷一四说:

> "(天然)师以盆盛水,净头,于和尚前胡跪。石头见而笑之,便与剃发。又为说戒法,师乃掩耳而出。"(大正五一·三一○下)

> "药(山)云:生死事大,何不受戒去?(高沙弥)师曰:知是遮般事,唤什么作戒?"(大正五一·三一五下)

> "(药山)纳戒于衡岳希操律师。乃曰:大丈夫当离法自净,岂能屑屑事细行于布巾耶!"(大正五一·三一一中)

据石头门下的几则事例来看,有的出家而不受戒,有的受戒而不要学戒。作为僧伽制度的出家律仪,在禅者(特别是石头门下)是名存实亡了!然而大众共聚,不能没有法制,于是乎洪州门下制立丛林清规,不是小乘、不是大乘的自成家风。这里只约破相与随相而说,里面还有别的问题。

## 尊教与慢教

尊教与慢教,就是立言说与不立言说,教禅一致或教禅别行。这原是老问题:达摩以四卷《楞伽》授慧可,是《续僧传》所说的。道信依《楞伽经》及《文殊说般若经》,制"入道安心要方便";神秀"方便通经",广引大乘经论来成立自宗,都表示了禅是不离教的。然《唐中岳沙门释法如行状》说"天竺相承,本无文字。入此门者,唯意相传",并引《禅经序》说"斯人不可以名部分,别有宗明矣"。张说的《荆州玉泉寺大通禅师碑》、杜朏的《传法宝纪》,都说到不立文字、唯意相传(心传),表示了离教而别有宗的立场。对于这个问题,曹溪门下又怎样呢?

荷泽神会是教禅一致的,如《坛语》说:

> "若求无上菩提,须信佛语,依佛教。佛道没语? 经云:诸恶莫作,诸善奉行,自净其意,是诸佛教。"(《神会集》二二八)

> "知识! 若学般若波罗蜜,须广读大乘经典。……明镜可以鉴容,大乘经可以正心。第一莫疑,依佛语,当净三业,方能入得大乘。此顿门,一依如来说,修行必不相误。"(《神会集》二五二)

神会在传授禅法时,要人"依佛语,信佛教",要人"广读大乘经典",认为顿悟的最上乘,"一依如来说"。在教导学人的方法上,神会是应用经教,对大乘的了义经是肯定的,决非离大乘经义而别有顿教最上乘的。神会说达摩宗旨:"我六代大师一一皆言：单刀直入，直了见性，不言阶渐。"（《神会集》二八七）达摩所传的顿悟见性，就是如来禅，如来禅是《楞伽经》所说的。他引用《大般涅槃经》的"南无纯陀，南无纯陀，身同凡夫，心同佛心"（《神会集》二七九）以及《法华经》的龙女成佛等（《神会集》一三〇——一三三），以证明顿悟。不但引经来证明，而且劝人广读大乘经。大乘经的听闻读诵，神会认为对于顿悟的见性成佛有重要的意义，如《与拓跋开府书》（《神会集》一〇一——一〇二）说：

"于生死海中，得与诸佛菩萨一念相应，即于一念相应处修行，即是知道者，即是见道者，即是得道者。"

"侍郎云：今是凡夫为官，若为学得？咨侍郎：今日许侍郎学解。未得修行，但得知解，以知解久熏习故，一切攀缘妄想，所有重者自渐轻微。神会见经文所说：光明王、月光王、顶生王、转轮圣王、帝释梵王等，具五欲乐，甚于百千万亿诸王等。于般若波罗蜜，唯则（？）学解，将解心呈问佛，佛即领受印可。得佛印可，即可舍五欲乐心，便证正位地菩萨。"

在这里，神会提出了一个"解"字。解是知解，从听闻而来，了解而深信不疑。这虽还不是见，不是证，但久久熏习，对于顿悟见性是有用处的。所以神会主张："要藉有作戒，有作慧，显无作慧。"（《神会集》二二九）有作慧，就是信解的"知解"，对无作慧（真无漏般若）有助发的作用。知与见的差别，神会也说得明白（《神会集》二四六）：

"如此处各各思量家中住宅、衣服、卧具,及一切等物,具知有,更不生疑。此名为知,不名为见。若行到宅中,见如上所说之物,即名为见,不名为知。今所学者,具(疑是'且'字)依他说,知身中有佛性,未能了了见。"

从闻说而引起决定信的知解,固然是不彻底的,没有见,没有证,但在顿悟入道中是有重要意义的,如《坛语》(《神会集》二四八——二四九)说:

"知识!常须作如是解。……上根上智人,见说般若波罗蜜,便能领受,如说修行。如中根人,虽未得,若劝(勤?)咨问,亦得入。下根人,但至信不退,当来亦能入大乘十信位中。"

神会所说的知解,约教义说,是(大乘了义)"闻所成慧";天台家称之为"开圆解"。神会是以知解为方便的,洪州门下讥神会为"知解宗徒",是正确的。但在神会的观点来说,这是没有什么不对的;离教说宗,才是错误呢! 神会以"知解"为悟入的方便,所以不破言说,如《历代法宝记》(大正五一·一八五中)说:

"神会和上每月作坛场,为人说法,破清净禅,立如来禅。立知见,立言说为戒定慧,不破言说。云:正说之时即是戒,正说之时即是定,正说之时即是慧。说无念法,立见性。"

神会的不破言说是什么意义呢? 言说的当下就是戒定慧:

"妄心不起名为戒,无妄心名为定,知心无妄名为慧:是名三学等。"(《神会集》二二九)戒定慧等,只是摩诃般若,无住之知。摩诃般若(或名无住之知)是不必离于言说的,所以说:"经云:当如法说:口说菩提,心无住处;口说涅槃,心唯寂灭;口说解脱,心无系缚。"(《神会集》二四七)如法说是不取于相的,与无念、见性都是不相碍的,无住、无念,都不妨言说,这才是语默动静都是禅呢! 禅的方便也好,禅的悟证也好,神会是奠定了"教禅一致"的宗风的。神会禅的特色与《坛经》是有密切关系的,如《坛经》说:

> "见一客读《金刚经》,慧能一闻,心迷便悟。……见(忍)大师劝道俗,但持《金刚经》一卷,即得见性,直了成佛。"(大正四八·三三七上)
>
> "五祖夜至三更,唤慧能堂内,说《金刚经》。慧能一闻,言下便悟。"(大正四八·三三八上)
>
> "若大乘(根?)者,闻说《金刚经》,心开悟解。"(大正四八·三四〇中)

慧能与《金刚经》的关系,石头与洪州门下,如《宝林传》、《祖堂集》、《景德传灯录》,都是承认的。持经、诵偈而能引发"心开悟解",可以"见性",应该是神会以知解为顿悟方便的主要根据。神会造了一部《顿悟最上乘论》,广赞受持《金刚经》的功德,就是《坛经》中"持《金刚经》"的发挥与引证。

曹溪门下,神会虽"不破言说",然"不立言说"的倾向也普遍地发展起来。保唐宗无住就是破言说的,如《历代法宝记》

（大正五一・一九二下）说：

> "和上所引诸经了义，直指心地法门，并破言说。和上所说，说不可说。今愿同学但依义修行，莫著言说。若著言说，即自失修行分。"

无住是相当推重神会的，引用神会的《南宗定是非论》《师资血脉传》，也说无念。无住"寻常教戒诸学道者，恐著言说"，所以与法师、律师、论师们的问答，都是依经论所说，而破斥言说，引归"无念"。着重在破言说，所以说"达摩祖师宗徒禅法，不将一字教来，默传心印"，成为离教传禅的一派。他"直指心地法门，并破言说"，所以"不教人读经"。认为"转经礼拜，皆是起心，起心即是生死，不起即是见佛"。保唐宗风，不重教与离教的倾向，大致与洪州、石头门下相近。

"教外别传"，与"不立言说"有关。裴休《黄檗希运禅师传心法要》（《传灯录》本为正，《大正藏》卷四八的别行本已有所增附），曾这样说（大正五一・二七〇中）：

> "有大禅师号希运，……独佩最上乘离文字之印，唯传一心，更无别法。……证之者，无新旧，无浅深。说之者，不立义解，不立宗主，不开户牖。直下便是，动念则乖，然后为本佛。"

裴休对荷泽门下的宗密，是相当钦佩、极力护持的，也是能深切了解荷泽宗意的。宗密去世（八四一年）后，裴休又亲近道一门下的黄檗（时为会昌二年，八四二及大中二年，八四八）。

裴休所记的《黄檗法要》,是比对着荷泽宗的。"不立义解",就是不立知解,不像荷泽宗的依知解为方便。荷泽宗立"无念为宗","无住为本,见即是主";黄檗是"不立宗主"。"不开户牖",是没有指一个门路,让学者从这个门路去悟入,这就是"不将一法与人"。因为南方禅师们的经验,"从门入者非宝","从缘悟入"才能"永无退失"。这与荷泽的立"无住之知"为悟入的门户,显然不同。黄檗的"不立"、"不开",都从"不立言说"而来,所以也明确地表示了达摩的别传教外。如《黄檗希运禅师传心法要》(大正五一·二七三上)说:

> "方便说三乘,乘有大小,得有深浅,皆非本法。故云:唯此一乘道,余二即非真。然(法华)终未能显一心法,故召迦叶同法座坐,别付一心离言说法。此一枝法,今别行。若能契悟者,便至佛地。"

黄檗的"不立义解,不立宗主,不开户牖","别付一心离言说法",是从不立言说到达离教法而别有宗法的顶峰,与《法如行状》的"天竺相承,本无文字。入此门者,唯意相传"说相同。本来,实际是言说所不及的,那是经论的常谈,小乘也不例外,神会哪会不知道呢? 如神会立"无念为宗",而无念是:

> "问:未审无念法有无? 答:无念法不言有,不言无。言其有者,即同世有;言其无者,即同世无,是以无念不同有无。问:唤作是物(是物,即什么)? 答:不唤作是物。问:作勿生(即怎么样)是? 答:亦不作勿生。是以无念不可说,今言说者,为对问故。"(《神会集》一一五)

又如佛性的问答中说：

> "问：此似是没物（是没，即什么）？答：不似个物。问：既不似个物，何故唤作佛性？答：不似物，唤作佛性。若似物，即不唤作佛性。"（《神会集》一四〇）

不似个物，就是"说似一物即不中"。这有什么可说可立呢？然在接引学人，假名是不无作用的，所以还是"立知见"、"立言说"，名为"无念"，唤作"佛性"。洪州、石头门下，倾向于"不立言说"（不立文字）。不是说不可以立，只怕你不能言下悟入；而所说所立，引起副作用，反增执见。百丈就对灵祐说："不辞与汝道，久后丧吾儿孙。"（大正五一·二四九下）这样的发展起来，就超佛，进一步越祖；从教意（佛法大意）到祖意（祖师西来意），进而连祖意也不立。专在日常生活、当前事物、一般语言，用反诘、暗示、警觉……去诱发学人的自悟，终于形成别有一格的禅语禅偈。这是倾向于"不立言说"而逐渐形成，并非起初就是那样的。如《传灯录》卷六（大正五一·二四六上）道一的开示：

> "汝等诸人，各信自心是佛，此心即是佛心。达磨大师从南天竺国来，躬至中华，传上乘一心之法，令汝等开悟。又引《楞伽经》文，以印众生心地。恐汝颠倒不自信此心之法各各有之，故《楞伽经》云：佛语心为宗，无门为法门。"

道一去世（七八八年）比神会去世（七六二年）迟了二十多年，道一的开示，还不妨说"宗"说"门"。与道一同时的石头希迁也说（大正五一·三〇九中）：

"吾之法门，先佛传授，不论禅定精进，唯达佛之知见，即心即佛。心佛众生，菩提烦恼，名异体一。汝等当知：自己心灵，体离断常，性非垢净，湛然圆满，凡圣齐同，应用无方。……汝能知之，无所不备。"

道一与石头的宗要，与神会所说的"唯指佛心，即心是佛"显然是一致的，是曹溪门下所共的，也与《坛经》所说的一样，如说（大正四八·三四〇中——下、三三九上）：

"不悟即是佛是众生；一念若悟，即众生是佛。故知一切万法，尽在自身心中，何不从于自心，顿现真如本性！……识心见性，自成佛道。"

"善知识！见自性自净，自修自作，自性法身，自行佛行，自作自成佛道。"

"见性成佛"、"即心是佛"、"即心即佛"，为慧能及门下一致的、南宗的核心问题。由于洪州、石头门下倾向于"不立言说"（其实是离不了言说，而只是不用经论固有的言说），这才在接引学人的方便上，有了形式上的不同。试以道一应用的语句为例来说明：第一例，道一是以"即心即佛"为宗的（上引的开示，也如此），如（此下并见《传灯录》）：

"南泉普愿：'江西马祖说即心即佛，王老师不恁么道。'"（大正五一·二五七下）

"汾阳无业：'常闻禅门即心是佛，实未能了。马祖曰：

只未了底心即是，更无别物。'"（大正五一·二五七上）

"东寺如会：'自大寂（即道一）去世，师常患门徒以即心即佛之谭，诵忆不已。'"（大正五一·二五五中）

第二例，道一晚年，又说"非心非佛"（弟子们也有这一倾向），如：

"大梅法常：'僧云：马师近日佛法又别。师云：作么生别？僧云：近日又道非心非佛。师云：遮老汉惑乱人未有了日。任汝非心非佛，我只管即心即佛。'"（大正五一·二五四下）

"李翱：'僧云：马大师或说即心即佛，或说非心非佛。'"（大正五一·二五二中）

第三例，道一，主要为道一门下，进而说第三句，如：

"伏牛自在：'马大师以何示徒？对曰：即心即佛。……此外更有什么言教？师曰：非心非佛。或云：不是心，不是佛，不是物。'"（大正五一·二五三上）

"伏牛自在：'即心即佛，是无病求病句。非心非佛，是药病对治句。僧问：如何是脱洒底句，师曰：伏牛山下古今传。'"（大正五一·二五三中）

"盘山宝积：'若言即心即佛，今时未入玄微。若言非心非佛，犹是指踪之极则。向上一路，千圣不传……能如是心心无知，全心即佛，全佛即人，人佛无异，始为道矣。'"（大正五一·二五三中）

道一的教说,无疑地以"即心即佛"为宗,也就是"佛语心为宗";后来又向于"非心非佛";末后更超脱而入第三句,主要是弟子的时代。道一弟子百丈怀海,对语句的说"是"、说"不是",有灵活的应用。他依经为三句语,如《古尊宿语录》卷一引《广录"》(续一一八·八四)说:

> "说道修行得佛,有修有证,是心是佛,即心即佛,是佛说,是不了教语,……是凡夫前语(第一)。不许修行得佛,无修无证,非心非佛,亦是佛说,是了义教语,……是地位前人语(第二)。……但有语句,尽属不了义教;……了义不了义教,尽不许(第三)。"

> "如今鉴觉是自己佛,是初善。不守住如今鉴觉,是中善。亦不作不守住知解,是后善。"

要透脱三句语才得。这么说,那么说,"只是说破两头句,一切有无境法,但莫贪染及解缚之事,无别语句教人"。"但割断两头句,量数管不着。……但不著文字,隔渠两头,捉汝不得。"这是任何句语(一句,都演为三句),都不作实法会,不作一定说。这就是没有一法与人,就是"不著文字"。原则是不妨安立的,而到底重于活句,重于"不立言说"。洪州门下如此,石头门下也如此。石头说"即心即佛",而石头门下的丹霞,竟说"佛之一字,我不喜闻"。"立言说"与"不立言说",为曹溪门下二大流。

"不立言说","不立义解",当然是不重经教。洪州与石头门下也有看经的,如汾州无业在彻悟以后,"阅大藏,周八稔而

毕"（大正五一·二五七上）。道一对西堂智藏说："子何不看
经？师云：经岂异耶？祖曰：然虽如此，汝向后为人也须得。"
（大正五一·二五二上——中）禅师们发悟以后，也有不读经
的。但早期的禅师为了化他的需要，也还要读经，不过这是彻悟
以后的事。对于来参学的，如临济座下，"经又不看，禅又不学"
（大正四七·五〇三下），药山"和尚寻常不许人看经"（大正五
一·三一二中）。《古尊宿语录》卷一引《百丈广录》说得很分明
（续一一八·八五——八六）：

> "读经看教，求一切知解，不是一向不许。解得三乘
> 教，……觅佛即不得。"
> "读经看教，若不解他生死语，决定透他义句不过，莫
> 读最第一。……所以教学玄旨人，不遣读文字。"
> "于生死中广学知解，求福求智，于理无益。"

总之，洪州、石头门下，对一般参学者，是不许读经看教、不
许求觅知解的，与荷泽门下恰好对立。

慧能是禅者，不是从事学问的。然从慧能所说的《坛经》来
看，却是尊教的。慧能劝人持《金刚经》，一再说到勿谤经法。
《坛经》所用的术语，都还是经论所固有的。《坛经》曾批评"不
用文字"的禅者：

> "谤法直言不用文字。既言不用文字，人亦不合言语，
> 言语即是文字。"（大正四八·三四三下）

"不用文字"，也就该不用语言，这是人所不可能的。以"知

解”为方便的荷泽禅,与慧能的禅风是契合的。然洪州、石头、
保唐门下,成为“不立言说”的禅,是历史上的事实,这怎么会
呢? 佛为众生说法、流传、结集,成为文字的经教。经教的闻思
者,大抵作为高深的义理、实施的方法。如不引归自己,应用于
自己身心,那与世间学问一样,只是一套空虚的知识,对学佛来
说,没有多大效果的。慧能所传的特色,要人向自己身心中求;
一切是自性——自性本来具足的。所以学法、求佛,不是著相的
向外求觅,而是让自己本性显现出来,就是“见性成佛”。在这
一根本意趣中,《坛经》对于经教,以为:

> “吾心正定,即是持经。”(大正四八・三四二下)
>
> “努力依法修行,即是转经。”(大正四八・三四三上)
>
> “十二部经,皆(原作‘云’)在人性中本自具有。”(大
> 正四八・三四〇下)
>
> “一切经书及文字,大小二乘十二部经,皆因人置。……
> 一切经书,因人说有。”(大正四八・三四〇中)

经法,是自性本有的;经上所说,都只是自己本有的那个事
实。所以说:“心修此行,即与般若波罗蜜经本无差别。”慧能称
之为自性、法性、本性、自心、本心、真如或法身等。称之为什么,
都不外“因人说有”,这当然会引向“不依言说”的立场。然在
《坛经》中,依经教与不依文字,应该是贯通无碍的,这可以“善
知识”为例,如《坛经》(大正四八・三四〇下)说:

> “不能自(原有‘姓’字,删)悟,须得善知识示道见性。
> 若自悟者,不假外善知识。若取外求善知识,望得解脱,无

有是处。识自心内善知识,即得解(脱)。若自心邪迷,妄念颠倒,外善知识,即有教授(不得自悟)。汝若不得自悟,当起般若观照,刹那间妄念自灭,即是真正善知识,一悟即如佛也。"

一般地说,学佛要依善知识及经法。善知识与经法有相同的意义。《坛经》分善知识为外内二类,经法也有经书及本有十二部经二类。因为不悟,要依外善知识;自悟就不假外善知识。这如迷妄不悟,要依经法;如自悟,那就"本性自有般若之智,自用智慧观照,不假文字"。取外求善知识,是不可能解脱的;要识自心内善知识,才能得解脱。这如取外求文字经教,不可能解脱;要识自性本有经典,才能解脱。如迷妄,要外善知识教授,然后自己观照,悟即内善知识。这如迷妄要依外经法知解,然后自己观照,悟即自性本有般若(经)。外与内相成,善知识与经法,意义是完全一致的。外善知识,在禅者始终是不可少的,那外经法为什么不也这样呢!神会说"须广读大乘经","大乘经可以正心","若求无上菩提,须信佛语依佛教"。神会也说"说通宗亦通"(敦煌本作"说通及心通"),正是内外相成,导迷启悟的一贯之道。然一般禅者,倾向于内证,不免于轻教,发展到"不立言说"、"教外别传"(另有理由,如下说)。

## 重定与轻定

学者外求善知识的教授,不离教说;内为身心的修证,就是禅悟。关于经教,曹溪门下有"立言说"、"不立言说"——二流。对于禅悟,《坛经》是主张"定慧等学"的。进修的方法,一般是

"因定发慧"，也就是先定而后慧。定——禅定的修习，一般以坐为主，所以有"坐禅"一词。对于这，《坛经》表示的见解是：

"此法门中，坐禅元不看（原作'著'）心，亦不看净，亦不言（不）动。"（大正四八·三三八下）

"迷人著法相，执一行三昧，直言（原作'真心'）坐不动，除妄不起心，即是一行三昧。"（大正四八·三三八中）

"此法门中，一切无碍：外于一切境界上念不起（原作'去'）为坐，见本性不乱为禅。何名为禅定？外离相曰禅，内不乱曰定。"（大正四八·三三九上）

"一行三昧者，于一切时中——行住坐卧常直（原作'真真'）心是。"（大正四八·三三八中）

"如吾在日一种，一时端坐，但无动无静，无生无灭，无去无来，无是无非，无住，但能（原作'然'）寂静，即是大道。"（大正四八·三四五上）

前二则，是对看心、看净、不动、长坐——东山门下所传的一般禅法加以批评，认为是障碍悟门的。"坐禅"，或"禅定"，慧能是不偏于坐（"直坐不动"）、不偏于静（"除妄不起心"）的。只要"于一切法上无有执著"，活泼泼的"一切无碍"，行住坐卧都是禅。这一原则，曹溪门下可说是一致的，特别是批评以坐为"坐禅"的偏执。明藏本《坛经》（大正四八·三五八中）说：

"住心观净（原作'静'），是病非禅。长坐拘身，于理何益！听吾偈曰：生来坐不卧，死去卧不坐，一具臭骨头，何为立功课！"

洪州与石头门下,对以坐为"坐禅"都是同一意见,如《传灯录》说:

"南岳怀让:'道一住传法院,常日坐禅。师知是法器,往问曰:大德！坐禅图什么？一曰:图作佛。师乃取一砖,于彼庵前石上磨。一曰:师作什么？师曰:磨作镜。一曰:磨砖岂得成镜耶？师曰:坐禅岂得成佛耶？一曰:如何即是？师曰:如人驾车不行,打车即是,打牛即是？一无对。师又曰:汝学坐禅,为学坐佛？若学坐禅,禅非坐卧。若学坐佛,佛非定相,于无住法不应取舍。汝若坐佛,即是杀佛。若执坐相,非达其理。'"(大正五一·二四〇下)

"大寂道一:'本有今有,不假修道坐禅;不修不坐,即是如来清净禅。'"(大正五一·四四〇中)

"石头希迁:'吾之法门,先佛传授,不论禅定精进。'"(大正五一·三〇九中)

荷泽神会,与《坛经》一样,批判北宗,主要是普寂的"凝心入定,住心看净,起心外照,摄心内证"。如说:

"若教人凝心入定,住心看净,起心外照,摄心内证者,此是障菩提。今言坐者,念不起为坐。今言禅者,见本性为禅。所以不教人坐身住心入定。若指彼教门为是者,维摩诘不应诃舍利弗宴坐。"(《神会集》二八七——二八八)

"大乘定者,不用心,不看心,不看净,不观空,不住心,不澄心,不远看,不近看,无十方,不降伏,无怖畏,无分别,不沉空,不住寂,一切妄想不生,是大乘禅定。"(《神会集》

一五一）

　　"若有出定入定及一切境界,非论善恶,皆不离妄心,有所得,并是有为,全不相应。"(《神会集》一三三)

　　曹溪门下所传的,是般若相应的禅,定慧不二的禅,无所取著的禅。以此为"禅"的定义(曹溪门下自己下的定义),所以对入定出定、内照外照、住心看净等,采取否定的立场。神会是最极端的,如《坛语》(《神会集》二二九)说:

　　"要藉有作戒,有作慧,显无作(胡适校本,补'戒、无作'三字,是误解了)慧。定则不然,若修有作定,即是人天因果,不与无上菩提相应。"

　　佛法,只是戒、定、慧学。曹溪门下,重"三学等",也就是般若所摄的三无漏学——无作戒、无作定、无作慧。有漏的、有为的,名有作戒、有作定、有作慧。神会以为:有作戒是必要的,对无上菩提是有用的,如《坛语》(《神会集》二二九)说:

　　"若求无上菩提,要先护持斋戒,乃可得入。若不持斋戒,疥癞野干之身尚自不得,岂获如来功德法身?知识! 学无上菩提,不净三业,不持斋戒,言其得者,无有是处。"

　　有作慧,是有漏有为的闻思慧。神会对"众生本有无漏智性"、"无住之知"、"即心是佛"等有作慧,是许可的。所以要"学解",要"读大乘经"。神会"立言说","立知见",是以有作慧为无作慧方便的。但说到有作定——有为有漏的定,却采取彻底否定的态度,认为"不与无上菩提相应"。承认有作戒、有作慧对无作慧的方便助成，而不许有作定，在教理上是不容否认的错误。他在《坛语》中引经来说明(《神会集》二四〇)：

> "《涅槃经》云：佛告琉璃光菩萨：善男子！汝莫入甚深(空定)，何以故？令大众钝故。若入定，一切诸般若波罗蜜不知故。"

《涅槃经》劝人莫入甚深空定，依《般若经》说，是灭尽定，并非一切定。因为学者的悲愿不足，如入灭尽定，会坠入小乘的(《楞伽经》称为"醉三昧酒")。依一般说："无漏大王，不居边地"；入非想非非想定(世俗最深的定)，是不能引发无作慧的，但不是下七地定。神会重斋戒、重知解，而不取一切有作定，不免偏失！神会自己应有深切的禅慧体悟，但只以戒、(有作)慧接引学人，怕学人难以深入吧！荷泽下的宗密在《禅源诸诠集都序》卷上之一(大正四八·四〇一中)说：

> "有禅师问曰……净名已呵宴坐，荷泽每斥凝心，曹溪(六祖)见人结跏，曾自将杖打起。今闻汝(宗密)每因教诫，即劝坐禅。禅庵罗列，遍于岩壑。乖宗越祖，吾窃疑焉。"

宗密与神会，相距不过七十年，虽自认为荷泽宗旨，而"劝坐禅"与"禅庵罗列"，与荷泽禅风早已不同了(虽然宗密自有一番解说)。这可说受北宗的影响，也可说是事实的需要。如不能注心于一，思虑纷纭，怎么能"一念相应"、"顿息攀缘"呢！

曹溪门下的保唐宗，如《历代法宝记》(大正五一·一八七上、一九一下）说：

> "山中无住禅师，不行礼忏念诵，空闲坐。"
>
> "山中常秘密，夜即坐禅，不使人知。"
>
> "于一切时中自在，勿逐勿转，不浮不沉，不流不注，不动不摇，不来不去，活鲅鲅，行坐总是禅。"

无住没有出山以前，一切不为，只是"空闲坐"（别人看他是这样的）。出山领众后，常夜晚率众坐禅。禅不只是坐的，一切时中总是禅（与《坛经》说相合），但并不否定坐禅。

洪州与石头门下，重于本性如此（本地风光，不重功勋），也就是重在"知见"的体会。对"戒定慧学，也很少论列，甚至如药山答李翱说："贫道遮里无此闲家具。"（大正五一・三一二中）从教义来说，禅原是不必拘于跏趺坐的。有住有著，顺于世俗的用心，是不能契会法性的。但"非禅不智"，思虑纷纭，又怎么能契入呢？这非念念于无所住著、无所依倚不可。这虽还是有为的、有作的，却是顺于胜义的。这一"十二时中不依倚一物"（黄檗答南泉语），念念如此，正是（经论所说）禅定的特性，怎么可以没有禅定呢？尽管说"不论禅定精进"，"无此闲家具"，而还是"禅宗"、"禅师"、"禅院"、"禅窟"，实际是禅定的一流。洪州与石头门下，坐禅、入定的记录不少。在诸大师的开示中，明显地表示出来，如：

> "百丈怀海：'一切诸法，莫记忆，莫缘念，放舍身心，令其自在。心如木石，无所辨别。……兀兀如愚，如聋相似，稍有亲分。……若能一生心如木石相似，不为阴界五欲八

风之所漂溺。'"（大正五一・二五〇上——中）

　　"黄檗希运：'学禅道者，皆著一切声色，何不与我心心同虚空去，如枯木石头去，如寒灰死火去，方有少分相应。'"（大正四八・三八三中）

　　"'若无歧路心，一切取舍心，心如木石，始有学道分。'"（大正四八・三八五中）

　　"'但一切时中，行住坐卧，但学无心，亦无分别，亦无依倚，亦无住著。终日任运腾腾，如痴人相似。……心如顽石头，都无缝罅，一切法透汝心不入，兀然无著，如此始有少分相应。'"（大正四八・三八六下）

　　"仰山慧寂：'若是祖宗门下上根上智，一闻千悟，得大总持，此根人难得。其有根微智劣，所以古德(越州大珠)道：若不安禅静虑，到遮里总须茫然。'"（大正五一・二八三下）

　　"赵州从谂：'汝但究理坐看三二十年，若不会道，截取老僧头去。'"（大正五一・四四六中）

　　"洞山良价：'直须心心不触物，步步无处所，常无间断，始得相应。'"（大正四七・五〇九下）

　　"心如木石"，"兀兀"，"腾腾"，"如痴"，"如聋"，"枯木"，"死灰"，"心心"，"常无间断"，以佛法固有的意义说，这都属于定(或是方便，或是正得)的。从《坛经》以来，斥"因定发慧"的定慧别体，与道不相应，所以尽量不叫做定。其实，也还要有"心如木石"，"打成一片"，"不散乱"，"不动摇"，才能"一念相应"，有所契会的。

南岳怀让与青原行思没有开法,专心于禅慧的体验,门下也重于禅(不一定是坐的)。慧能门下,都承认上上根的一闻顿入,如上仰山所说。根微智劣的,就不得不以安禅为方便,否则是不能契入的。

## 第三节　南宗顿教的中心问题

慧能及门下所传的顿法,再从内容来加以分别观察,这是南宗顿教的根本问题。

### 《坛经》（敦煌本）的中心思想

《坛经》所说,可以用"见性成佛"和"无相为体,无住为本,无念为宗"两句话来说明。

一、"见性成佛":《坛经》应用的术语,"性"与"心"——为主题。虽在《坛经》的宣说者、记录者,不一定有严格的定义,但在应用的惯例中,加以条理,还是可以区别出来的。见性的"性",是《坛经》最根本的。"性"是什么? 是"自性"。性或与"本"相结合,名为"本性",这本性又是"自本性"。性又与"法"相结合,名为"法性",这法性又是"自法性"。性又与"佛"相结合,名为"佛性"。在大乘经及一般禅师,"佛性"是重要的术语,但《坛经》仅偶尔提到,主要的是:

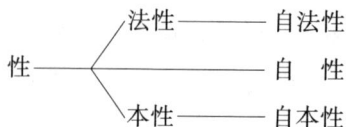

```
            法性 ——— 自法性
性                    自　性
            本性 ——— 自本性
```

又一重要术语,在悟见时,与"性"有相同意义的,是"心"。心,是"自心"。心又与"本"相结合,名为"本心",这本心又是"自本心"。

心 ——————— 自　心
　　＼本心——自本心

在体悟时,名为"识心见性","识自本心,见自本性"。或"得本心","见自性"、"见本性"。"识心见性",为后来"明心见性"所本。"本"是本来如此,本来清静,表示"性"或"心"的这一意义,就称为"本心"、"本性"。"法"是一切法、万法,"性含万法","万法在自性","一切法尽在自性",表示这一意义,就称为"法性"、"自法性"。"心"与"性",在名义上有什么差别、有什么关系呢? 在一般的教理中,每说"性地"、"心王",而《坛经》却不同,如说(大正四八・三四一中——下):

"心即是地,性即是王。性在王在,性去王无。性在身心存,性去身心坏。"

"自心地上,觉性如来。"

从众生来说,"性"是每人的生命主体(王、主、主人翁),每人的真正自己(真我)。众生位中,可说"性"与"身心"是对立的;身心的生存与灭坏,是以"性"的存在与离去而决定的。如约众生"自有本觉性"说,"性"就名为"法身","法身"也是与色身对立的,如说(大正四八・三三八下——三三九上):

"若一念断绝,法身即是离色身。"

"一念断即死(原作'无'),别处受身。"

"色身是舍宅,不可言归(依)。向者(法身等)三身,在自法性。"

法身是:"何名清静法身佛? 善知识! 世人性本自净,万法在自性。……一切法自在(应作'在自')性,名为清静法身。"众生自性本净,一切法在自性,所以名为"法身"(身是依止义)。众生的法身,就是自性。"性"与"身心"对立,"法身"也与"色身"对立。死,就是"法身"离去了。

"性"——"自性"("法身"),与一切法的关系呢?"性"如虚空一样,性含万法,万法尽在自性。万法是自性所变的,如说(大正四八·三三九上——中):

"不思量,性即空寂,思量即是变化。思量恶法,化为地狱;思量善法,化为天堂。……自性变化甚明,迷人自不知见。"

"世人性本自净,万法在自性。思量一切(恶)事,即行于恶。思量一切善事,便修于善行。知如是一切法尽在自性,自性常清净。"

"性"是本来清净、本来空寂,是超越于现象界的。善与恶,天堂与地狱,都是因"思量"而从自性中化现。一切法的现起,不能离却自性,如万物在虚空中一样。所以,善的、恶的,苦报、乐果,都是自性所起,不离自性。三界、六趣,离自性是不可得的。尽在自性中,所以一切本来清净,没有什么可取可舍。然而众生迷了,一切在自性,不离自性,而不能明见自性。在众生境界中,色身是舍宅,性(或名法身)是主,自性成为生死中的自我(小我)。从返迷启悟、求成佛道来说:自性就是法身;自性具足三身佛,众生迷而不见,向外求佛,这是完全错了。佛,要向众生身心去求,如说(大正四八·三四四下——三四五上):

>"我心自有佛,自佛是真佛。自若无佛心,向何处求佛?"

>"若能身中自有真,有真即是成佛因。"

>"但识众生,即能见佛。若不识众生,觅佛万劫不得见也。"

真佛,只在众生自己身心中,就是"自性",所以说"佛是自性作"。就是"法身"("自性法身"),也名为"真如本性",所以说(大正四八·三四〇中——下):

>"故知不悟,即是佛是众生;一念若悟,即众生(原有'不'字,今删)是佛。故如一切万法,尽在自身心中,何不从于自心顿现真如本性!"

"自性"、"法身",只在众生中。迷就是众生,悟就是佛。可以说,"性"——"自性",是万法的本源,是众生的当体;是成佛的真因(佛性),也就是佛的当体。这是《坛经》所提出的主题,问题在怎样去体见!

与"性"有同样重要意义的是"心"。《坛经》在教授十弟子时,明确地说到(大正四八·三四三中):

>"法性起六识——眼识、耳识、鼻识、舌识、身识、意识,

六门,六尘。自性含万法,名为含藏识。思量即转识。生六
识,出六门,(见)六尘,是三六十八。由自性邪,起十八邪
含。(由)自性(正,起)十八正含。恶用即众生,善用
即佛。"

"自法性"起一切,含一切,名为含藏识。"心量广大,犹如
虚空。……性含万法是大。"在这一意义上,性就是心,是第八
藏心。"思量即转识",上面曾经引述:"不思量,性即空寂,思量
即是变化。思量恶法,化为地狱;思量善法,化为天堂"等。"思
量",是转识特有的作用,迷妄本源,起善起恶,苦报乐报,三界
六趣生死,都由于思量。思量,自性就起化了,这是第七识。加
上依六根门、缘六尘境的六识,共有八识。这一心识说,大体近
于地论宗的南道派——勒那摩提所传。阿黎耶是真识,阿陀那
(或末那)是妄识。阿黎耶识就是法性,所以"计法性生一切
法","计于真如以为依持"。"性"是生命主体,万化的本源,所
以如"王"。王所摄属的是"地",性所摄属的是"心",所以名为
"心地"。约含容一切法说,性与(本)心是一样的;"本心"是
"本性"所有的"本觉性"(约起化说,名为"性")。比对《起信
论》,"性"是"心真如"及"心生灭"中的如来藏性;"心"是"心生
灭"中,依如来藏而有阿黎耶识,及依阿黎耶而转起的诸识。
《坛经》所传的,是原始的如来藏说,但不用如来藏一词,而称之
为"性"或"自性"。如来藏("性")就是众生,就是法身,法身流
转于生死,可参读《不增不减经》等。

　二、"无相为体,无住为本,无念为宗":这是《坛经》所传的
修行法。

1. "无相"，如说（大正四八·三三八下）：

> "无相，于相而离相。"
>
> "外离一切相是无相。但能离相，性体清净，是（原衍一'是'字）以无相为体。"

众生是于相而取著相的，如看心就著于心相，看净就著于净相。取相著相，就障自本性，如云雾障于明净的虚空；如离相，就顿见性体的本来清净，如云散而虚空明净一般。所以无相不只是离一切相，更是因离相而显性体的清净。"自性"是以无相为体的。

2. "无住"的意义，如说（大正四八·三三八下）：

> "为人本性，念念不住。前念今（原作'念'）念后念，念念相续（原作'读'），无有断绝。若一念断绝，法身即是离身色。念念时中，于一切法上无住。一念若住，念念即住，名系缚。于一切法上念念不住，即无缚也，（是）以无住为本。"

人的"本性"（"性"、"自性"），是念念不住的，在一生中，是从不断绝的。"性"本来不住，从本来不住的自性，起一切法，所以《维摩诘经》说："依无住本，立一切法。"一切法在自性也是念念不住的（或称为三世迁流），然众生不能明了。试引僧肇的《物不迁论》来解说：一切法是前念、今念、后念——念念相续的。审谛地观察起来："昔物自在昔，不从今以至昔；今物自在今，不从昔至于今。"念念相续，而实是"法法不相到"，"性各住于一世"，不是葛藤一般地牵连于前后的。因为众生不了解，"既知往物而不来，而谓今物而可往"，所以就念念住著了。经上说："顾恋过去，欣求未来，耽著现在"，于念念中系缚，往来生死。如能体悟自性的本来不住，一切法在自性，也无所住；直了现前——"来而不往，去而不留"，如雁过长空，不留痕迹，如见阿閦佛国，一见不再见，那就是念念不住，顿得解脱自在。《坛经》以本性的"无住为本"，所以反对"直言坐不动，除妄不起心"的禅法，如说（大正四八・三三八中）：

> "若如是，此法同无情（原作'清'），却是障道因缘。道须通流，何以却滞？心不住（原作'住在'），即通流；住，即被缚。若坐不动是，维摩诘不合呵舍利弗宴坐林中。"

曹溪的禅，在行住坐卧、动静语默中着力。直下无住，见自本性，活泼泼的触处都自在解脱。这与"住心"一境的定法，确是非常不同的。

3."无念"，如说（大正四八・三三八下）：

> "于一切境（原作'镜'）上不染，名为无念。于自念上离境，不于法上念生。莫百物不思，念尽除却。一念断即死，别处受生。"

> "无者无何事？念者何物？无者离二相诸尘劳。真如是念之体，念是真如之用。性起念，虽即见闻觉知（原作'之'），不染万境而常自在。"

"无念"，一般总以为是没有念，什么心念都不起。慧能以为,人的本性就是念念不断的,如真的什么念都没有,那就是死了,所以劝人"莫百物不思,念尽除却"。"空心不思",就是"迷人"。那"无念"是什么意义呢?"于自念上离境,不于法上念生",就是无念。念是心,心所对的是境(法)。一般人在境上起念,如境美好,于境上起念,起贪;境相恶,就于境上起念,起嗔。一般人的"念",是依境而起、随境而转的。这样的念,是妄念,终日为境相所役使,不得自在。所以说:"迷人于境上有念,念上便起邪见,一切尘劳妄念从此而生。"所以要"无念"——"于自念上离境,不于法上念生。"也就是不依境起,不逐境转。"念",是本来自在解脱的。念是真如的用,真如("性")是念的体。从"性起念",本来自在。只为了心境对立,心随境转,才被称为妄念。只要"于自念上离境",念就是见闻觉知(自性的作用)。虽还是能见、能听,而这样的见闻觉知却不受外境所染,不受外境的干扰,(性自空寂)而念念解脱自在。"于自念上离境",是要下一番功力的。对念说境,对境说念,这样的二相现前,念就不能不逐境而转了。所以在体见自性(见无念)时,没有二相,不能不所。那时,不但没有"于境上有念"的有念,连"不于法上念生"的无念也不立。不落言说,不落对待,只是正念——自性的妙用现前:"善能分别诸法相,于第一义而不动。"神会答简法师的话(《神会集》一四〇——一四一),可以作为"于自念上离境"的解说:

"明镜高台能照,万象悉现其中:古德相传,共称为妙。今此门中,未许此为妙。何以故?明镜能照万象,万象不见(现)其中,此将为妙。何以故?如来以无分别智,能分别一切,岂将有分别心(即)分别一切?"

《坛经》所说,一切以"自性"为主。无相是性体清净——体;无住是本性无缚,心无所住——相;无念是真如起用,不染万境——用。从此悟入自性,就是"见性成佛"。《坛经》说般若,说定慧等学,都约"自性"而立,所以说:

> "般若常在,不离自性。悟此法者,……即是真如性。用智慧观照,于一切法不取不舍,即见性成佛道。"(大正四八·三四〇上)
>
> "自性心地,以智慧观照,内外明(原作'迷')彻,识自本心。若识本心,即是解脱。既得解脱,即是般若三昧。"(大正四八·三四〇下)
>
> "自性无非(戒)、无乱(定)、无痴(慧),念念般若观照,当离法相,有何可立!"(大正四八·三四二中)

## 荷泽宗所传

神会是为了南宗而竭尽忠忱的弟子,从《南宗定是非论》、《坛语》、《语录》来看,不失为继承南宗的大师!《坛经》的主体部分,是"说摩诃般若波罗蜜,授无相戒"。神会所传,是肯定地说是摩诃般若波罗蜜,如《南宗定是非论》(《神会集》二九六)说:

> "问曰:禅师修何法? 行何行? 和上答:修般若波罗蜜法,行般若波罗蜜行。"

《坛语》也说:"登此坛场,学修般若波罗蜜。"(《神会集》二三二)关于"无相戒",《坛经》约自性说。而神会《坛语》所说——敬礼三宝、忏悔、斋戒,都约事相说。约"直了见性成佛"说,这不免渐诱了!

先从"见性成佛"来说:"性"、"自性"、"本性"、"自本性"、"法性"、"自法性",为《坛经》的常用语,而"佛性"仅偶尔提及。但在有关神会的作品中,见性是以"见佛性"为主的,"见法性"与"见本性"反而要少些(偶一说到了"自性")。如《神会集》中说:

> "顿悟见佛性。"(二八七)
>
> "定慧等者,明见佛性。"(二三八)
>
> "自身中有佛性,未能了了见。"(二四六)
>
> "一一身具有佛性。……一切众生本来涅槃,无漏智性本自具足。……要因善知识指授,方乃得见。"(二三二——二三三)
>
> "见法性本来空寂。"(一二一)
>
> "见本性空寂。"(一一二)
>
> "见本性清净体不可得。"(一一四)
>
> "若人见本性,即坐如来地。"(一三二)

"本性"与"法性",约众生(法)说,重在空寂性。"佛性",重在本来涅槃,本来具有无漏智性。"见佛性"是《大涅槃经》所常说的。佛性与如来藏,原是一样的。《坛经》所说的"性"、"自性",如说"性在身心在,性去身心坏","性"是生命的主体。又

如说："性含万法"，"万法在自性"，"不思量性即空寂，思量即
是变化"——"性"为万化的根源。这都是流转生死、变现诸趣
的如来藏性说。在佛性说中，这种思想是不大明显的。神会重
佛性，所以在有关神会的作品中，也没有发见这种思想。"性"，
"自性"，贯彻于《坛经》敦煌本全部。所以说《坛经》是神会或
神会门下所作，是一项根本的错误。这种自性说，实为"南方宗
旨"的特色。

　　神会在"本心"外，又立"佛心"，如《神会集》说：

　　　　"真如之相，即是本心。"（一三五）
　　　　"真如之体，以是本心……我心本空寂，不觉妄念起。
　　若觉妄念者，觉妄俱自灭，此则识心者。"（一一八）
　　　　"众生本自心净。"（一三七）
　　　　"众生心是佛心，佛心是众生心。"（一二四）

　　神会的"本心"说，受有《起信论》的影响。"本心"就是"真
如"："真如之体"，是"心真如"的如实空义；"真如之相"，是"心
真如"的如实不空义。"识心见性"的心，也就是指这"本心"说
的。"心若无相，即是佛心。"（《神会集》二四六）众生心本净，
所以众生心就是佛心。在这一意义上，从"见性成佛"，说到"唯
指佛心，即心是佛"，如《坛语》（《神会集》二四七）说：

　　　　"马鸣云：若有众生观无念者，则为佛智。故今所说般
　　若波罗蜜，从生灭门顿入真如门。……唯指佛心，即心
　　是佛。"

宗密传说荷泽宗为："寂知指体,无念为宗。"比对有关神会的作品,这就是"无住为本"、"无念为宗"。这大体是近于《坛经》的,但有了进一步的阐述。《坛经》是一切依"自性"说的,但神会不用"自性"一词,而称为"心"。立"无住心",又以大同小异的名称来表达心的意义,如《神会集》说:

> "一切善恶,总莫思量。……无忆念故,即是自性空寂心。"(二三六——二三七)

> "自本清净心……不作意取……如是用心,即寂静涅槃。"(二三五)

> "若有妄起即觉,觉灭,即是本性无住心。"(二四九)

> "心无住处。和上言:心既无住,知心无住不? 答:知。知不知? 答:知。……今推到无住处便立知,知心空寂,即是用处。"(二三七——二三八)

在禅的参究中,"一切善恶总莫思量"(即"莫作意"),体悟到"心无住处"。心没有一毫相可取可住("无物心"),即是本性空寂。空寂不只体性不可得,而即空寂体上,有能知不可得的知——"知心无住"(依教理说,是"自证")。神会引《金刚经》来证明这一意义,如《坛语》(《神会集》二三八)说:

> "《般若经》云:菩萨摩诃萨,应如是生清净心:不应住色生心,不应住声香味触法生心,应无所住而生其心。无所住者,今推知识无住心是。而生其心者,知心无住是。"

神会系的传说(见石井本《神会语录》),慧能是听到《金刚经》说"应无所住而生其心"才顿悟见性的(《坛经》敦煌本缺)。这一"无住心"说,神会《答拓跋开府书》也说得非常明白(《神会集》一〇二):

> "但莫作意,心自无物。即无物心,自性空寂。空寂体上,自有本智,谓知以为照用。故《般若经》云:应无所住而生其心。应无所住,本寂之体。而生其心,本智之用。"

本寂体上有本智,本智能证知本体空寂,所以宗密就简称为"寂知指体"。《坛经》说"无住为本",是"本性"的念念相续、念念不住,表示了一切时中的了无系著。而且,"一切法在自性",一切是"自性变化"、"性含万法"的。神会对"无住为本"的阐明,着重于心体空寂,空寂心的自证,不住一切法,而对"本性"的念念相续、念念不住,却没有说到。

说到"无念为宗",无念为悟入的重要方法,神会近于《坛经》的思想,而更倾向于否定的说明。在有关神会的作品中,有一重要术语——作意,不作意,以"莫作意"来说明无念。《坛经》说:"大众作意听!"又说:"学道之人,作意莫言先定发慧,先慧发定,定慧各别。"这只是作意不要说定慧各别,如作意说定慧不二,不正是对了吗? 而神会却丑化了作意,如《神会集》说:

> "既是作意,即是识定。"(一一七)
> "但不作意,心无有起,是真无念。"(二四六)
> "不作意,即是无念。"(一〇一)
> "但莫作意,心自无物。……但莫作意,自当悟入。"
(一〇二)

"为是作意不作意? 若是不作意,即与聋俗无别。若言作意,即是有所得。"(一一八)

"无作意,亦无不作意。如是者为之相应。"(一三三)

作意,就是有所得。不作意,就是无念。但进一步(后二则),无作意也不是的。没有作意,也不是不作意,才是真的无念。依《坛语》(《神会集》二三四——二三五)说:

> "闻说菩提,起心取菩提。闻说涅槃,起心取涅槃。闻说空,起心取空。闻说净,起心取净。闻说定,起心取定。此皆是妄心,亦是法缚,亦是法见。若作此用心,不得解脱,非本自空寂心。"

> "闻说菩提,不作意取菩提。闻说涅槃,不作意取涅槃。闻说净,不作意取净。闻说空,不作意取空。闻说定,不作意取定。如是用心,即寂静涅槃。"

从此可见,作意就是起心,作意取就是起心取。不作意,不是没有心,而是不起心去取著境界,也就是"不于事上生念"。"莫作意,心自无物","不作意,心无有起",是同一意义。不过直说作意、不作意,容易引起误解。胡适引杜甫诗"谁谓朝来不作意,狂风挽断最长条",而解说作意为"打主意"、"存心要什么"(《神会集》三二二),是当时的白话。其实,"作意"为经论常见的名词。如心所中的"作意",是动心而使向于境界的心理作用。"如理作意"的作意,是思惟。修习定慧,如"了相作意"等,是注意于内心所起的境界。一般来说,修定——"系心一处"、"摄心"、"住心",都是要"作意"修的。神会评斥一般的作意修定,而大大地应用这一名词,以"不作意"为"无念"的同义词。

"不作意"为"无念",多少是偏于遣破的,但也有进一层的说明,如《神会集》说:

> "若在学地者,心若有念起,即便觉照;起心即灭,觉照自亡,即是无念。"(三〇八——三〇九)

> "若有妄起,即觉,觉灭,即是本性无住心。"(二四九)

> "有无双遣,中道亦亡者,是无念。无念即是一念,一念即是一切智,一切智者即是甚深般若波罗蜜,甚深般若波罗蜜即是如来禅。"(一四五)

> "(一念)相应义者,谓见无念者,谓了自性者,谓无所得(般若)。以无所得,即如来禅。"(一三一——一三二)

> "问:无者无何法? 念者念何法? 答:无者无有云然,念者唯念真如。……念者真如之用,真如者念之体。……若见无念者,虽具见闻觉知而常空寂。"(一二九——一三〇)

> "但自知本体寂静,空无所有,亦无住著,等同虚空,无处不遍,即是诸佛真如身。真如是无念之体,以是义故,立无念为宗。若见无念者,虽具见闻觉知而常空寂。"(二四〇——二四一)

这部分的"无念",达到了妄灭觉亡的境地。那时,有无双遣,中道不立。这样的"无念",就是"般若"、"一行三昧"、"如来禅"的别名。说明这悟入"无住心"的"无念",说"念者唯念真如，……念者真如之用……具见闻觉知而常空寂"。后二则所说，与《坛经》说相近。然据《坛经》敦煌本所说，与神会所传，不免有貌合神离的感觉。《坛经》是这样说的（大正四八·三三八下）：

> "无者无何事？念者何物？无者，离二相诸尘劳。真如是念之体，念是真如之用。性起念，虽即见闻觉知，不染万境而常自在。"

"念"，是名词。"无念"，不是没有念；没有的，是"二相诸尘劳"。念是真如的作用，是从"性"而起的。念是众生"本性"的作用，是"念念相续，无有断绝"的，断绝便是死了。"无念为宗"，只是本性的、人人现成的念——见闻觉知。从平常心行中，"于自念上离境，不于法上生念"就是。"念是真如之用"，不是圣人才有的，不是悟证了才有的。念是自性的作用，所以《坛经》坚定地反对没有念，如说：

> "莫百物不思，念尽除却。"（大正四八·三三八下）

> "若百物不思，当令念绝，即是法缚（原作'传'），即是边见。"（大正四八·三四〇下）

明藏本《坛经》（大正五〇·三五八上——中），有评卧轮偈的传说：

> "有僧举卧轮禅师偈曰：卧轮有伎俩，能断百思想，对境心不起，菩提日日长。师闻之曰：此偈未明心地，若依而行之，是加系缚。因示一偈曰：慧能没伎俩，不断百思想。

对境心数起,菩提作么长。"

这一传说,也见于《传灯录》卷五(大正五一·二四五中),思想是一贯的。然神会在遮遣方面,无念是"不作意",是"起心即灭"、"心无有起";主张"一切善恶,总莫思量"(不思善、不思恶,与此说相当)。这与"除妄不起心"的禅法,不是有类似的意趣吗?"念是真如之用",似乎与《坛经》相近。但在神会,这是般若、一行三昧、如来禅,诸佛真如身的作用,所以以"念"为动词,说"念者唯念真如"。这样的念,是悟见无住心的境地,而不是众生本性的作用。神会所传的禅法,不免有高推圣境、重于不起念(不作意)的倾向。

神会以"无念为宗",而悟入"无住知见",略如《神会集》所说:

"今推到无住处便立知。知心空寂,即是用处。《法华经》云:即同如来知见,广大深远。心无边际,同佛广大;心无限量,同佛深远,更无差别。"(二三八)

"但自知本体寂静,空无所有,亦无住著,等同虚空,无处不遍,即是诸佛真如身。真如是无念之体,以是义故,立无念为宗。若见无念者,虽具见闻觉知而常空寂,即戒定慧一时齐等,万行俱备,即同如来知见,广大深远。"(二四〇——二四一)

"灭诸相故,一切妄念不生,此照体独立,神无方所。知识! 当如是用。"(二四八)

"神会三十余年所学功夫,唯在见字。"(《神会集》二七七)

"无住知见"，被宗密赞誉为："空寂之知，是汝真性。……知之一字，众妙之门。"（大正四八·四〇二下——四〇三上）然与《坛经》敦煌本所说的"无念"，念是众生本性现成的、自性所起的用，不完全相合。如不认清《坛经》（敦煌本所依的底本是"南方宗旨"本）的主题实质，见到文义部分与神会说相同，就说《坛经》是神会或神会门下所造，极为谬误！神会的"无住知见"重在空寂的自证，作为荷泽派下的宗密早就有异议了，如《圆觉经大疏钞》卷三之下（续一四·二八〇）说：

> "圆通见者，必须会前差别取舍等法，同一寂知之性。举体随缘，作种种门，方为真见。寂知如镜之净明，诸缘如能现影像。荷泽深意，本来如此。但为当时渐教大兴，顿宗沉废，务在对治之说，故唯宗无念，不立诸缘。"

## 保唐的禅学

保唐无住所传的"大乘顿悟禅门"，与《坛经》所说，有密切的关系。无住自称"修行般若波罗蜜"，说"识心见性"、"见性成佛道"，广说"无念"、"无念即戒定慧具足"，与神会相近（但没有说"不作意"）。他是曾见到《南宗定是非论》、《师资血脉传》的。无住的禅门，宗密称之为"教行不拘而灭识"。什么是"灭识"？《圆觉经大疏钞》卷三之下（续一四·二七八）说：

> "意谓生死轮转，都为起心，起心即妄，不论善恶；不起即真。……是以行门，无非无是，但贵无心而为妙绝，故云灭识。"

依保唐宗所传的《历代法宝记》(此下引文都出此记)来看，无住所说的法门的确是这样的。如说："起心即是生死"；"一物在心，不出三界"；"有念即虚妄"；"有念在三界"。"念"，是被专称虚妄的，所以说"无念"，重在遮遣边。这样的"无念"，神会已大大地发展了。而《坛经》及神会所说"念是真如之用"的解说，在无住所传的言说中完全不见了。

破言说的极则，当然会一法不立。虽说"无念即见性"，而"无念"也是假说的。如说：

"为众生有念，假说无念。正无念之时，无念不自。"(大正五一·一八九中)

"无念不自"，这是一再说到，以此为结论的。这是说：无念，是对有念说的。念没有了，无念也不可得(不离有念而独存)。无住说"无念即见性"，而正无念见性时，见也不立的。如说：

"见性，正见之时，见犹离见，见不能及，即是佛。正见之时，见亦不自。"(大正五一·一九四下)

无住曾受《楞严经》的深刻影响，他的呵毁多闻与《楞严经》是不无关系的。他一再说到，要人认识主与客，而见性时，主客也不立。如说：

"来去是客，不来去是主。相念无生，即没主客，即是见性。"(大正五一·一九四中)

无住破言说，不立一切，不像神会那样的"立知见"、立"无住之知"，而只是泯绝一切。在泯绝一切中，一切是佛法，行住坐卧总是禅。无住所传顿悟的境地，略引二则如下：

"正无念之时，一切法皆是佛法，无有一法离菩提者。"（大正五一·一八九下）

"我今意况大好，行住坐卧俱了。看时无物可看，毕竟无言可道。但得此中意况，高床（原作'杠'）木枕到晓。"（大正五一·一九二中——下）

## 洪州（石头）所传

到慧能而日益盛大的南宗，如"以心传心"、"顿成佛道"，早在东山门下就如此了。这本是"一切众生有佛性"、"一切众生皆有如来智慧德相"——如来藏说的禅门。成佛，佛有法身、报身、化身，而以法身为本。归依有佛、法、僧——三宝，而以如来常住（或无为性）为本。众生有五蕴、十二处、十八界，而以心为本。这都是人类所本有的，人心所本具的（这是印度晚期佛教的一般倾向）。而实现成佛的方法（除他力加持不论），以定、慧的修持，到"等定慧地"，明见真如或佛性，见性成佛。在学者，对三宝、三身，虽意解到是本有的，而总觉得："佛"、"菩提"、"涅槃"、"般若"、"佛性"、"如来藏"——这些名目，是理想、是目的，是高高的、远远的、可望而不可及的，修行并不容易。所以"是心作佛"、"是心即佛"这一类词句，虽为一部大乘经的常谈，而在佛教界——法师、禅师，都看作崇高与伟大的理想，只能随分修学而已。《坛经》所表现的，就不然。三身也好，三宝也好，菩提、般若也好，都在自己身心中，直捷了当地指示出来，就在日常心行中，从此悟入。于是，佛不再是高远的理想，而是直下可以体现的。圣人，从难思难议的仰信中，成为现实人间的、平常的圣人（恢复了原始佛教的模像）。这是曹溪禅的最卓越处！从宗教的仰信，而到达宗教的自证。然慧能所说，不离经说，一切文句还是经中固有的。"菩提"、"般若"、"佛"、"定慧"、"三昧"……在学者心目中，极容易引起尊贵的、不平凡的感觉，成为自己所求得的对象（还是心外的）。于是继承慧能精神的，逐渐（不是突然的）嬗变，成为"慢教"一流。固有术语，尽量地减少，或加以轻毁，另成"祖师西来意"、"本分事"、"本来人"、"本来身"、"本来面目"、"无住真人"、"这个"、"那个"、"白牯牛"（五家分宗，连祖师也在被轻呵之列）这一类的术语。特别是：扬眉、瞬目、擎拳、竖拂、叉手、推倒禅床、踢翻净瓶、画圆相、拨虚空，棒打、口喝、脚踢以外，斩蛇、杀猫、放火、斫手指、打落水去——欢喜在象征的、暗示的、启发的形式下，接引学人，表达体验的境地。语句越来越平常，也越来越难解，变为自成一套——说不完的公案（后人又在这里参究，说是说非）、禅偈，与经论不同，也与《坛经》不同。其实，还是如来藏禅，所不同的，慧能从高远而引向平实，后人又从平实而引向深秘。这里，从早期的禅语，来观察与《坛经》的关系。

洪州与石头门下，有上堂开示、个别问答，没有《坛经》那样的一般传授，内容可分为二类：一为接引初学，未悟的使他"得个入处"；已悟入而没有究竟的，或能入而不能出、得体而不得用的，使他更进一步。一是作家相见，试探对方、勘验对方的。现在专约诱导悟入的方便说。先引《圆觉经大疏钞》卷三之下，

宗密对洪州门下的认识,如说(续一四·二七九):

> "起心动念,弹指謦(原作'磬')咳,扬眉瞬目(原作
> '扬扇因'),所作所为,皆是佛性全体之用,更无第二主宰。
> 如面作多般饮食,一一皆面。佛性亦尔,全体贪嗔痴,造善
> 恶,受苦乐,故一一皆性。意以推求,而四大骨肉舌齿眼耳
> 手足,并不能自语言见闻动作。如一念命(原作'今')终,
> 全身都未变坏,即便口不能语,眼不能见,耳不能闻,脚不能
> 行,手不能作。故知语言作者,必是佛性。四大骨肉,一一
> 细推,都不解贪嗔,故贪嗔烦恼,并是佛性,佛性非一切差别
> 种种,而能作一切差别种种。"

《禅源诸诠集都序》卷上之二(大正四八·四〇二下)说:

> "真性无相无为,体非一切,……然即体之用,而能造
> 作种种。"
>
> "即今能语言动作,贪嗔慈忍,造善恶,受苦乐等,即汝
> 佛性。即此本来是佛,除此无别佛也。"

这一见解,与《坛经》所说的"性"——"自性":"性在身心
在,性去身心坏";"色身如舍宅";"一念断绝,法身即是离色身"
的见地,完全一致。说到这里,想起了南阳忠国师所说的"南方
宗旨"(如上第六章所说)。忠国师所说的南方宗旨,"色身无常
而性是常",与《坛经》敦煌本、洪州与石头门下,确是非常近似
的。形神对立的倾向,不过是禅者理会得不够,或是说得不够善
巧而已。《坛经》所说的"性",是一切法为性所化现(变化)的;

而"性含万法","一切法在自性",不离自性而又不就是性的。所以性是超越的(离一切相,性体清净),又是内在的(一切法不异于此)。从当前一切而悟入超越的,还要不异一切,圆悟一切无非性之妙用,这才能入能出,有体有用,理事一如,脚跟落地。在现实的世界中,性是生命的主体、宇宙的本源。性显现为一切,而以心为主。心,不只是认识的,也是行为——运动的。知觉与运动,直接地表征着性——自性、真性、佛性的作用。"见性成佛",要向自己身心去体认,决非向色身去体悟。如从色身,那为什么不向山河大地? 这虽可说"即事而真",而到底是心外觅佛。所以在说明上,不免有二元的倾向(其实,如不是二,就无可说明)。临济义玄所说,就充分表显了这一意思,如《镇州临济慧照禅师语录》(大正四七·四九七中——下)说:

> "尔四大色身不解说法听法,脾胃肝胆不解说法听法,虚空不解说法听法,是什么解说法听法? 是尔目前历历底勿一个形段孤明,是这个解说法听法。……心法无形,通贯十方。在眼曰见,在耳曰闻,在鼻嗅香,在口谈论,在手执捉,在足运奔。"

福州大安也有同样的说明,如《传灯录》卷九(大正五一·二六七下)说:

> "汝诸人各有无价大宝,从眼门放光,照山河大地。耳门放光,领采一切善恶音响。六门昼夜常放光明,……汝自不识取。影在四大身中,内外扶持,不教倾侧。如人负重担,从独木桥上过,亦不教失脚。且是什么物任持,便得如

是。汝若觅,毫发即不见。"

"师云:一切施为,是法身用。"

临济(八六六年卒)与大安(八八三年卒),比宗密还迟些,而将心性作用与色身作差别的说明,可见这是一向传来的见地。悟证彻了,死生自由,也就有离色身而去的说明,如《传灯录》说:

百丈怀海——

"处于生死,其心自在,毕竟不与虚幻尘劳蕴界生死诸入和合,迥然无寄,一切不拘,去留无碍。往来生死,如门开相似。"(大正五一・二五〇中)

道吾圆智(石头下)——

"师见云岩不安(病了),乃谓曰:离此壳漏子,向什么处相见? 岩云:不生不灭处相见。"(大正五一・三一四中)

南岳玄泰——

"今年六十五,四大将离主。"(大正五一・三三〇下)

"见性成佛",性在何处? 佛是什么? 洪州门下,是以身心活动为性的作用,点出这就是性,就是佛,引人去悟入的。传说(最早见于八〇一年撰的《宝林传》)达摩的弟子波罗提为王说法,即明说"性在作用",如《传灯录》卷三(大正五一・二一八中)说:

"问曰:何者是佛? 答曰:见性是佛。……王曰:性在何处? 答曰:性在作用。王曰:是何作用? ……波罗提即说偈曰:在胎为身,处世为人,在眼曰见,在耳曰闻,在鼻辨香,在口谈论,在手执捉,在足运奔。遍现俱该沙界,收摄在一微尘,识者知是佛性,不识唤作精魂。"

总之,从生命现象去诱发学人的自悟,体认真正的自己(本心、自性、真我),是洪州(石头)门下共通的。在师弟问答中,或约(总相的)人说,或约心说,或约见闻动作说。约人说的,如《传灯录》说:

"百丈怀海——

问:如何是佛? 师云:汝是阿谁?"(大正五一·二五〇上)

"归宗智常——

灵训禅师初参归宗,问:如何是佛? ……宗曰:即汝便是。"(大正五一·二八〇下)

约心说的,如《传灯录》说:

"洪州道一——

汾州无业(问)……常闻禅门即心是佛,实未能了。马祖曰:只未了底心即是,更无别物。"(大正五一·二五七上)

"福州大安——

人问师:佛在何处? 师云:不离心。"(大正五一·二六八上)

约见闻动作说的最多,略引几则,如《传灯录》说:

"洪州道一——

　　问曰:阿那个是慧海自家宝藏? 祖曰:即今问我者,是汝宝藏。"(大正五一·二四六下)

　　"师召云:座主! 彼即回首。师云:是什么? 亦无对。师云:遮钝根阿师。"(大正五一·二四六中)

　　"亮不肯(不以为然),便出。将下阶,祖召云:座主! 亮回首,豁然大悟。"(大正五一·二六〇上)

"百丈怀海——

　　师有时说法竟,大众下堂,乃召之。大众回首,师云:是什么?"(大正五一·二五〇下)

"南泉普愿——

　　(师祖)问:如何是(摩尼)珠? 南泉召云:师祖! 师应诺。南泉云:去! 汝不会我语。师从此信入。"(大正五一·二七六中)

"中邑洪恩——

　　(仰山)问:如何得见性? 师云:譬如有屋,屋有六窗,内有一猕猴。东边唤山山,山山应;如是六窗,俱唤俱应。"(大正五一·二四九中)

"石头希迁——

　　灵默禅师……告辞而去。至门,石头呼之云:阇黎! 师回顾。石头云:从生至老,只是遮个汉,更莫别求。师言下大悟。"(大正五一·二五四中)

"薯山慧超——

　　师召(洞山)良价,价应诺。师曰:是什么? 价无语。

师曰：好个佛，只是无光焰。"（大正五一·二六九上）

在日常行动中直指心要的，石头门下也传有很好的开示，如《传灯录》说：

"天皇道悟——

'（崇信）问曰：某自到来，不蒙指示心要。悟曰：自汝到来，吾未尝不指汝心要。师曰：何处指示？悟曰：汝擎茶来，吾为汝接。汝行食来，吾为汝受。汝和南时，吾便低首。何处不指示心要！师低头良久，悟曰：见则直下便见，拟思即差。师当下开解。'"（大正五一·三一三中）

"夹山善会——

'师有小师，随侍日久。……何不早向某甲说？师曰：汝蒸饭，吾着火。汝行益，吾展钵。什么处是孤负汝处？小师从此悟入。'"（大正五一·三二四中）

指示学人，不但直指"是汝"、"是心"，或在见、闻、回首、应诺……中，让学人去体会（临济在黄檗会下三度被打，洪州水老被马祖当胸蹋倒等都是）。平时的一举一动，也未始不是暗示学人，使他由此契入。洪州门下，重于直指。从生命现象（"性在作用"）去指示，有的不能体会，那就被斥为"钝根"、"无佛性"、"不肯直下承当"。有所契会的（直下便见，有一番直觉经验），一般也还有不彻底的。依《楞严经》，悟得"见"性常在，还没有迥脱根尘。依唯识学，这只是五俱意识的有漏现量，没有随念分别、计度分别而已。正如《圆觉经》所说："犹如眼根，晓了前境，得无憎爱。"所以在禅悟中，对这种"六根门头，昭昭灵灵"

的境地,要进一步地加以指导。如《传灯录》说:

"百丈怀海——

'固守动用,三世佛怨。此外别求,即同魔说。'"(大正五一·二五〇上)

"长沙景岑——

'师召曰:尚书! 其人应诺。师曰:不是尚书本命。对曰:不可离却即今只对,别有第二主人。师曰:唤尚书作至尊,得么? 彼云:恁么总不只对时,莫是弟子主人否? 师曰:非但只对不只对时,无始劫来,是个生死根本。'"(大正五一·二七四中)

从见闻觉知而契入的,真的顿见"本心",原本不是说明的。古人开示,也只是方便表示而已。如《传灯录》说:

"章敬怀晖——

'自性元非尘境,是个微妙大解脱门,所有鉴觉,不染不碍。如是光明,未曾休废。曩劫至今,固无变易。犹如日轮,远近斯照。虽及众色,不与一切和合。灵烛妙明,非假锻炼。……若能返照无第二人,举措施为,不亏实相。'"(大正五一·二五二中)

"盘山宝积——

'夫心月孤圆,光吞万象。光非照境,境亦非存。光境双亡,复是何物。'"(大正五一·二六三中)

"黄檗希运——

'此本源清净心,与众生诸佛、世界山河、有相无相,遍

十方界,一切平等,无彼我相。此本源清净心,常日圆明遍
照。世人不悟,只认见闻觉知为心,为见闻觉知所覆,所以
不睹精明本体。但直下无心,本体自现。如大日轮升于虚
空,遍照十方,更无障碍。……然本心不属见闻觉知,亦不
离见闻觉知。但莫于见闻觉知上起见解,莫于见闻觉知上
动念,亦莫离见闻觉知觅心,亦莫舍见闻觉知取法。不即不
离,不住不著,纵横自在,无非道场。'"(大正五一·二七一
上——中)

上面的引述,只为了说明一点:洪州(石头)门下,是以"性
在作用"为原则的,从学人自己、自己的心、自己的见闻动作,也
就是从自己的生命现象去悟入的。这一禅风,从下手处——悟
入方便说,见闻等作用是不同于四大色身的,似有对立的意味。
等到深入而真的体悟,那就"灵光独耀,迥脱根尘","心月孤圆,
光吞万象",有什么对立可说呢?

## 第四节　曹溪的直指见性

"凡言禅皆本曹溪",这是慧能去世一百年后的禅门实况。
到底曹溪禅凭什么有这样大的力量呢?

### 见性成佛

牛头宗说:"道本虚空","无心合道"。东山宗说:"即心是
佛","心净成佛"。慧能继承了东山法门,不但说"心即是佛",
更说"见性成佛"。神会说"直了见性"。无住说"直指心地法

门"。黄檗说"直指人心,见性成佛"。所以曹溪禅的特色,是
"直了"、"直指";学者是"直入"、"顿入"。

　　曹溪门下的四家,对于"见性",有从现实的心念中,以"无
念"而顿入的;有从见闻觉知、语默动静中去顿入的。这就是宗
密所说的"直显心性宗",有此二家了。这二家的差别,可以从
《坛经》的组成部分而理解出来。《坛经》的主体——大梵寺说
法,是"说摩诃般若波罗蜜法,授无相戒"。"说摩诃般若波罗
蜜",首先揭示了"菩提般若之智,世人本自有之"。于是立"定
慧不二";"无相为体,无住为本,无念为宗";说"摩诃般若波罗
蜜,顿悟见性"。这是依经说的"般若"、"定慧"、"三昧"等而发
明见性的。开示本性的"念念不住",修"于自念上离境,不于法
上念生"的无念法门。神会与无住所弘传的,重于"无念",虽多
少倾向遮遣,大体来说,是与这部分相应的。"授无相戒"部分,
直示众生身心中,自性佛,自性三宝,自性忏,自性自度等,佛不
在外求的意趣格外明显。而答释疑问的:功德在法身,净土在自
心,也与此相契合。这部分,可通于神会,而更近于洪州(及石
头)的风格。这二部分,《坛经》(敦煌本)以"自性"为主题而贯
彻一切,直显自性,见性成佛。现存的敦煌本,是荷泽门下的
"坛经传宗"本,但只是插入一些与"传宗"有关的部分,而对所
依据的底本——"南方宗旨",并没有什么修改,所以现存的敦
煌本,保留了"南方宗旨"的特色。上面说,神会所传的禅法与
"说摩诃般若波罗蜜法"相近,但神会说"佛性"、"本性",不用
"自性"一词。在有关神会的作品中,没有"自性变化"说,也没
有"形神对立"说。以"自性"为主题来阐明一切,是"南方宗

旨"。神会所传的,应近于《坛经》的原始本。南岳与青原二系的兴起,得力于道一、希迁——慧能的再传,比神会迟一些。道一(与希迁)所传的,接近"南方宗旨"。慧忠晚年直斥:"聚却三五百众,目视云汉,云是南方宗旨",可能指道一与希迁呢!但"南方宗旨"决不是新起的,只是强调地表示出来,文句有过润饰增补而已。

慧能"说摩诃般若波罗蜜",当然是继承道信以来的禅门,是"不念佛,不看心,不看净"的一流。慧能在即心是佛(东山传统)的基石上,树立起"见性成佛"的禅,这是融合了南方盛行的《大般涅槃经》的佛性说。《大般涅槃经》,在现存的北宗部分著作中也有引述,但没有重视。《涅槃经》的佛性,是如来藏的别名,但不是《楞伽经》的"无我如来之藏",而是"我者即是如来藏义",如《大般涅槃经》卷八(大正一二·六四八中)说:

> "我者,即是如来藏义。一切众生悉有佛性,即是我义。如是我义,从本已来,常为无量烦恼所覆,是故众生不能得见。"

"佛性",就是"我"、"如来藏"。如来藏原是为了"摄引计我诸外道故"而说的,形式上与外道的神我(常住不变、清净自在、周遍、离相等)相近,所以《楞伽经》要加以抉择,说是"无我如来之藏"。《涅槃经》解说为"如来藏即是我",当然内容与外道不会完全相同,而到底易于混淆了。如来藏、我、佛性,不但是小乘,菩萨也不容易明见,如《大般涅槃经》卷八(大正一二·六五二下)说:

"菩萨虽具足行诸波罗蜜,乃至十住,犹未能见佛性。如来既说,即便少见。"

能究竟圆满明见佛性的,是佛,也如《大般涅槃经》卷二八(大正一二·七九二下)说:

"诸佛世尊,定慧等故,明见佛性,了了无碍。"

惟有佛能了了见佛性,明见佛性就是佛,所以梁代僧亮(天监中〔五〇二——五一九〕卒,或作法亮)说"见性成佛"(大正三七·四九〇下)。在这里,发现了"定慧等"与"见性成佛"的一定关系,也就是找到了《坛经》的"定慧不二"、"见性成佛"的来源。所以,达摩的"真性"禅,是《楞伽经》的如来藏说。道信以《楞伽经》的"佛心",融合于《文殊说般若经》的"念佛心是佛"。到了曹溪慧能,更融合了盛行南方的《大般涅槃经》的"佛性"——"见性成佛",内涵更广大了,而实质还是一脉相传的如来藏说。不过曹溪禅融合了"佛性"(即是"我"),更通俗,更简易,更适合多数人心,更富于"真我"的特色。

神会所传的"见性成佛",是"见佛性"、"见本性",如敦煌本那样的"见自性",是没有的。所以以"自性"为主题的,推断为"南方宗旨"。如《坛经》(大正四八·三三九中)说:

"不思量,性即空寂,思量即是变化。……自性变化甚明,迷人自不知见。"

"自性"本来空寂(本净),而能变化一切。为什么会变化?由于"思量";思量,自性就起变化了。"自性","自性(起)变

化"，这是禅者本着自心的经验而说，还是有所（经说、论说）承
受呢？也许受到数论派的影响，数论派为印度六大学派中的重
要的一派。依数论派说："自性"（罗什译为"世性"。约起用说，
名为"胜性"。约微妙不易知说，名为"冥性"）为生起一切的根
元。"自性"为什么"变异"而起一切？数论派说："我是思。"由
于我思，所以自性就变异而现起一切。这与"性即空寂，思量即
是变化"、"自性变化"，不是非常类似的吗？陈真谛在南方传译
的《金七十论》，就叙述这"变，自性所作故"（大正五四·一二四
五下）的思想。论上还说："如是我者，见自性故，即得解脱。"
（大正五四·一二五〇中）当然，数论派与"南方宗旨"，决不是
完全相同的。但对因思量而自性变化一切来说，不能说没有间
接的关系。"自性"，或译为"冥性"，中国佛学者早就指出：老子
的"杳杳冥冥，其中有精；恍恍惚惚，其中有物"，从"道"而生一
切，与数论派的"冥性"说相近。所以"南方宗旨"的"自性"变
化一切说，对未来的融"道"于禅，的确是从旁打开了方便之门。
这些，与曹溪本旨无关。

## 直指心传

曹溪的禅风，不只是"见性成佛"，而且是"直指"、"直示"、
"顿入"、"直入"的。洪州（石头）门下，从见闻觉知、动静语默
中去悟入；神会（无住）门下，从现前心念，以"无念"而悟入。这
二大流，宗密统称之为"直显心性宗"。这一"直显心性"的曹溪
禅，不是新起的，是东山门下所传的：教外别有宗——不立文字
的、顿入法界的、以心传心的达摩禅。在第二章中，已有所说明。

有关"意传"、"不立文字"、"顿入法界",再引《法如行状》(《金石续编》卷六)如下:

"师(弘忍)默辨先机,即授其道,开佛密意,顿入一乘。"

"天竺相承,本无文字。入此门者,唯意相传。"

"唯以一法,能令圣凡同入决定。……众皆屈申臂顷,便得本心。师以一印之法,密印于众意。世界不现,则是法界,如空中月影,出现应度者心。"

法如是慧能同学,死于永昌元年(六八九,慧能那年五十二岁)。《行状》说到"唯意相传",就是以心传心。"密意"与"密印",也就是"一法"与"一印"。这里面,有三个问题:1. 做师长的要善识弟子的根器,做弟子的要有入道的可能。2. 如弟子确具法器,那就授法。《行状》说"一法"、"开佛密意",但"一法"与"密意"到底是什么? 据《传法宝纪》说:"密以方便开发,顿令其心直入法界。"在"密以方便开发"下,注说:"其方便开发,皆师资密用,故无所形言。"这是密用开发,是没有语言表示的。慧能的另一同学老安,以"密作用"开发坦然与怀让,密作用就是"目开合"。所以"密意"、"密用",只是扬眉瞬目、转身回头这一类身心的活动。这种动作,是暗示的,称为"意导"、"密意"。3. 弟子受到师长"密意"的启发,机教相应,"其心顿入法界",也就是"便得本心"。这本为师长自己的悟境,一经密用启发,弟子心中也就现起同样的悟境。《行状》所说"世界不现,则是法界,如空中月影,出现应度者心",就是表示这一事实。这可说是"以心传心"的。张说《大通禅师碑铭》(《全唐文》卷三二一)说：

> "如来有意传妙道，力持至德，万劫而遥付法印，一念
> 而顿授法身。"

"意传妙道"，就是"心传"。在"密意"开发、"顿入法界"的过程中，有师长的加持力("力持至德")，好像师长将自己心中的证觉内容投入弟子心中一样。这是语言以外的"心传"，在原始佛教中，称为"转法轮"。法是菩提，从佛(或师长)的自证心中转入弟子心中，称为"得净法眼"。这一师资道合而直入法界，就是佛法的根本事实。

东山门下的禅，是有层次的。一般是"念佛名，令净心"。如学者有所领会，"密来自呈，当理与法"，授与的法，一般是不知道的，也不轻易向人说的，这就是"密以方便开发"的"密意"、"密印"。这在东山门下，得到的并不太多。神秀所传的，"以方便显"(第二开智慧门，有深方便)，重于念佛、看净，这所以《传法宝纪》的作者杜朏要慨叹不已了。慧能在曹溪开法，不用念佛、净心等方便，而"说摩诃般若波罗蜜法，授无相戒"，直截了当地指出："众生本性念念不住"；"性起念，虽即见闻觉知，不染万境而常自在"，要学者直从自己身心去悟入自性——见性。这虽还是言说的，而到达了言说的边缘(如文殊以无言说来说入不二法门)。这是将东山门下的密授公开了(法如也有此作风)。慧能是直指直示，弟子是直了直入(这与顿渐有关)。凭慧能自身的深彻悟入，善识根机，要学者直下去顿见真如本性，

禅风是焕然一新。到这里,达摩禅经历二度的发展:达摩传来的如来藏禅,本是少数人的修学,"领宗得意"是不容易多得的。道信与弘忍,在"一行三昧"的融合下,念佛、长坐,使门庭广大起来,引入甚深的法门。但东山的"法门大启",不免流于"看心,看净,不动,不起"的方便。到慧能,将楞伽如来藏禅的核心,在普遍化的基础上,不拘于方便,而直捷地、简易地弘阐起来,这就是《坛经》所说的"大乘顿教"。

曹溪慧能不用"念佛"、"看心"等方便,直示"本有菩提般若之智",以"无念为宗",要人从自己身心去"见性成佛"。"无念"的解说为:"无者无何事?念者念何物"——神会这样说,洪州门下的《坛经》也这样说。敦煌本肯定自性起用的"念",所以说"念者何物",这是"南方宗旨"。《坛经》要人从现前身心中、众生本性的念念不住中去见性。虽说"性在王在",以"自性"为生命的当体;什么是"性",虽似呼之欲出,但始终没有明白点出"性在作用"。洪州门下所传的"性在作用",与南阳慧忠所见的南方禅客相合。这是曹溪门下,更明白地、更直捷地用来接引学人了!"识者知是佛性,不识唤作精魂"(神我),神我与佛性,洪州下是看作同一事实的(只是识与不识的差别)。的确,印度另一大学派胜论派认为:"以出入息、视眴、寿命等相故,则知有神。"(大正三〇·一七〇下)胜论派也是以呼吸、视眴(瞬目等)证明是有我的。原始的如来藏说,从达摩到曹溪门下,是这样的公开、简易、直捷。人人有佛性,见性成佛,也就是人人有我,见我得解脱。这对一般人来说,实在是简易、直捷不过,容易为人所接受、所体验。这样的简易、直捷,难怪"凡言禅者皆本曹溪"了。

# 第九章 诸宗抗互与南宗统一

## 第一节 牛头禅的蜕变

从慧能去世（七一三年）到会昌法难（八四五年），禅宗大大地兴盛起来，形成了诸宗竞化的局面。禅者虽是重传承的，但在时、地、人的特殊情形下，自然地分化对立，并相抗相毁。在对立又不断的接触中，又互相融摄。对立、融摄，在诸宗的发展中，胜利属于南宗，被统一于曹溪的南宗。现在，先说中国的南宗——牛头禅。

### 牛头禅的兴盛

"道本虚空，无心合道"，代表了早期的牛头禅——法融的禅学。牛头禅特质的确立，如第三章所说。牛头五祖智威的门下，有被推为六祖的慧忠（六八三——七六九年），及鹤林玄素（六六八——七五二年）。玄素弟子中，有径山法钦（七一四——七九二年）。在这几位禅师的时候，牛头禅大盛起来。牛头宗的隆盛（约一个世纪），是与中原的荷泽神会（六八八——七六二年）、江南的洪州道一（七〇九——七八八年）、石头希迁（七〇〇——七九〇年）——曹溪南宗的兴盛相呼应的。牛头禅代表了江东传统的南宗，所以这也是二大南宗的错综发展。慧忠的传记，上面已经说到了。

鹤林玄素，俗姓马，所以或称为"马素"、"马祖"。玄素二十五岁（六九二年）出家，"晚年"（七一七年可能年近五十）入青山，参智威而受胜法。智威是开元十年（七二二）去世的，玄素大概在这时候离开了牛头山。开元间（七一三——七四一年），玄素应法密（或作"汪密"）的礼请到京口（今江苏镇江），郡牧韦铣请住鹤林寺，法门极盛，别出鹤林一系。天宝初年（七四二—— ），应希玄的礼请，到江北扬州（今江苏江都），引起了江南与江北道俗间的诤竞，这可见玄素为人感慕的一斑了！后回鹤林寺，天宝十一年（七五二）去世，终年八十五岁。玄素的传记，除《宋僧传》卷九（大正五〇·七六一下——七六二中）、《传灯录》卷四（大正五一·二二九中——下）外，有李华撰《润州鹤林寺故径山大师碑铭》（《全唐文》卷三二〇）。

玄素的弟子，有吴中（今江苏吴县）法镜、径山（今浙江余杭）法钦、吴兴（今浙江吴兴）法海等。据《宋僧传》卷九《法钦传》（大正五〇·七六四中——七六五上）及李吉甫撰《杭州径山寺大觉禅师塔铭并序》（《全唐文》卷五一二），法钦是二十八岁（七四一年）从玄素出家的。后游杭州的径山，前临海令吴贞舍别墅立寺，来参学的人极多。大历三年（七六八），代宗下诏，召法钦入京问法，并赐号"国一"禅师。德宗贞元五年（七八九）也赐书慰问。当时京都及江浙一带的名公巨卿，归依的人很多。

晚年,移住杭州的龙兴寺。贞元八年(七九二),七十九岁去世。法钦的弟子中,有杭州巾子山崇慧(《宋僧传》卷一七有传)。崇慧兼学秘密瑜伽,曾以登刀梯、蹈烈火等术胜过了道士史华,被封为"护国三藏",因此有人称他为"降魔崇慧"(大正五〇·八一六下——八一七上)。

玄素与法钦的禅风非常简默。《宋僧传》卷一一《昙藏传》,说到超岸亲近玄素的情形:"释超岸,丹阳人也。先遇鹤林素禅师,处众拱默而已。"(大正五〇·七七四中)李华所撰《润州鹤林寺故径山大师碑铭》也说:玄素"居常默默,无法可说"。李华赞为"师无可说之法";"道惟心通,不在言通"。径山法钦也如此,如《杭州径山寺大觉禅师碑铭并序》说:"大师性和言简,罕所论说。问者百千,对无一二。"简默的禅风,正表示了法是不可说的,说着就不是的。但专于简默,不私通方便,对学者来说,中人以下是不能得益的。

牛头慧忠,维持了牛头山的旧家风。他晚年出山,修复了大庄严寺,创立"法堂"。"著《见性序》及《行路难》,精旨妙密,盛行于世。"《僧传》说他"汲引无废,神旷无挠,四方之侣,相依日至"。《传灯录》称慧忠门下三十四人,可见门下的盛况。慧忠与玄素两系的风格是不同的。

玄素与慧忠的禅学,从现有的资料来看,玄素系的简默无为,彻底发挥了"本无事而忘情"的家风。《传灯录》卷七(大正五一·二五二中)说:

"(智藏)住西堂。后有一俗士问:有天堂地狱否? 师曰:有。曰:有佛法僧宝否? 师曰:有。更有多问,尽答言

有。曰:和尚怎么道莫错否? 师曰:汝曾见尊宿来耶? 曰:
某甲曾参径山和尚来。师曰:径山向汝作么生道? 曰:他道
一切总无。"

径山说"一切总无",只是"本来无一物"的牛头宗风。但依
(洪州道一弟子)智藏来看,这未免太不契机了!

慧忠弘法的时代(七二二——七六九年),前后五十年。那
时,神会、道一、希迁——曹溪南宗的弘扬,迅速地影响到江东
来。如安国玄挺,是慧忠与玄素的同门,住宣州(今安徽宣城)
安国寺。玄挺显然受到了荷泽神会的影响,如《宗镜录》卷九八
(大正四八·九四四中)说:

"安国和尚云:经云:应无所住而生其心。无所住者,
不住色、不住声、不住迷、不住悟,不住体、不住用。而生其
心者,即是一切处而显一心。若住善生心即善现,若住恶生
心即恶现,本心即隐没。若无所住,十方世界唯是一心,信
知风幡不动是心动。"

"有檀越问:和尚是南宗北宗? 答曰:我非南宗北宗,
心为宗。"

"又问:和尚曾看教否? 答云:我不曾看教;若识心,一
切教看竟。"

"学人问:何名识心见性? 答:喻如夜梦,见好与恶。
若知身在床眠,全无忧喜,即是识心见性。如今有人闻作佛
便喜,闻入地狱即忧,不达心佛在菩提床上安眠,妄生
忧喜。"

这四则问答中,第一,慧能听《金刚经》说"应无所住而生其心"而悟入,是神会所传述的;神会是特重《金刚经》及"应无所住而生其心"的。"风幡不动",是慧能的出家因缘,也是神会系所传。玄挺引此以说明"十方世界唯是一心",显然受到了神会所传——曹溪禅的影响。第二,玄挺不满神会与普寂门下的斗争,所以"以心为宗"。第三,重禅悟而不重教说,是当时南方的一般倾向。第四,"识心见性",是《坛经》——慧能所说的成语;玄挺从梦喻去说明"心佛"的本来无事。《宗镜录》卷八五所引,也以梦为喻,而说"豁然睡觉,寂然无事"(大正四八·八八三上)。安国玄挺本着牛头"寂然无事"的理境,去解说"一心"、"心为宗"、"识心见性"、"心佛",这也可说是法融的"直是空性心,照世间如日"的积极说明。

慧忠与玄挺的见地相近,如《宗镜录》卷九八(大正四八·九四五中)说:

> "牛头山忠和尚:学人问:夫入道者,如何用心? 答曰:一切诸法本自不生,今则无灭。汝但任心自在,不须制止,直见直闻,直来直去,须行即行,须住即住,此即是真道。经云:缘起是道场,知如实故。"

> "又问:今欲修道,作何方便而得解脱? 答曰:求佛之人,不作方便,顿了心原,明见佛性,即心是佛,非妄非真。故经云:正直舍方便,但说无上道。"

慧忠有"安心偈",如《传灯录》卷四(大正五一·二二九中)说:

　　"人法双净,善恶两忘,直心真实,菩提道场。"

　　慧忠的"直心"——"任心自在"、"不作方便",当然是"绝观弃守"、"无心用功"的牛头家风,是基于"本来无事"、"本不生灭"的"忘情"。慧忠在问答后,必引"经云",表示了(法融的)禅是不离教的。他欢喜应用"入道"、"真道"、"道场"、"修道"、"无上道",牛头禅的重要术语——"道"。东山宗与曹溪禅(南宗)的"即心是佛"、"明见佛性",也应用了,还著了《见性序》("顿悟",是当时禅者所共的)。上面曾说过,代表牛头禅的《绝观论》,原本为:"虚空为道体,森罗为法用。"其后,经"心为宗"与"心为本"、"法体"与"法用",而演化为"心为体"、"心为宗"、"心为本",所说的心,是"心寂灭"。这一本不生灭、本来空寂的"空性心",会通了"即心是佛"与"明见佛性"。《宗镜录》引用的《绝观论》本——"心为体"、"心为宗"、"心为本",受到了《坛经》的影响,可论断为慧忠与玄挺时代的修正本,使其更适应于当时(受到曹溪禅影响下)的人心。

## 遗则的佛窟学

　　遗则(《传灯录》作"惟则"),《宋僧传》卷一〇有传(大正五〇·七六八中——下)。遗则从"牛头山慧忠"出家。遗则死于"庚戌季夏",应为太和四年(八三〇)。慧忠死于大历四年(七六九),遗则还只有十七岁(依《传灯录》也只有十九岁)。所以,遗则虽是慧忠弟子,却是自有所领悟的。他住在天台上(今浙江天台)的佛窟岩,前后四十年。在当时的"南宗学"、"北宗学"、"牛头学"以外,被称为"佛窟学",这表示佛窟遗则有了新的内容。《宋僧传》叙述他的自悟说：

> "则既传忠之道，精观久之，以为天地无物也，我无物也，虽无物而未尝无物也。此则圣人如影，百姓如梦，孰为死生哉！至人以是能独照，能为万物主，吾知之矣！"

在这几句话里，使我们认清了佛窟学的特色。江东佛学与老庄原有较多的关涉（如第三章说）。在成论大乘、三论大乘、天台大乘盛行江南时，义学发达，佛法与老庄的差异还多少会分别出来。自南朝灭亡，江东的义学衰落了。不重义学而专重禅心悟入的，是容易与老庄混淆不分的。印度外道，也说修说悟，专凭自心的体会，是不能证明为是佛法的。这所以达摩东来，要以"《楞伽经》印心"。法融是通般若三论的学者，"虚空为道本"，"无心合道"，虽沿用江东佛学的术语——"道"，而所说还不失为正统的中国南宗。但佛窟遗则不同了！如天地与万物、圣人与百姓，都是老庄所说的成语。"独照"，从庄子的"见独"而来。"万物主"，也本于老子。偶然运用一二老庄术语，在江东是不足怪的。遗则表示自己的领悟，而全以老庄的文句表达出来，至少可以看出他沉浸于老庄玄学的深度！

"能为万物主"是成语，传说为傅大士所说，如：

> "有物先天地，无形本寂寥，能为万物主，不逐四时凋。"

傅大士是东阳郡乌伤县（今浙江义乌）人，是一位不佛不道不儒，而又佛又道又儒的不思议人物，与宝志禅师同为梁武帝所尊敬。在江东民间,傅大士被传说为不思议大士,也传说出不少的偈颂。嘉祥吉藏(五四九——六二三年)的《中论疏》卷二,就引用了傅大士的"二谛颂"(大正四二·二六中)。在江东禅法隆盛中,傅大士与宝志受到了民间更多的崇敬。傅大士又与天台宗发生了深切的关系:左溪玄朗(六七二——七五四年)传说为傅大士六世孙。荆溪湛然(七一一——七八二年)是复兴天台学的大师,他在江左——苏、常一带弘扬天台止观。为了对抗禅宗的达摩西来,而推出了东方圣人傅大士,如荆溪《止观义例》卷上(大正四六·四五二下)说:

> "设使印度一圣(指达摩)来仪,未若兜率二生垂降(指傅大士)。故东阳傅大士,位居等觉,尚以三观四运而为心要。故《独自诗》云:独自精,其实离声名,一心三观融万品,荆棘丛林何处生!独自作,问我心中何所著,推检四运并无生,千端万绪何能缚!况复三观本宗璎珞,补处大士金口亲承。故知一家教门,远禀佛经,复与大士宛如符契。"

日僧最澄,在德宗贞元末年(八〇四)到中国来。最澄所传的《内证佛法相承血脉谱》中,《天台法华宗相承师师血脉谱》在鸠摩罗什下、北齐慧文前列入傅大士,竟以傅大士为天台宗列祖之一(《望月佛教大辞典》三九八一)。可见八世纪后半,在天台复兴中的江东,傅大士被推崇到何等地步!从慧忠出家,南游天台佛窟岩的遗则,也崇仰传说中的傅大士,这就是佛窟学。

《宋僧传》卷一〇《遗则传》(大正五〇·七六八下)说:

> "善属文,始授道于钟山,序集融祖师文三卷,为宝志

释题二十四章，南游傅大士遗风序，又无生等义。凡所著述，辞理粲然。其他歌诗数十篇，皆行于世。"

遗则自己的作品传入日本的，《智证大师将来目录》（八五八年）中有：

> "《无生义》，二卷　佛窟"
> "《还源集》，三卷　佛窟"
> "《佛窟集》，一卷"

《传教大师越州录》（八〇五年）中，《无生义》仅一卷。二卷本，可能经过弟子的补充。在遗则的著作名称中，可看出与傅大士的关系。傅大士传有《还源诗》十二首，遗则有《还源集》。又傅大士的《独自诗》："推检四运并无生"，"本愿证无生"；遗则有《无生义》。遗则的禅学，与传说中的傅大士最为一致的，是"妙神"说。如《宗镜录》卷九（大正四八·四六一下）说：

> "傅大士称为妙神，亦云妙识。"

遗则的《无生义》，一再地说到"妙神"、"妙识"，如《宗镜录》卷八（大正四八·四五九下）说：

> "《无生义》云：经云持心犹如虚空者，非是断空，尔时犹有妙神，即有妙识思虑。……经言：若识在二法，则有喜悦；若识在实际无二法中，则无喜悦。实际即是法性，空（性）识即是妙神，故知实际中含有妙神也。《华严经·性起品》作十种譬喻，明法身佛有心。"

> "大师言：虽有妙神，神性不生，与如一体。譬如凌还

是水，与水一体，水亦有凌性。若无凌性者，寒结凌则不现。如中亦有妙神，性同如，清净则现，不净不复可现。乃至如师主姓傅，傅姓身内觅不得，身外觅不得，中间觅不得，当知傅姓是空。而非是断空之空，以傅姓中含有诸男女。故言性空，异于虚空；佛性是空，诸佛法身不空。”

又，《宗镜录》卷三九（大正四八·六五〇上）说：

“《无生义》云：若无有妙神，一向空寂者，则不应有佛出世说法度人。故知本地有妙神，不空不断。《师子吼》云：佛性者名第一义空，第一义空名为智慧；智慧即是妙神。”

傅大士说“妙神”、“妙识”，遗则也一再说非有“妙神”不可。在譬喻中，并引“傅姓”为喻，更可见关系的密切。遗则（与传说为傅大士说）的“妙神”、“妙识”，就是微妙的心，神是心的别名。如郑道子的《神不灭论》（《弘明集》卷四）。范缜作《神灭论》，萧琛与曹思文都作《难神灭论》。梁武帝也《敕答臣下神灭论》（《弘明集》卷九）。梁武帝曾立《神明成佛义》（《弘明集》卷九）。《大乘玄论》卷三，传说古来对“正因佛性”的解释有十一家。“第六师以真神为正因佛性；若无真神，哪得成真佛？”依嘉祥吉藏说：“真神”等“并以心识为正因”（大正四五·三五下——三六上）。所以遗则的“妙神”，也是江东固有的。但从名词就知道是中国（老庄）化，而不是依经论名句而说的了。这是通俗的特别是在家学佛者所常用的。傅大士的偈颂，传说在民间，契合于以玄理见长的江东人士，深合江东人的口味。所以遗则的佛窟学,在形式上(喜欢用玄学的术语)、内容上,更与玄学相融合。

遗则是使江东禅学更玄学化的一人,而并不只是他一人。如"有物先天地"(本于老子的"有物混成,先天地生。寂兮寥兮,独立而不改"),是玄学。无论玄学者怎么解说,这是道体的开展说。道生一,一生二,二生三,三生万物,是一说。太极生两仪,而四象、八卦,又是一说。道在天地万物以前,天地万物坏了,而道体不变。这种思想,严格地说,是不属于佛法的。然"有物先天地……能为万物主",正传诵民间,被看作最深彻的禅学。遗则的悟入,就是这种玄学化的禅学。与遗则同时,有"马素弟子"(马素被称为马祖,后人误以为马大师,所以《传灯录》作道一弟子)龙牙圆畅,如《宗镜录》卷九八(大正四八・九四五下)说:

> "龙牙和尚云……道是众生体性。未有世界,早有此性;世界坏时,此性不灭。唤作随流之性,常无变异动静,与虚空齐等。唤作世间相常住,亦名第一义空,亦名本际,亦名心王,亦名真如解脱,亦名菩提涅槃。百千异号,皆是假名,虽有多名而无多体。会多名而同一体,会万义而归一心。若识自家本心,唤作归根得旨。"

"未有世界,早有此性;世界坏时,此性不灭"(与"南方宗旨"的形灭而性不灭说相近,但"南方宗旨"约个人说),正与传说的傅大士颂意趣相合。牛头中心的神学,玄学化的程度更深,形成广义的江东禅学,而逐渐融化于曹溪南宗之中。

这里，要说到两部论：

一、现存敦煌本《无心论》（斯坦因本五六一九号）一卷，作"释菩提达摩制"。这部论，假设和尚与弟子二人的问答，以阐明无心，体裁与《绝观论》相同。这是一部牛头禅的作品，从无心而引入真心，如说（大正八五·一二六九下）：

> "虽复无心，善能觉了诸法实相，具真般若，三身自在，应用无方（原作'妨'）。……夫无心者即真心也，真心者即无心也。"

> "问曰：今于心中作若为修行？答曰：但于一切事上觉了无心，即是修行，更不别有修行。故知无心即一切寂灭，（寂灭）即无心也。"

说到这里，弟子忽然大悟，于是"而铭无心，乃为颂曰"，可说是"无心铭"，如说（大正八五·一二六九下——一二七〇上）：

> "心神向寂，无色无形，睹之不见，听之无声。似暗非暗，似明不明。舍之不灭，取之无生。"

> "大即廓周沙界，小即毛竭不停。烦恼混之（弗）浊，涅槃澄之不清。真如本无分别，能办（原作'辩'）有情无情。收之一切不立，散之普遍含灵。妙神非知所测，正觉（原作'觉'）绝于修行。灭则不见其坏（原作'怀'），生则不见其成。大道寂号无相，万象窃号无名。如斯运用自在，总是无心之精。"

偈颂，是相当玄学化的。从无心而真心，又说到"妙神"、

"无心之精"，与遗则（及傅大士）说相合。如以《无心论》为遗则所撰，我想也是不妨的。

二、《宝藏论》，传说为僧肇所造。僧肇（三八四——四一四年）是罗什门下杰出者，所作的《肇论》（包含四篇论文），适应当时，以老庄来通佛法，是难得的作品（第四《涅槃无名论》，以九折十演推论那言说所不及的涅槃，玄学气味重了一点）！在江东，特别是三论宗发扬"关河古义"，僧肇与《肇论》更受到当时的推重。也许因为这样，《宝藏论》被托为僧肇所作。《宝藏论》分三品，不但应用玄学，如"离微"等，简直是离佛法的成说而自成一家。开端仿《老子》说：

> "空可空，非真空；色可色，非真色。真色无形，真空无名。无名名之父，无色色之母。为万物之根源，作天地之太祖。"（大正四五·一四三中）

禅者造了个动听的故事：僧肇是被杀的，死前七日，写了这部《宝藏论》。临死说偈："将头临白刃，犹如斩春风。"这都与事实不合。《宝藏论》不但是玄学化的，而佛法的成分太稀薄了。然而玄与禅融合了的禅者，却非常欣赏这部论。日僧圆珍来中国，在大中年间（八五三——八五五），在"福越台温并浙西等传得"的经籍中，有《宝藏论》一卷，"肇公"作；与佛窟学的《还源集》、《佛窟集》、《无生义》同时传入日本。《宝藏论》就是遗则那个时代、那个区域的作品。

## 第二节  洪州宗与石头宗

曹溪门下在南方的,有洪州与石头。会昌以前,石头系没有受到教界的重视,那时的禅风影响可见是并不太大的。宗密以牛头与石头为同属"泯绝无寄宗",即使是不完全正确,也一定是石头下的门风有被人误认为近于牛头的可能。从禅宗的灯史来看,石头门下与洪州门下的往来极其亲密,与洪州宗旨应有密切的关系。大概地说,石头是慧能门下,与牛头有深切的契合与发展的一流。

### 禅者的见解

慧能的禅,是"即心是佛"、"见性成佛",而且是"直了"、"直指"的。《坛经》主体是一般的开法,是说明的,使人理会到当下是佛。在告诉十弟子时,却说(大正四八・三四三中):

> "吾教汝说法,不失本宗。举(三)科法门,动(用)三十六对,出没即离两边。说一切法,莫离于性相。若有人问法,出语尽双,皆取法对,来去相因,究竟二法尽除。"

一切法都是对待的、相依而立的(假名),所以"出没即离两边",只是引发学人去悟入自性,这是后代禅者与人问答、开示的根本原则。用此方法以指示"即心是佛"、"见性成佛"的曹溪宗旨,石头与洪州没有太大的差别。然洪州重于"性在作用",如《圆觉经大疏钞》卷三之下说:"起心动念,弹指謦咳,扬眉瞬目(原误作'扬扇因'),所作所为,皆是佛性全体之用,更无第二主宰。"(续一四·二七九)石头门下也曾应用这一方便,但当下就是,而到底并不就是,这是石头门下所着重的,如《传灯录》说:

"石头希迁——

'(大颠)初参石头,石头问师曰:哪个是汝心?师曰:言语者是。便被喝出。经旬日,师却问曰:前者既不是,除此外何者是心?石头曰:除却扬眉动目将心来。师曰:无心可将来。石头曰:元来有心,何言无心! 无心尽同谤。师言下大悟。'"(大正五一·三一二下——三一三上)

"潮州大颠——

'多见时辈,只认扬眉动目,一语一默,蓦头印可以为心要,此实未了。'"(大正五一·三一三上)

"洞山良价——

'阿哪个是阇黎主人公?僧曰:见只对次(现在应对的就是)。师曰:苦哉! 苦哉! 今时人例皆如此,只认得驴前马后,将为自己。佛法平沉,此之是也。客中辨主尚未分,如何辨得主中主。'"(大正五一·三二三上)

"玄沙师备——

'有一般坐绳床和尚,称为善知识。问着,便动身动手,点眼吐舌瞪视。更有一般便说:昭昭灵灵,灵台智性,能见能闻,向五蕴身田里作主宰。恁么为知识,大赚人。'"
(大正五一·三四五上)

　　大颠、良价、师备的话,都是针对当时洪州门下的禅风而说的。洞山的悟道偈,最能表示这一意思,如《传灯录》卷一五(大正五一·三二一下)说:

　　　　"切忌从他觅,迢迢与我疏。我今独自往,处处得逢渠。渠今正是我,我今不是渠。应须恁么会,方得契如如。"

　　代表南方传统的、以江东为中心的牛头禅,从八世纪初以来,对曹溪南宗就发生重大的影响。不但在江南,神会曾与牛头宠禅师、牛头袁禅师相问答,忠国师与常州僧灵觉相问答,大历三年(七六八)径山法钦应召进京,牛头学者还远远地到中原来呢! 牛头的禅要,是"道本虚空"、"无心合道",这对江南的洪州与石头起什么影响呢? 另一问题是:唐代的道士们,使皇室与李耳联了宗。皇室是老子的子孙,当然要负起荣宗耀祖——光扬道教的任务,所以道教也越来越发达。禅师们可以不管这个,但"如何是道"? "佛与道"、"道与禅"……这一类问题,却不能拒绝人不问。这在曹溪门下,洪州与石头,到底怎样处理呢?

　　先说洪州宗:道一说"平常心是道",如《传灯录》卷二八(大正五一·四四○上)说:

　　　　"若欲直会其道,平常心是道。谓平常心无造作、无是非、无取舍、无断常、无凡无圣。……只如今行住坐卧,应机接物尽是道。道即是法界,乃至河沙妙用,不出法界,若不然者,云何言心地法门?"

　　道一弟子南泉普愿,也为赵州从谂说"平常心是道"(大正五一·二七六下)。南泉弟子长沙招贤,也为人说"平常心是道":"要眠即眠,要坐即坐。"(大正五一·二七五上)道一弟子慧海也说:"心真者语默总真,会道者行住坐卧是道。"(大正五一·四四三中)"平常心是道",是洪州宗的重要意见。与"即心是佛"一样,直指当前心本自如如,约心地说,保持了曹溪禅,也可说是佛法的特色。说到"无心",如神秀说"离念",神会说"无念",都有否定的、无心(或心空)的意味,但解说不一致。牛头以为:道本虚空,一切法是如幻如化,心也如幻如化,本来无一物。道本来这样,所以用心不合于道,无心可用——忘情,才泯绝无寄而契合于道。洪州宗直指人心,即心即佛,当体现成,所以说"触类是道而任心"。在理路上,与"无心"说是不同的。"无心合道"的主张"绝观弃守"、"无修无证"。而《传灯录》卷五,传南岳怀让的问答:"修证即不无,污染即不得。"(大正五一·二四〇下)还不必谈无修无证。道一还重于"即心即佛",而到了弟子手中,百丈怀海已承认"绝观弃守"的《信心铭》为僧璨所作了。道一弟子而来自浙江、福建的,对牛头禅就自然地会给以适当的会通。大珠慧海是建州(今福建建瓯)人,出家及弘法于越州(今浙江绍兴)的大云寺。他极力阐扬"即心是佛",本着"自家宝藏一切具足,使用自在,不假外求"的见地,而说"老僧无心可用,无道可修"(大正五一·四四五中)。道一的再传弟子黄檗希运,也是闽人。他从当下即是、不用别求、拟议即乖的意思,而将"即心"与"无心"更明确地统一起来。如《传灯录》卷九(大正五一·二七一中、二七二上)说:

"世人闻道诸佛皆传心法,将谓心上别有一法可证可取,遂将心觅心。不知心即是法,法即是心。不可将心更求于心,历千万劫终无得日。不如当下无心,便是本法。"

"诸佛菩萨与一切蠢动众生同大涅槃性。性即是心,心即是佛,佛即是法。一念离真,皆为妄想。不可以心更求于心,不可以佛更求于佛,不可以法更求于法。故修道人直下无心默契,拟心即差,以心传心,此为正见。"

洪州宗在"即心是佛"的原则上,会通了"无心"说,没有失却自家的立场。

再说石头宗:石头希迁传有著名的《参同契》,名称与道教魏伯阳的《参同契》同名,而思想受到传为僧肇所作的《涅槃无名论》的影响。如《祖堂集》说:

"(石头希迁)读僧肇《涅槃无名论》,见中云'会万物以成己者,其唯圣人乎',乃叹曰:圣人无己,靡所不己。法身无相,谁云自他?圆鉴虚照于其间,万象体玄而自现。境智真一,孰为去来?至哉斯语也!"

传说希迁是因此启发而著《参同契》的。《参同契》(大正五一·四五九中)中说:

"竺土大仙心,东西密相付。人根有利钝,道无南北祖。……承言须会宗,勿自立规矩。触目不会道,运足焉知路。……谨白参玄人,光阴莫虚度!"

石头以为:西土传来的心传,就是"道"。人根利钝,似乎有点差别,而密传的道是没有南北的。那时,正是神会与神秀门下进行南宗、北宗的抗争时代。"承言须会宗,勿自立规矩",是要学者随说而会(心传的)宗,不要争着自立门户。这是针对南北,也可能不满洪州与荷泽门下。《参同契》不说佛,不说法,而说是道。南方佛法,本来受到玄学的影响,而把禅学看作玄学,称参禅为"参玄",似乎石头是第一人。石头的禅,当然受到曹溪南宗的启发,直说"即心即佛"。然在石头与弟子们的问答中,表现出道化的特色,如《传灯录》卷一四(大正五一·三〇九下)说:

> "问:如何是禅? 师曰碌砖。又问:如何是道? 师曰:
> 木头。"

禅与道,是同样看待的。说是碌砖、木头,这可说是无义味话,截断对方的意识卜度,而实暗示了道无所不在,哪里没有道(禅)? 这所以,道不只是从自家身心去体会,而"要触事而真",也就是"触目会道"。这一接引悟入的态度,是僧肇的、牛头的,不是曹溪的。禅与道的同一处理,石头是在曹溪与牛头的中间进行沟通的工作。

石头系再传到洞山良价(八〇七——八六九年),法门有了进步,如《宋僧传》卷一三《本寂传》(大正五〇·七八六中)说:

> "咸通之初,禅宗兴盛,风起于大沩也。至如石头、药
> 山,其名寝顿。会洞山悯物,高其石头,往来请益,学同
> 洙泗。"

　　洞山起初参洪州门下的南泉普愿、沩山灵祐等。后来参石头弟子云岩昙晟，问无情说法。昙晟没有为他说，后来睹影而大悟，自认昙晟为师。洞山的禅，是出入于洪州、石头，近于牛头而进一步的。洞山依牛头的"无心合道"而作颂说（大正五一·四五二下）：

　　　　"道无心合人，人无心合道，欲识个中意，一老一
　　　　不老。"

　　这一"无心合道"偈，应与洞山的悟道偈（如上已引）相对应。洞山是从道（全体的）的立场来看自己，从自己去悟入于道的。这里的两个"无心"，可说"言同意别"。"道无心合人"，是说道体无所不在。道遍身心，并没有要合人而自然合人的。人呢？虽本来无事，而虚妄如幻，自己与道隔碍了。所以要"无心"——忘却这一切，才与道相契合。然而，人就是道，并不等于道（全体），因为是"一老一不老"。这正是悟道偈所说的："渠今正是我，我今不是渠。"这是对牛头道遍（有情）无情，无情本来合道说（有语病）的进一步发展。洞山的弟子居遁、师虔，都谈论道与合道。居遁所作的颂（十八首），充分发挥了无心合道的思想。

　　牛头宗立"道本虚空"。石头的再传夹山善会说："无法本是道，道无一法，无佛可成，无道可得，无法可舍。"（大正五一·三二四上）石室善道说："若不与他作对，一事也无。所以祖师云：本来无一物。"（大正五一·三一六中）祖师指慧能，"本来无一物"，与一般通行的《坛经》相合，这是合于牛头宗意的。到洞

山,进一步地说:"师有时垂语云:直道本来无一物,犹未消得他钵袋子。"(大正五一·三二二下)

洞山是出入于洪州、石头,近于牛头而又有进一步的发展。他是会稽(今浙江绍兴)人,这里本来是牛头宗的化区。早年出来参学,以"无情说法"问昙晟。无情说法,正是从道遍无情、无情有性、无情成佛而来的问题,牛头宗的主张,是神会、怀海、慧海——曹溪门下所不能同意的。问题在曹溪门下(荷泽与洪州),上承如来藏禅,切从自己身心下手,而不是形而上学本体论的。依佛法,悟入时,是不可说有差别的。在进修的过程中,可能没有究竟,而到底可以究竟的。圆满成佛,平等平等。在最清净平等法界中,一多无碍,相即相入,而决不是"一老一不老"、"渠今正是我,我今不是渠"。严格说来,这是玄学化、(儒)道化的佛法。到后来,禅宗互相融入,而临济宗与曹洞宗始终表现其特色。这不只是代表洪州与石头,更代表东山与牛头两大禅系。在禅宗的发展中,牛头宗消失了,而它的特质还是存在的,存在于曹溪门下,以新的姿态——石头系的禅法而出现。会昌以后,融合的倾向加深,洪州门下也更深一层中国南宗化了。

## 禅者的风格

禅者的接引学众,或表示自己的见地,或互相勘验,都不能不有所表示。然悟入的内容,却是说不得、表示不到的。无可表示中的方便表示,黄梅门下所传,是"密作用"、"意导"、"意传"("指事问义",也是方便之一)。到曹溪门下,直指直示,多方面发展,造成不同的禅风。不同的方式、作风,与(区域的)个性有关,

也与师门的传统有关。先说最引人注目的,洪州宗主流所用的粗暴作风。洪州道一开始应用——打、蹋、喝,如《传灯录》说:

> "僧问:如何是西来意? 师便打。乃云:我若不打汝,诸方笑我也。"(大正五一·二四六中)

> "问马祖:如何是西来祖师意? 祖曰:低声,近前来。师便近前。祖打一掴云:六耳不同谋,来日来。"(大正五一·二四八上)

> "问马祖:如何是西来的意? 祖乃当胸蹋倒。师大悟,起来,抚掌呵呵大笑。"(大正五一·二六二下)

> "(百丈)谓众云:佛法不是小事。老僧昔再蒙马大师一喝,直得三日耳聋眼黑。"(大正五一·二四九下)

老师对弟子,喝几声、打几下,没有什么稀奇;慧能也曾打过神会。但在禅门中,这一作风,被证明了对于截断弟子的意识卜度,引发学者的悟入,是非常有效的,于是普遍地应用起来。说到打,老师打弟子,同参互打,那是平常事。弟子打老师,如黄檗打百丈,打得百丈呵呵大笑。强化起来,如道一的弟子归宗杀蛇,南泉斩猫。道一再传赵州的一再放火,子湖的夜喊捉贼。见人就用叉叉的,用棒把大家赶出去的。邓隐峰推着车子前进,硬是一直去,把老师道一的脚碾伤了。这种作风,在一般人看来,"太粗生"!"粗行沙门"。的确,这如狮子狂吼、慑人心魄的作风,充满了强烈的力量。在后来的宗派中,这是最有力的一派。使用这一作风的洪州主流,后来成为临济宗。临济义玄(八六六年卒)用棒用喝,呵佛骂祖。喝,形成不同的作用,而临机应

用,如《镇州临济慧照禅师语录》(大正四七·五〇四上)说:

> "临济义玄:'师问僧:有时一喝如金刚王宝剑,有时一喝如踞地金毛狮子,有时一喝如探竿影草,有时一喝不作一喝用。汝作么生会?'"

这是禅宗的一流,不是非此不可的。石头门下,就不大应用。道一的弟子、怀海的弟子,也部分不应用这一作风。注意这一事实,发现了这是与区域性有关,代表着"北方之强"。如:

| | | |
|---|---|---|
| 南岳怀让 | 金州安康 | 今陕西安康 |
| 洪州道一 | 汉州 | 今四川广汉 |
| 归宗智常 | 不明 | |
| 南泉普愿 | 郑州新郑 | 今河南开封 |
| 百丈怀海 | 福州长乐 | 今福建长乐 |
| 沩山灵祐 | 福州长溪 | 今福建霞浦 |
| 黄檗希运 | 闽黄檗山 | 今福建福清 |
| 赵州从谂 | 曹州 | 今山东曹县 |
| 子湖利踪 | 澶州 | 今河北清丰 |
| 仰山慧寂 | 韶州怀化 | 今广东省 |
| 临济义玄 | 曹州 | 今山东曹县 |

从道一(七四〇年顷)开始,经百丈怀海到黄檗希运(卒于大中年间,八四七——八五九)——一百余年,都是以江西为中心地而弘扬,所以也被称"江西宗"。主要的禅师,多数是北方人。沩山与仰山,出生于福建及广东,成立的沩仰宗,亲切绵密,就没有人打大喝的作风。百丈与黄檗是福建人,在师门的传统

中,也应用这一作略,但比归宗、南泉、赵州、临济,要平和多了。

从这一区域的意义去看,石头门下的大禅师,都是出生于长江流域及以南的,如:

| | | |
|---|---|---|
| 青原行思 | 吉州 | 今江西吉安 |
| 石头希迁 | 端州高要 | 今广东高要 |
| 天皇道悟 | 婺州东阳 | 今浙江东阳 |
| 丹霞天然 | 不明 | |
| 药山惟俨 | 绛州 | 今山西新绛 |
| 龙潭崇信 | 渚宫 | 今湖北江陵 |
| 道吾圆智 | 豫章海昏 | 今江西永修 |
| 云岩昙晟 | 钟陵建昌 | 今江西永修 |
| 德川宣鉴 | 剑南 | 今四川 |
| 洞山良价 | 会稽 | 今浙江绍兴 |
| 雪峰义存 | 泉州南安 | 今福建南安 |
| 曹山本寂 | 泉州莆田 | 今福建莆田 |
| 玄沙师备 | 福州闽县 | 今福建林森 |
| 云门文偃 | 姑苏嘉兴 | 今浙江嘉兴 |
| 罗汉桂琛 | 常山 | 今浙江常山 |
| 清凉文益 | 余杭 | 今浙江余杭 |
| 永明延寿 | 余杭 | 今浙江余杭 |

石头下的主要禅师,都是长江流域以南的。禅风温和,即使是孤高峻拔,也不会粗暴,这代表着南方的风格。例外的是:药山是山西人,但他十七岁就在广东潮阳出家,可见少小就熏沐于南方精神中了。还有德山宣鉴,作风与临济相近。从来有人怀

疑:石头门下不应有这样的人物,因而相信天皇道悟(德山的师祖)是道一的门下。如知道德山是剑南人,与道一同乡,那在洪州禅风极盛的时节,有此作风,是不足为奇的了。曹溪门下在江南的,石头与洪州,尽管互相往来,而禅风不同,隐隐地存有区域性的关系。

洪州与石头门下的作风,都是无可表示中的方便表示。除上所说的打、喝而外,主要的还是语言。不过所使用的语言,是反诘的、暗示的、意在言外的,或是无义味话,都不宜依言取义。此外,是身体动作的表示:如以手托出,用手指拨虚空,前进又后退,向左又向右走,身体绕一个圈子,站起,坐下,放下脚,礼拜等,都可以用作表示。附带物件的,如拿起拂子,放下拂子,把拄杖丢向后面,头上的笠子,脚下的鞋子,信手拈来,都可以应用。日常的生活中,如种菜、锄草、采茶、吃饭、泡茶,一切的日常生活,都可以用为当前表达的方法。这些,可说是石头与洪州门下共通的方便。

另有一特殊的,那就是"圆相",是以图相来表示的。在禅者的问答中,向虚空画一圆相,或画在地上,或身体绕一圆圈,是当时极普遍的,以此来表示自悟的境地。但专在这方面发展而大成的,是仰山慧寂,如《人天眼目》卷三(大正四八·三二一下——三二二上)说:

"圆相之作,始于南阳忠国师,以授侍者耽源。源承谶记,传于仰山。"

"仰山亲于耽源处,受九十七种圆相。"

"或画此⊕相,乃纵意。或画⑱相,乃夺意。或画⊗相,乃肯意。或画〇相,乃许他人相见意。……才有圆相,便有宾主、生杀、纵夺、机关、眼目、隐显、权实,乃是入廛垂手,或闲暇师资辩难,互换机锋,只贵当人大用现前矣!"

圆相,是以圆形为本的种种符号,作为无可表示的表示,成为外人所不解的一种符号(语言)。耽源真应与仰山慧寂间的关涉,应为九世纪初,为沩仰宗的特色。图案化的符号,曹洞宗也是有的。洞山立五位君臣,曹山本寂(八四〇——九〇一年)作"五位君臣图",五图也是圆相,为:◑◐◉〇●。荷泽宗的宗密(七八〇——八四一年)在《禅源诸诠集都序》卷下之二,也曾有多种圆相。其中表示真如的〇,表示阿黎识的◉(大正四八·四一三中——下),显然是周濂溪所传的无极与太极图的前身。世界是语言——诠表的世界,尽管不用正面说明的语文,用暗示等语言,或用动作,或用圆相来表示,久了还是语言一样的符号,只是暗昧而不明确的符号。在禅宗世界里,这实在是秘密公开的隐语。后代的禅者,又在这些语句、动作、圆相中,揣摸、理会、解说,形成玄学化的禅理。然而,"说也说得,理会也理会得,只是敌生死不得",对直了顿悟的曹溪禅来说,这实在是并不理想的!

# 第三节　从对立到南宗统一

## 宗与宗的对立

唐代禅宗各派的先后兴起,不免有对立抗衡的情势。其中,牛头宗起来与东山宗对立,有区域的历史传统,不失为道义的对立。同属于东山门下,又有南宗与北宗、荷泽宗与洪州宗的对立,如《禅源诸诠集都序》所说:"南能北秀,水火之嫌;荷泽洪州,参商之隙。"(大正四八·四○一中)南北的对立,还是为了法门的顿渐不同,而荷泽与洪州的"参商",就不免俗化了!洪州宗与荷泽宗,在"慢教"与"尊教","触类是道"与"寂知指体",当然也有法门上的差别,然表现为争执的重心,却是法统问题。神会到中原来,在北宗独盛的情况下,开拓南宗的化区。神会去世时(七六二年),道一、石头的禅风已在南方非常兴盛了。神会门下推神会为七祖,为了维护神会法系的正统性,约在七八○——八○○年间,"竟成坛经传宗"。在师资传授时,付一卷《坛经》,以证明为南宗弟子。《坛经》说:"无《坛经》禀承,即非南宗弟子也。未得禀承者,虽说顿教法,未知根本,终不免诤。"这就是"坛经传宗",荷泽门下维护法系的手法。然唐顺宗(八○五年)就与道一弟子如满问答。接着,道一的弟子怀晖(八○八——八一五年)、惟宽(八○九——八一七年)、大义,都在宪宗元和年间,奉诏到京里来。这对中原的荷泽门下,所受的威胁多大!与洪州的"参商之隙",就这样地严重起来。韦处厚所作《兴福寺大义禅师碑铭》,就抨击神会门下为:"习徒迷真,橘枳变体,竟成坛经传宗,优劣详矣。"(《全唐文》卷七一五)然洪州门下在东南的(可能是扬州,今江苏江都),在八○一年顷,传出了题为"金陵沙门惠炬撰"的《双峰山曹侯溪宝林传》十卷。这部书,将传说中的祖统,改定为二十八祖,并以"传法偈"为证明。这一法统是:六祖慧能——南岳怀让——马祖道一,这是以洪州系为曹溪正统的。荷泽神会,当然被看作旁支了。《宝林传》的内容,论史实,并不比"坛经传宗"可信赖些,但对于洪州宗的正统性提供了最有力的支持!

道一与希迁,同时在江南弘禅,彼此间还能互相尊重,学者们也往来参学,门下也还能保持这种良好风气。当时还没有严格的继承制度(荷泽门下创出的"坛经传宗",正受到洪州门下的反对),师资间的法统继承,或不免传说不一。道悟门下有龙潭崇信,后来传出云门与法眼宗。惟俨门下有云岩昙晟,后来传出曹洞宗。道悟与惟俨的法系问题,关系重大,成为洪州与石头门下争夺的重心。

天皇道悟(七四八——八〇七年),《宋僧传》卷一〇《荆州天皇寺道悟传》,是根据符载《荆州城东天皇寺道悟禅师碑》的。如《宋僧传》(大正五〇·七六九上——中)说:

> "投径山国一禅师。(道)悟礼足始毕,密受宗要,于语言处,识衣中珠。身心豁然,真妄皆遣,断诸疑滞,无畏自在。直见佛性,中无缁磷。服勤五载,随亦印可,俾其法雨润诸丛林。"

> "欲归宝所,疑道途之乖错,故重有咨访,会其真宗。建中初,诣钟陵马大师。二年秋,谒石头上士。於戏! 自径山抵衡岳,凡三遇哲匠矣! 至此,即造父习御,郢人运斤。两虚其心,相与吻合。白月映太阳齐照,洪河注大海一味。……根果成熟,名称普闻。"

道悟在径山国一禅师门下,已"直见佛性"了。因为疑有乖错,所以又参访马大师与石头。经两处的虚心咨访,结果是"相与吻合",没有什么不同。所以,道悟是得法于径山,而再度印证于道一与石头的。《宋僧传》卷九《石头希迁传》,引刘轲(约八二〇年)所撰碑,石头的门人中就有"道悟"(大正五〇·七六四上)。这可见石头门下,早已以道悟为继承石头的门人了。《传灯录》卷一四叙天皇道悟的参学,这样说(大正五一·三〇九下——三一〇上):

> "首谒径山国一禅师,受心法,服勤五载。唐大历(?)中,抵钟陵,造马大师,重印前解,法无异说。复住二夏,乃谒石头迁大师。……师从此顿悟,于前二哲匠言下有所得心,罄殚其迹。"

《传灯录》所叙事迹,与《宋僧传》大致相同。说到参学,径山所受的,与马大师"法无异说",也与《宋僧传》相合。但在参见石头后,"从此顿悟",显然以道悟为从石头得悟,专属石头门下了。然在早期的传说中,道悟也被传说为道一的门下。如权德舆(约七九一年)撰《唐故洪州开元寺石门道一禅师塔铭》,列弟子十一人,其中就有"道悟"(《全唐文》卷五〇一)。元和中(八〇六——八二〇年)常侍归登撰《南岳怀让禅师碑》,所列再传弟子中也有道悟。宗密撰《中华禅门师资承袭图》,洪州道一下列弟子六人,第一位就是"江陵悟",并注"兼禀径山"。道悟为道一门下,也是很早就这么说了。

天皇道悟,属于石头门下还是洪州门下,早就有了异说。等到《祖堂集》(九五二年)、《传灯录》(一〇〇四年)问世,决定天皇道悟为石头门下,那云门宗与法眼宗就属于石头了,这是洪州门下所不愿意的。于是洪州门下临济宗的达观昙颖(九八九——一○六○年),集《五家宗派》;临济宗下黄龙系的觉范慧洪(一○七一——一一二八年),作《林间录》,都引用丘玄素的《天王寺道悟碑》。他们以为,在荆州天皇寺道悟以外,同一地方,同一时代,另有一位"天王寺道悟",是道一弟子;而龙潭崇信是天王寺道悟的弟子。照达观与觉范的意见:你们认为天皇寺道悟是石头门下,那就作为石头门下好了。但龙潭崇信是天王寺道悟弟子,所以崇信以下流出的云门与法眼,还是属于洪州系统的。丘玄素所撰《天王寺道悟碑》,一般都认为是伪撰的。临济门下的作法,可说弄巧成拙! 伪作不能为人所接受,反而引起天皇道悟属于石头系统的看法。其实,依符载碑、《宋僧传》及洪州与荷泽门下的早期传说,足以充分证明与道一有关,不能说专属石头门下。好在牛头宗衰落了,否则,生于婺州东阳(今浙江金华)的道悟与牛头宗的关系正深着呢!

药山惟俨(约七四五——八二八年):《宋僧传》、《祖堂集》、《传灯录》,都说惟俨是石头希迁的弟子,并传有与石头的问答。《全唐文》卷五三六有唐伸《澧州药山惟俨大师碑铭》,以惟俨为道一弟子,与石头无关。碑中说到的"崇敬大德"、"兴善宽敬"、"嵩山洪",都是无可稽考的,唐伸也名不见史传。所说亲近道一二十年,也与事实不合,这又是一篇托名的伪作。临济宗下的大慧宗杲(一○八五——一一六三年),在《示中证居士》及《示永宁郡夫人书》中,举惟俨参石头不悟、参马祖道一而得悟的因缘(大正四七·九○四上、九○七中),与唐伸碑的意趣相合。

　　药山惟俨、潮州大颠、百丈怀海，都是从（南岳怀让门人）潮州神（或作"慧"）照出家的，三人又都先后到南岳来受戒。百丈受戒后，先到庐州（今安徽合肥）浮槎寺阅藏经，后来亲近道一，成为洪州门下第一人。大颠与惟俨受戒以后，就在南岳亲近石头，也就成了石头的门人。惟俨当时是有参见道一可能性的，但伪造碑文，到底不足为据。

## 众流会归于曹溪

　　在宗派的分化中，有对立，也就有会合。"即心即佛"、"见性成佛"的南宗，已融入牛头禅中。牛头的江东风味，也深深地融入曹溪的流派。融合，总是汇入一强大的学派。元和十年（八一五），柳宗元撰《赐谥大鉴禅师碑铭》说："凡言禅，皆本曹溪。大鉴去世百有六年，凡治广部而以名闻者，以十数。"那时，离曹溪慧能的入灭不过一百年，而禅者已到了非曹溪不足以谈禅的程度。曹溪禅的发展，确有不可抗衡的力量！经武宗（八四五年）灭法，曹溪禅成为唯一盛行的佛教，成为中国佛教的主流。

　　在中原，神秀的北宗、神会的荷泽宗，一直在对立中。东山门下而传入剑南（四川）的，原有果阆宣什与资州智诜二系。宣什宗，宗密晚年（八二〇——八四〇年）只知道是"五祖下分出"，而"不的知禀承师资昭穆"，显然已经衰落了。智诜一系，也在不断地倾向于曹溪。如表：

荷泽神会 ── 磁州智如 ┐
净众神会 ┼ 圣寿唯忠（南印） ┬ 大云道圆 ── 圭峰宗密
保唐无住 ┘ └ 东京神照

德纯智诜 ── 德纯处寂 ┬ 净众无相
　　　　　　　　　　 └ 洪州道一

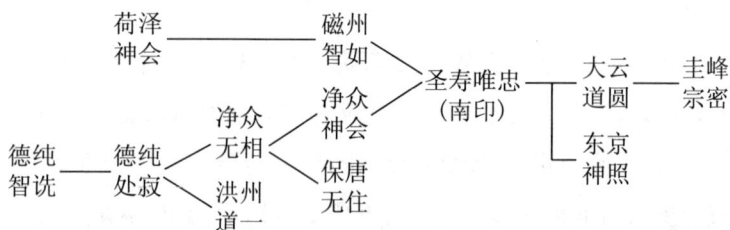

智诜（六〇九——七〇二年）是弘忍的十弟子之一，是"兼有文字性"的禅师。在资州（今四川资中）德纯寺三十多年，曾受则天帝的礼请。智诜的弟子处寂（六六五——七三二年），俗称唐和上，继承智诜的法统（大正五一·一八四中——下）。处寂——唐和上的弟子，有净众无相、洪州道一、南岳承远。无相（六八四——七六二年）俗称金和上，移化到益州（今成都）的净众寺，形式上继承处寂的法统，而实质是变了。如《历代法宝记》（大正五一·一八五上——中）说：

> "无忆无念莫妄：无忆是戒，无念是定，莫妄是慧，此三句语即是总持门。"

> "金和上所以不引诜、唐二和上说处，每常座下教戒真言：我达摩祖师所传，此三句语是总持门。"

净众宗的"无忆无念莫妄"，上面曾经指出，这是与《坛经》的"无念无忆无著，莫起诳妄"相同。无相的禅法，就多少接近曹溪了。另一弟子道一（宗密作"益州长松山马"），如《宋僧传》卷一〇《道一传》（大正五〇·七六六上）说：

> "道一，姓马氏，汉州人也。……削发于资州唐和上，

受具于渝州圆律师。"

宗密传说道一是金和上弟子,如《圆觉经大疏钞》卷三之下(续一四·二七九)说:

> "剑南沙门道一,俗姓马,是金和上弟子。高节志道,随处坐禅,久住荆南明月山。后因巡礼圣迹,至让和上处。论量宗运,征难至理。理不及让,又知传衣付法,曹溪为嫡,便依之修行。"

道一(七〇九——七八八年)的出家年代,应为唐和上时。道一为南岳门下最卓越的大禅师,虽从处寂出家,而不再是处寂的法系了。又弟子南岳弥陀寺承远(七一二——八〇二年),依吕温《南岳弥陀寺承远和尚碑》,"初事蜀郡唐禅师"(《全唐文》卷六三〇),知道也是处寂的弟子,但承远别从玉泉慧真去了。处寂的门下,不是没有人才,而是人才外流,法门逐渐衰落。

净众无相门下,有净众神会(七二〇——七九四年),俗姓石,继承了无相的法统,《宋僧传》卷九有传。又保唐无住(七一四——七七四年),就是《禅门师资承袭图》中的"李了法"。无住本是老安的再传弟子,也曾从金和上受缘,成为形式上的继承者。而无住自己,从六祖慧能弟子太原自在和尚出家,尊曹溪慧能为六祖(根本否认了智诜以来的传承),宣称:"达摩祖师宗徒禅法,不将一字教来,默传心印。""示无念之义,不动不寂;说顿悟之门,无忆无念。"(大正五一·一八〇下、一九五下)实为曹溪门下的一派。《历代法宝记》就是这一派的灯史。

净众无相,多少还保有智诜以来的传统,称净众宗。此下,

就逐渐衰落了。裴休撰《圭峰禅师碑铭并序》(《全唐文》卷七四三)说:

> "荷泽传磁州如;如传荆南张;张传遂州圆,又传东京照;圆传(圭峰)大师。大师于荷泽为五世,于达摩为十一世。"

这是荷泽宗一系,圭峰宗密的法统谱系。这位"荆南张",法名唯忠,又名南印,如《圆觉经略疏钞》卷四说:"磁州法观寺智如和尚,俗姓王。磁州门下成都府圣寿寺唯忠和尚,俗姓张,亦号南印。"(续一五・一三一)白居易所撰《唐东都奉国寺禅德大师照公塔铭并序》也说:"学心法于唯忠法师,忠一名南印。"(《全唐文》卷六七八)唯忠就是南印,是荷泽神会的再传,宗密的师祖。《宋僧传》卷一一,唯忠传附于《伏牛山自在传》中。有关师资相承,这样说(大正五○・七七二中):

> "成都府元和圣寿寺释南印,姓张氏。明窜之性,受益无厌。得曹溪深旨,无以为证,见净众寺会师,所谓落机之锦,濯以增妍;御烛之龙,行而破暗。"

南印曾得曹溪的深法(应是从磁州智如得来),却没有人为他印证。净众神会为他印证,在一般来说,南印可说继承净众神会的法统,然宗密没有说起净众神会。南印的弟子,东京奉国寺神照的墓塔,建在荷泽神会旧塔的旁边。这可见南印唯忠以来,早就专承曹溪门下荷泽的法统,而中止了智诜以来净众寺的关系。

上面一系列的叙述,充分看出了智诜系的人才外流,不断地消失在曹溪禅的法统中。大势所趋,不是谁所能左右得了的。

在江南,石头、洪州、牛头的忽然隆盛的时代,彼此间都互通音问,学者们也往来参访。然对牛头宗来说,好景不长,在兴盛的表面,开始衰落了。这就是在相互参访中,来的还要回去,而去了的却不再回来。如:

夹山如会(七四四——八二三年),《宋僧传》卷一一有传。如会是"大历八年,止国一禅师门下;后归大寂法集"(大正五〇·七七三中)。伏牛山自在(七四一——八二一年),《宋僧传》卷一一有传。自在是"投径山出家"的,后来"诸方参学,从南康道一禅师法席,悬解真宗"(大正五〇·七七一下)。这二位,或从径山法钦出家,或从径山(即国一)修学,但都成为道一的弟子。

丹霞天然(七三九——八二四年),如《宋僧传》卷一一《天然传》(大正五〇·七七三中)说:

> "谒见石头禅师,默而识之。……乃躬执爨,凡三年,始遂落饰(出家)。"

> "造江西大寂会,寂以言诱之,应答雅正,大寂甚奇之。"

> "次居天台华顶三年,又礼国一大师。"

天然是从石头出家的,中间参大寂道一,末后才来参径山。《传灯录》卷一四,以天然为石头的门人(大正五〇·三一〇中——下)。还有西堂智藏(七三五——八一四年),如《宋僧传》卷一〇《道一传》(大正五〇·七六六下)说:

"八岁从师,道趣高邈,随大寂移居龚公山。后谒径山国一禅师,与其谈论周旋,人皆改观。属元戎路嗣,恭请大寂居府,藏乃回郡。"

天然与智藏,是先从石头、道一参学,而后来参礼径山的。但这二位,都回到了石头与道一的门下。反之,芙蓉太毓(七四七——八二六年),如《宋僧传》卷一一《太毓传》(大正五○·七七三下)说:

"年才一纪,志在出家,乃礼牛头山忠禅师而师事焉。……虽明了一乘,而具足万行。"

"巡礼道场,摄心净域。虽智能通达,不假因师,而印可证明,必从先觉。遂谒洪州(原作'井')大寂禅师,睹相而了达法身,刹那而顿成大道。"

太毓是慧忠的弟子。"智能通达,不假因师",只是求印证而已。结果,太毓成为道一弟子。天皇道悟(七四八——八○七年),如上曾论及:他是"投径山国一禅师……直见佛性"的。"建中初,诣钟陵马大师;二年秋,谒石头上士。"虽然"两虚其心",都"相与吻合"(大正五○·七六九上——下),也只是求印证而已,但被看作石头的门人。宗密还知道他"兼禀径山",以后却成为洪州与石头争夺的人物。如上面所引述,丹霞天然与西堂智藏,初学曹溪禅,后来才参学牛头。太毓与道悟,都初学牛头,后来才来参曹溪门下。但结果,都成为曹溪禅的传承者。来了的还要回去,去参学的就不再回来。这一情形,在牛头宗盛时,慧忠、玄素、法钦的门下,就流露了衰落的气象。再下去,牛头与鹤林,没有卓越的禅师;而径山竟不能延续其法脉。道一门下,如越州慧海、婺州灵默、明州法常、杭州齐安、常州太毓等,虽还没有直到润州(南京、镇江等)来,而江东禅风已面目一新,归于曹溪的南宗了!

　　达摩禅——南天竺一乘宗,不适于南方的虚玄文弱,转入北方,才逐渐孕育成长。在大唐统一时代,移入南方,融摄南方精神,分化、对立,成为多种的宗派,最后又统一于曹溪。在会归于曹溪的过程中,剑南的智诜系、江东的牛头系,消失在曹溪的法系中,最为显著。北宗与荷泽宗,经会昌法难,随中原衰落而衰落了。禅宗成为洪州与石头——二大系的天下。洪州系以江西为中心,禅风强毅,活跃在江南而显出北人的特色。会昌以后,洪州宗的主流(沩仰由南方人创立,迅速消失在石头系统中),移入北方。如临济义玄在镇州(今河北正定),兴化存奖及南院慧颙都在魏府(今河北大名);而南方,几乎全属于石头门下。二大南宗的分化,可说是适应南北而自成二系。切实点说,石头门下,呈现达摩禅的面目,而有极浓的牛头——东南学统的血脉。这也难怪宗密以牛头、石头为同一宗风了!

中华书局

初版责编 | 陈 平